Informatik-Projektentwicklung

Informatik-Projektentwicklung

Eine Einführung für Informatikstudenten und Praktiker

Carl August Zehnder
Professor für Informatik an der ETH Zürich

vdf Verlag der Fachvereine Zürich

 Der Verlag dankt dem Schweizerischen Bankverein für die Unterstützung zur Verwirklichung seiner Verlagsziele.

1. Auflage 1986
2., überarbeitete und erweiterte Auflage 1991

© Verlag der Fachvereine
an den schweizerischen Hochschulen und Techniken, Zürich
und Verlag B. G. Teubner, Stuttgart

ISBN 3 7281 1761 7

Vorwort

Informatik ist Mode geworden. Kinder erhalten Informatikunterricht bereits in der Schule, und Kleincomputer mit käuflichen Programmen stehen auf vielen Schreibpulten - sogar zu Hause. Manches scheint kinderleicht.

Neben diesem lockeren, eher hobbyhaften Umgang mit dem Computer existiert aber auch eine professionelle Informatik, die heute bereits sehr viele Arbeitsplätze direkt oder indirekt stark beeinflusst und mit deren Einsatz meist auch bedeutende Investitionen verbunden sind. Die Einführung oder Erneuerung von Informatiklösungen in einem Betrieb erfordert daher sorgfältige Vorbereitungen; wir nennen diese ein *Informatikprojekt*. Im Rahmen der Informatik-Projektentwicklung müssen die Bedürfnisse des künftigen Anwenders und die möglichen Informatiklösungen abgeklärt, die technische Lösung entwickelt und systematisch ausgeprüft, das Personal ausgebildet werden. Denn es geht bei der professionellen Informatikanwendung um die Automation wichtiger Informationsprozesse und -flüsse in einem Betrieb. Schlechte oder allzu kostspielige Lösungen können einen Betrieb zugrunde richten.

Informatik-Projektentwicklung ist eine ausgesprochen *interdisziplinäre* Angelegenheit; sie erfordert Übersicht über die Informatikbedürfnisse des künftigen Einsatzbereichs, über die Möglichkeiten der Informatik und über die Probleme der Projektführung, ergänzt mit Verständnis für organisatorische, personelle und wirtschaftliche Fragestellungen. Dieses vielseitige Wissen wird meist durch mehrere Personen gemeinsam im Rahmen eines Projektteams in die Projektarbeit eingebracht. Für den Einsteiger in die Projektarbeit kann es daher anfänglich nicht darum gehen, alle Fragen der erfolgreichen Projektführung sofort allein und auf Anhieb beantworten zu wollen, sondern viel eher darum, einen ersten Gesamtüberblick über die Projektarbeit zu gewinnen; dabei will dieses Buch helfen.

Dieses Buch befasst sich nicht mit technischen Informatikaspekten im engeren Sinn (Programmieren, Computeraufbau), sondern mit deren *Einsatz*. Das Buch beginnt einfach, führt Begriffe ein, erklärt grundsätzliche Zusammenhänge und zeigt die Projektwirklichkeit immer wieder an Beispielen. Es wendet sich vor allem an zwei typische Gruppen von Einsteigern in die Informatik-Projektentwicklung, die je von einer anderen Seite her kommen:
— *Informatiker* (vor allem Informatikstudenten), welche zwar ihre Computersysteme und Programme, aber noch kaum die Bedürfnisse der betrieblichen Praxis kennen, sowie

— *Informatikanwender* – und hier namentlich auch *Manager* – welche ihren Betrieb kennen, neue Informatiklösungen benötigen und sich daher mit den Besonderheiten der Automatisierung von Informationsabläufen auseinandersetzen müssen.

In übersichtlicher Form soll die breite Welt der Informatik-Projektentwicklung vorgestellt werden. Um die Präsentation nicht zu überladen, ist das Buch zweigeteilt:

— Im *ersten Teil* (Kap. 1 bis 8) wird der phasenweise Ablauf eines Informatikprojekts im einzelnen beschrieben und laufend an einem einfachen Musterprojekt ("Vereinsadministration VVV") illustriert. Dabei geht es primär um organisatorische und zeitliche Aspekte der Projektarbeit.

— Im *zweiten Teil* (Kap. 9 bis 19) werden Ergänzungen und Vertiefungen der Projektarbeit behandelt, einschliesslich personellen, wirtschaftlichen und weiteren Aspekten, sowie Beispiele aus der Praxis.

Das folgende Bild veranschaulicht diesen Aufbau graphisch:

Erster Teil:

Kap. 1	Einleitung		
Kap. 2 - 8	Das allgemeine Phasenmodell	Musterprojekt	Das Musterprojekt steht je im letzten Abschnitt der Kap. 2 - 8.

Zweiter Teil:

	Spezialvorwort für Manager
Kap. 9 - 19	Ergänzungen, Vertiefungen, Praxis

Dieser umfangreiche Stoff kann durchaus auch selektiv angegangen werden. Einsteiger in die Projektarbeit bringen normalerweise mindestens auf Teilgebieten bereits solides Grundwissen mit, während ihnen andere Bereiche der Informatik-Projektentwicklung mehr oder weniger fremd sind. Die folgenden Hinweise sollen verschiedenen Lesergruppen helfen, möglichst effizienten Gebrauch vom vorliegenden Buch zu machen.

Vorwort 5

Informatikstudenten lernen anhand des ersten Teils (inkl. Musterprojekt) die Informatik - Projektentwicklung systematisch kennen und einsetzen. Sie erhalten zusätzlich (in Abschnitt 9.6 und im Anhang) konkrete Hinweise für Projekte im Rahmen von Semester- und Diplomarbeiten. Später erweitern und vertiefen sie ihre Kenntnisse anhand des zweiten Teils.

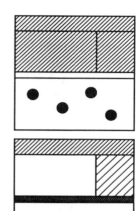

Manager lesen Kap.1 (Einleitung) und das eigens auf sie zugeschnittene "Spezialvorwort für Manager" zu Beginn des zweiten Teils. Allenfalls verfolgen sie darauf das Musterprojekt im ersten Teil, das einen guten Überblick über sämtliche Phasen eines Informatikprojekts vermittelt. Nachher finden sie - auch mit Hilfe des Sachverzeichnisses am Schluss des Buchs - die sie speziell interessierenden Themen.

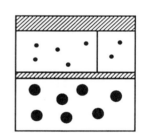

Projektmitarbeiter mit bereits vorhandener Erfahrung erhalten mit Kap. 1 einen systematischen Begriffskatalog und zu Beginn aller Phasenkapitel 2 bis 8 eine Checkliste für das phasenweise Vorgehen. Ihnen bieten einzelne Abschnitte des zweiten Teils vertieften Zugang zu bestimmten Aspekten der Informatik-Projektentwicklung.

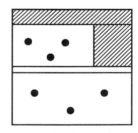

Lehrer, die in der Schule Informatiklektionen erteilen und einen Einblick in die Informatikwelt der Wirtschaft suchen, erhalten vor allem mit dem Kap. 1 und dem durchgehenden Musterprojekt "VVV" ein - allerdings einfaches - Bild von der Informatikpraxis.

Trotz dieser weiten Optik bleibt das Buch eine Einführung und wendet sich nicht primär an den mit positiven und negativen Projekterfahrungen bereits geimpften, langjährigen Informatik-Profi. Dieser sei aber auf ein faszinierendes Büchlein verwiesen, dem auch der Verfasser des vorliegenden Buches manche Idee und manches Schmunzeln verdankt: "The mythical man-month" von Fred Brooks [Brooks 82]. Hier berichtet ein erfahrener Dozent und Manager grosser Software-Projekte brillant und belesen von seinen Sorgen und gibt Ratschläge, die zum oft wilden Geschehen bei der Software-Arbeit Wesentliches aussagen.

Das vorliegende Buch ist in seiner heutigen Form selber das Ergebnis fünfzehnjähriger Entwicklungsarbeit. Schon erste Kurse in Projektführung für Studenten ohne Praxiserfahrung zeigten 1976 das Bedürfnis nach einem Lehrmittel mit einem einfachen Phasenmodell für die Praxis, illustriert an einem *Musterprojekt*. So entstand [Bürkler, Zehnder 80]. Gleichzeitig wurden direkte Anwendungsmöglichkeiten dieser Projektführungsausbildung innerhalb des Informatikstudiums untersucht ([Bürkler 81], [Bürkler, Zehnder 81]). Als Ergebnis werden heute unsere Studenten systematisch anhand dieses Phasenmodells zur Führung ihrer eigenen Semester- und Diplomarbeiten angeleitet, was ihnen konkret bei der Arbeit hilft und gleichzeitig erste Projektführungserfahrung für ihre spätere Berufspraxis verschafft. Inzwischen hat sich diese Ausbildung eingespielt und ihren festen Platz im 5. Semester unseres Informatikingenieurstudiums gefunden, nach dem Propädeutikum, aber vor den Semester- und ähnlichen Arbeiten und vor dem dreimonatigen Industriepraktikum.

Zum Schluss ein Wort des *Dankes*: Unsere Arbeiten wären nicht möglich gewesen ohne viele und offene Einblicke in die Projektführungspraxis der Industrie in Europa und in den USA. Ich danke dafür vielen Unternehmen, ganz besonders jedoch der Firma IFA in Zürich für einige ihrer Projektführungsformulare. Alle meine Assistenten haben in den letzten Jahren Studentenarbeiten gemäss dem geschilderten Phasenmodell betreut und zu dessen Verbesserung beigetragen. Einige haben sich ganz besonders mit der Entwicklung dieses Buches auseinandergesetzt, Dr. Hans-Peter Bürkler, Dr. Andreas Diener und dipl. Math. Fredy Oertly. Für die Herstellung von Satz und Figuren danke ich stud.phil. Andreas Pribnow und lic.oec.publ. Adrian Wälchli, für die gute Ausstattung und das aktive Interesse an der Herausgabe den beiden beteiligten Verlagen B.G. Teubner in Stuttgart und Verlag der Fachvereine in Zürich.

Zur 2. Auflage
Die erste Auflage dieses Buches stand nun seit 1986 im praktischen Einsatz in der Hochschulausbildung, aber auch verschiedenenorts in der Praxis. Dabei haben sich die Grundsätze voll bewährt; am ersten Teil des Buches wurde daher kaum etwas verändert. (Ausnahmen: Die Phase Detailspezifikation wurde intern aufgeteilt in "fachliche Spezifikation" und "technische Spezifikation", und der diskriminierend empfundene Begriff "Mann-Monat" wurde zum sicher richtigeren "Personen-Monat".) Der zweite Teil des Buches erfuhr demgegenüber eine grössere Überarbeitung und Erweiterung, namentlich in den Bereichen Qualitätssicherung, Recht, Datenbanken und Projektabbrüche - auch diese gehören nämlich zum Gesamtbild!

ETH Zürich, im August 1990   Carl August Zehnder

Inhalt

Vorwort   3

Inhalt   7

Erster Teil: Das allgemeine Phasenmodell (mit Musterprojekt)   11

1 Einleitung
- 1.1 Schulinformatik und professioneller Computereinsatz   13
- 1.2 Keine Automation ohne Vorbereitung   14
- 1.3 Ein Beispiel: Die Vereinsadministration für den VVV   16
- 1.4 Anwendung, Projekt, Projektführung   17
- 1.5 Begriffe auf der Ebene der Projektführung   19
- 1.6 Die Phasen eines Informatikprojektes   24
- 1.7 Worauf es ankommt: Produkte im Bereich der Informatik   26

2 Vorbereitung eines Projekts
- 2.1 Kurzfassung   28
- 2.2 Vorbereitende Schritte (nicht Projektbestandteil)   28
- 2.3 Projektauftrag   31
- 2.4 Beispiel   32

3 Projektumriss
- 3.1 Kurzfassung   38
- 3.2 Vorgehen   38
- 3.3 Die 80-20-Regel   39
- 3.4 Pflichtenheft   40
- 3.5 Arbeits- und Zeitplan   45
- 3.6 Beispiel   47

4 Konzept (mit Varianten)
- 4.1 Kurzfassung   59
- 4.2 Vorgehen   59
- 4.3 Freiheit und Beschränkung   61
- 4.4 Fremdbeiträge, Einholen von Offerten   63
- 4.5 Der Projektentscheid   67
- 4.6 Beispiel   69

5 Realisierung
- 5.1 Kurzfassung und Gliederung in Teilphasen   77

Inhalt

	5.2	Detailspezifikation	
		5.2.1 Kurzfassung	80
		5.2.2 Vorgehen	80
		5.2.3 Schrittweise Verfeinerung - wie weit?	84
		5.2.4 Entwurfssysteme	87
		5.2.5 Informatik-Einführungsplanung	89
		5.2.6 Projektverlauf und Projektbericht	91
		5.2.7 Beispiel	92
	5.3	Programmierung	
		5.3.1 Kurzfassung	97
		5.3.2 Vorgehen	97
		5.3.3 Effizienzüberlegungen	100
		5.3.4 Programmierteams	102
		5.3.5 Beispiel	103
	5.4	Datenbereitstellung	
		5.4.1 Kurzfassung	106
		5.4.2 Vorgehen	106
		5.4.3 Anschluss und Übernahme von Fremddatenbeständen	108
		5.4.4 Datenadministrator	109
		5.4.5 Beispiel	110
	5.5	Rahmenorganisation	
		5.5.1 Kurzfassung	112
		5.5.2 Vorgehen	112
		5.5.3 Organisator und Informatiker	113
		5.5.4 Organisatorische Einführungsplanung	115
		5.5.5 Beispiel	117
6	**Systemtest**		
	6.1	Kurzfassung	119
	6.2	Vorgehen	119
	6.3	Testverfahren	123
	6.4	Partner und Gegner	125
	6.5	Beispiel	127
7	**Einführung der neuen Lösung**		
	7.1	Kurzfassung	129
	7.2	Vorgehen	129
	7.3	Ausbildung des Betriebspersonals	131
	7.4	Systemablösung und -übergabe	135
	7.5	Beispiel	136

8 Betrieb (nicht Projektbestandteil)
- 8.1 Kurzfassung — 138
- 8.2 Betrieb einer Anwendung — 138
- 8.3 Unterhalt, Wartung — 140
- 8.4 Nachkontrolle — 144
- 8.5 Beispiel — 146

Zweiter Teil: Ergänzungen und Vertiefungen — 149
Vorwort für Manager — 151

9 Projekte mit vereinfachtem Phasenablauf
- 9.1 Der Lebenszyklus von Informatiklösungen — 158
- 9.2 Anpassung von Projektphasen — 160
- 9.3 Verwendung vorhandener Lösungen (Fremdlösungen) — 162
- 9.4 Sporadische Zugriffe auf Datenbanken (mit sog. 4.-Generationsprachen) — 166
- 9.5 Prototypen und Pilotprojekte — 170
- 9.6 Studentenprojekte (Ausbildung) — 175

10 Mannmonate und Menschen
- 10.1 Unterschiedliche Partner — 180
- 10.2 Personalaufwand in Projekten — 182
- 10.3 Vom Umgang mit bösen Überraschungen — 185
- 10.4 Projektleitung, Projektteam, Programmierteam — 187
- 10.5 Einbezug der Anwender — 190
- 10.6 Kreativität — 192

11 Dokumentation
- 11.1 Ziel, Ausmass, Vorgehen — 195
- 11.2 Projektdokumentation — 199
- 11.3 Betriebsdokumentation (Gebrauchsanweisung) — 200
- 11.4 Präsentationen — 203

12 Qualitätssicherung
- 12.1 Qualität bei Informatiklösungen — 205
- 12.2 Physische Sicherheit (Hardware) — 208
- 12.3 Software-Qualität — 210
- 12.4 Datenqualität — 212
- 12.5 Software-Testmethoden — 216
- 12.6 Überprüfungen im Team — 220

13 Werkzeuge der Projektführung
- 13.1 Projektführungssysteme — 224

	13.2 Begriffsvielfalt und Begriffsbildung	226
	13.3 Besprechungen	229
	13.4 Software-Werkzeuge	231
	13.5 Netzplantechnik	236
14	Kosten und Nutzen	
	14.1 Wirtschaftliches Denken	240
	14.2 Aufwandabschätzungen bei Informatikprojekten	243
	14.3 Nutzenabschätzungen	245
	14.4 Elementare Fragestellungen zur Wirtschaftlichkeit für Informatiker	247
15	Informatik und Recht	
	15.1 Rechtliches Denken	252
	15.2 Verträge	253
	15.3 Schutz von Software	257
	15.4 Schutz vor Datenmissbrauch	260
16	Informationssysteme und Datenbanken	
	16.1 Information ist wichtiger als Informatik	264
	16.2 Wozu eine Datenbank?	266
	16.3 Entwurf einer Datenbank	268
	16.4 Verteilte Datenbanken	270
17	Grosse Projekte	
	17.1 Gross und übergross	274
	17.2 Organisation von Superprojekten	277
	17.3 Koordination über die Daten	279
18	Informatikführung	
	18.1 Von der Einzelanwendung zum Informatiksystem	282
	18.2 Moderne Türme von Babel - oder Föderalismus	283
	18.3 Informatikkonzepte	285
19	Rückblick	
	19.1 Verunglückte Informatikprojekte	290
	19.2 Notreserven	293
	19.3 Wert und Unwert von Formalismen	295
Anhang: Hinweise für selbständige Studentenarbeiten		297
Literatur		303
Sachverzeichnis		308

Erster Teil:

Kapitel 1 - 8

Das allgemeine Phasenmodell (mit Musterprojekt)

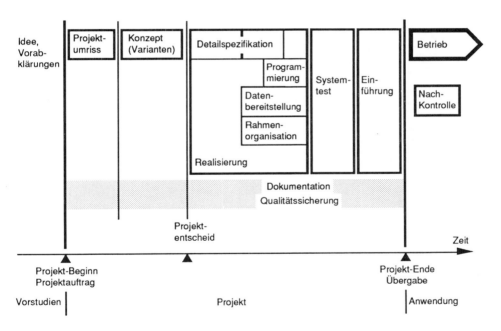

Das Phasenmodell der Informatik-Projektentwicklung (Fig. 1.4)

1 Einleitung

1.1 Schulinformatik und professioneller Computereinsatz

Unter *Informatik*, dem Fachgebiet der Informations- und Datentechnik, hat heute alles mögliche Platz:

- An einem Büroschreibplatz wird eine Schreibmaschine durch ein Textsystem (auf Mikrocomputer) abgelöst.
- Ein Hochschulinstitut studiert "wissensbasierte Systeme".
- In einem Gymnasium üben Schüler das algorithmische Denken und programmieren dazu in BASIC Mathematikaufgaben.
- Ein Lagerhaus erhält eine computergestützte Verwaltung und Steuerung des eingebauten Hochregallagers.

Schon diese wenigen Beispiele zeigen, dass Informatik und ihre Anwendung einerseits ein Gebiet des Wissens und der Allgemeinbildung darstellen (daher ihre Bedeutung in Universität und Schule), dass aber anderseits der praktische Einsatz in Industrie, Wirtschaft und Verwaltung, der sog. *professionelle* Einsatz, unsere ganze Arbeitswelt stark durchdrungen hat.

Der professionelle Einsatz kann sich auf einfache oder auch anspruchsvollere Computeranwendungen beziehen. Tatsächlich werden heute Bürocomputer (PC = personal computers, Arbeitsstationen, Kleincomputer und wie der Namen noch mehr sind) oft direkt im Bürogeschäft gekauft und nachher im Betrieb – etwa für Textverarbeitung – eingesetzt. Aber gerade an diesem Beispiel sei angedeutet, dass es mit dem Kauf allein noch nicht getan ist, weil der Betrieb eines professionellen Computers eine entsprechende *Vorbereitung* benötigt. Die Sekretärin, welche das Textsystem benützen soll, muss die Handhabung ihres neuen Werkzeugs zuerst erlernen, und das braucht Zeit. Erst nach Wochen, oft nach Monaten erreicht sie auf dem neuen Textsystem jene Sicherheit, die für sie auf der früheren Schreibmaschine selbstverständlich war. Damit wird offensichtlich, dass für die wirtschaftliche Praxis schon die Einführung einer einfachen Computerlösung bedeutende Konsequenzen haben kann, vom Ausbildungsaufwand bis zur Zufriedenheit am Arbeitsplatz.

Grössere Computerlösungen können meist nicht einfach über den Ladentisch gekauft werden, da sie für eine betriebsspezifische Problemsituation eingesetzt und dazu mindestens angepasst, wenn nicht gar eigens entwickelt werden müssen. Eine derartige Entwicklung ist aufwendig, und es braucht dazu

Fachleute. Der künftige Betrieb soll möglichst reibungslos ablaufen können, weshalb die Informatiklösung die typischen Qualitätsansprüche an ein *technisches Produkt* erfüllen muss, wie Effizienz, Unterhaltsfreundlichkeit und Wirtschaftlichkeit. Diese Hinweise zeigen, dass professionelle Informatikanwendungen ganze Welten von jenen spielerischen Experimentierprogrammen entfernt sind, welche in der Schule oder in einführenden Lehrgängen geschrieben, ausprobiert und diskutiert werden. Der Unterschied ist etwa ähnlich wie jener zwischen einem Automotor und einem Modell im Physikunterricht, an welchem das Prinzip des 4-Takt-Motors demonstriert werden kann.

Im vorliegenden Buch geht es darum, den Weg zum professionellen Informatikeinsatz aufzuzeigen. Das setzt Verständnis für die vielfältigen Möglichkeiten der Informatik, ebenso aber Offenheit für die Anliegen der künftigen Anwender voraus.

1.2 Keine Automation ohne Vorbereitung

Der Computer ist ein Automat. Informatiklösungen beruhen darauf, dass ganz bestimmte Datenverarbeitungsprozesse oder -prozessteile automatisch und maschinell ausgeführt werden (während andere weiterhin durch Menschen besorgt werden können). Die zu automatisierenden Arbeiten werden durch Programme gesteuert, die dem Computer bis ins letzte Detail vorschreiben, was zu tun ist. Der Automat hat ja keine autonome Lernfähigkeit, er führt Programme aus, stur, fleissig, exakt. Bevor eine Computerlösung daher auf die Praxis angewendet werden darf, müssen die Bedürfnisse dieser Praxis sehr genau studiert werden. Und zwar viel genauer, als wenn nachher ein Mensch die Arbeit ausführen würde. Ein Mensch würde zwar langsamer arbeiten, müde werden, gelegentlich Fehler machen. Aber er würde auch *auf Unerwartetes reagieren* können und im unvorhergesehenen Fall innehalten. Das kann der Automat nicht.

Daher müssen wir unseren Automateneinsatz viel sorgfältiger als einen Menscheneinsatz vorbereiten. Diese Vorbereitung heisst *Projekt* und lässt sich in verschiedene systematische Schritte, in *Phasen*, gliedern. Diese führen schrittweise von der genauen Problemformulierung über grobe Entwurfsvarianten für die Problemlösung bis zur Programmierung und zu rigorosen Testprozeduren. Die detaillierte Schilderung dieser Phasen in Theorie und Praxis bildet den ersten Teil des vorliegenden Buches (Kap. 1 bis 8). Die Praxis besteht im Nachvollzug eines *Musterprojekts* "VVV" (vgl. Abschnitt 1.3), das uns jeweils am

Schluss der Kapitel 2 bis 8 wieder begegnen wird. Im zweiten Teil des Buches (Kap. 9 bis 19) werden dann wichtige Einzelaspekte aus der Projektarbeit vertieft behandelt.

In jeder Computerlösung spielen Programme eine zentrale Rolle; die Bereitstellung der Software bildet den Kernpunkt der meisten Informatikprojekte. Dennoch sei schon an dieser Stelle festgehalten: Das bedeutet keineswegs immer Eigenentwicklung! Die Übernahme von Fremdprogrammen und Standardlösungen kann Entwicklungsaufwand und -risiko drastisch reduzieren. Und im Falle von Eigenentwicklungen – das dürfte wohl einige Leser eher überraschen – bildet heute die eigentliche Programmierarbeit (Phase Programmieren) nurmehr 5 bis 15 % des gesamten Projektaufwands.

Projektarbeit erfordert von den beteiligten Menschen erhebliche Vorstellungskraft und Fantasie – gerade weil diese dem Computer, dem Automaten, abgehen. Dauernd müssen dabei drei Bereiche parallel im Auge behalten werden,

- die künftige *Anwendung* (wo wir den Computer nützlich einsetzen wollen),
- die Entwicklungsarbeit am *Projekt* (wo wir uns mit Problemanalysen, Konzepten und Programmen herumschlagen), und
- die *Führung dieses Projektes* (wo wir uns fragen, wie wir mit vernünftigem Aufwand unser Projekt zum Erfolg bringen).

Wir werden diesen drei Ebenen immer wieder begegnen, systematischer bereits in Abschnitt 1.4. Damit diese Überlegungen aber nicht nur theoretisch bleiben, wenden wir uns sogleich einem praktischen *Beispiel* zu. Dieses Musterprojekt betrifft eine kleinere, aber realistische Problemstellung für einen praktischen Computereinsatz, nämlich eine Vereinsadministration, wie sie vielleicht dem einen oder anderen Leser schon begegnet ist. Wir werden dieses gleiche Beispiel durch das ganze Buch hindurch immer wieder aufgreifen. Der Leser kann so sehen, wie die vorgestellten Methoden konkret angewendet werden. Das Beispiel betrifft den Bürokram eines Vereins mit einigen Dutzend oder Hundert Mitgliedern. Jeder Leser darf sich darunter den Verein seiner Wahl vorstellen; wir nennen ihn im folgenden einfach "VVV". Das kann alles heissen, etwa "Verein von Vollblutsportlern" oder auch "Verband vielbeschäftigter Vereinsfunktionäre".

1.3 Ein Beispiel: Die Vereinsadministration für den VVV

Unser Verein namens VVV umfasst eine Anzahl von Mitgliedern; die Zahl kann natürlich mit der Zeit ändern. Die Mitglieder erhalten gelegentlich Einladungen oder sogar regelmässige "VVV-Mitteilungen" per Post zugestellt. Einmal jährlich müssen auch die Mitglieder eine administrative Aufgabe erfüllen: Sie haben ihren Jahresbeitrag zu bezahlen. Diese wenigen Hinweise genügen für jeden Mitteleuropäer, sich die administrative Seite dieses Vereins vorstellen zu können. Egal, was der Vereinszweck ist, Sport, Kultur, Wissenschaft oder gar Politik, irgendwo im Hintergrund gibt es eine Dame oder einen Herrn, welche(r) Mitgliederadressen und Beitragszahlungen säuberlich verwaltet und bei Bedarf in gewünschter Form präsentieren kann.

Solange diese Dame oder dieser Herr der Aufgabe klaglos nachkommt, ist das Thema für alle andern Vereinsmitglieder erledigt und vergessen. Bei der Jahresversammlung gibt es vielleicht einen Blumenstrauss oder einen Früchtekorb für die fleissige Seele. Anders wird es, wenn die Büroarbeiten aus irgendeinem Grund *nicht* ausgeführt werden, weil die/der Fleissige umzieht oder die Lust dazu verloren hat und kein Nachfolger sich meldet. Dann ist das Thema im Verein aktuell und guter Rat teuer.

Nicht selten allerdings wird in einem solchen Fall heute *"der Computer"* als Retter in der Not angesehen. Könnte nicht er das Vereinsbüroproblem lösen? Wir wollen dieser Frage nachgehen, indem wir unseren VVV-Verein beobachten, wo solche Automatisierungswünsche eben aufgetaucht sind, weil der bisherige Sekretär amtsmüde geworden ist. (Wir werden im folgenden alle Funktionen ausschliesslich in der kürzeren männlichen Form bezeichnen, also Sekretär, Projektleiter, Anwender, darunter aber immer Funktionsträger *beiderlei Geschlechts* verstehen.)

Der Vereinsvorstand hat von Kollegen eines befreundeten Vereins erfahren, dass dort ein Computer verwendet wird, wenn auch nur für die Adressenverwaltung; der Datenbereich sei beschränkt. Ein Mitglied, das auf einer Bank an einem Terminal arbeitet, offeriert den Einzug der Jahresbeiträge über den Bankcomputer, und der Sohn des Präsidenten möchte auf seinem Hobbycomputer ein eigenes BASIC-Programm entwickeln. Der Vereinsvorstand ist durch die Verschiedenartigkeit der Lösungsvorschläge verunsichert. Er lädt ein Mitglied, das beruflich als Analytiker im Computerbereich tätig ist, zu einer Aussprache ein. Aus den Ausführungen dieses Informatikers hören wir ein paar Sätze:

"... Natürlich können wir eine Fremdlösung übernehmen und vielleicht auch an unsere Bedürfnisse anpassen. Wir können aber auch eine eigene Lösung entwickeln. Den Aufwand dafür schätze ich allerdings auf vier Personen-Monate, wenn wir nicht besondere Werkzeuge, etwa ein kleines Datenbanksystem mit Tabellengeneratoren, einsetzen können ..."

Der Vereinsvorstand ist beeindruckt (ob der Fachausdrücke), etwas erschrocken (ob der vier Personen-Monate, obwohl der Begriff nicht jedermann klar geworden ist) und nicht viel klüger als am Anfang. Da jedoch das Problem des amtsmüden Sekretärs drängt und weil der Informatiker anschliessend etwas volkstümlichen Nachhilfeunterricht erteilt, kommt ein Beschluss zustande: Der Informatiker wird gebeten, Vorbereitungen für ein Projekt zu treffen, das den Sekretär mit Computerhilfe entlasten könnte. Der Präsident will inzwischen abklären, ob dieser bei solcher Entlastung seine Funktion freundlicherweise weiterführen würde.

Damit verlassen wir vorläufig unsere VVV-Freunde, die uns in Abschnitt 2.4 wieder begegnen werden.

1.4 Anwendung, Projekt, Projektführung

Die Geschichte in Abschnitt 1.3 ist weder vollständig noch sehr systematisch. Sie zeigt uns auch noch nicht die Lösung unseres Problems, denn wir stehen erst am Anfang. Wir spüren aber ein deutliches Bedürfnis, vorerst einmal etwas Ordnung in die verwendeten Begriffe zu bringen. Wir gliedern sie in die bereits erwähnten drei Ebenen der Anwendung, des Projekts und der Projektführung.

– *Beispiele von Begriffen auf der Anwendungsebene:* Mitglied, Einladung, Jahresbeitrag, Adressen, Jahresversammlung, Sekretär, Computereinsatz als Entlastung.
– *Beispiele von Begriffen auf der Projektebene:* Adressverwaltungsprogramm, Datenbereich, Terminal, BASIC-Programm.
– *Beispiele von Begriffen auf der Projektführungsebene:* Fremdlösung übernehmen, eigene Lösung entwickeln, Personen-Monate, Werkzeuge (für Projektentwicklung), Beschluss (des Vereinsvorstandes).

Sofort wird klar, welche Personenkreise sich in welcher Begriffswelt auskennen:

- *Anwendungsebene:* Im Beispiel die Welt des Vereinsvorstandes, allgemein Computeranwender mit ihren Informationsproblemen.
- *Projektebene:* Informatiker mit Daten, Programmen und Geräten.
- *Projektführungsebene:* Organisatoren des Arbeitsvorgehens, Projektleiter, sowie Auftraggeber.

Fig. 1.1 zeigt die drei Ebenen systematisch, wie sie im folgenden gebraucht werden. Dabei bezieht sich die Projektführung *auf* das Projekt, das Projekt *auf* die Anwendung.

Arbeitsebene	darin Tätige	Arbeitsobjekt	Benützte Terminologie
Projekt-führung	Projektleitung, Auftraggeber	Projekt	Begriffe der Projektorganisation
Projekt	Anwendungs-organisator, Informatiker	Entwicklung der Anwendung	Begriffe der Datentechnik
Anwendung	Anwender	Probleme des Anwenders	Begriffe des Anwenders

Figur 1.1: Die drei Arbeitsebenen der Projektentwicklung in der Informatik.

Wir müssen nun lernen, uns auf diesen verschiedenen Ebenen zu bewegen, ohne sie zu vermengen und ohne Konfusionen der Begriffe zu erzeugen. Der Anwender seinerseits darf nicht mit Begriffen der oberen Ebenen verwirrt werden, da ihn diese an sich nicht interessieren. Der Anwender soll von Adresslisten und Zahlungen sprechen und nicht von Recordstrukturen und Bildschirmformaten. Der Informatiker hingegen, vor allem wenn er selber Projekte leitet, muss sich auf allen drei Ebenen auszudrücken wissen. Er benützt dabei drei verschiedene Sprachebenen nebeneinander. (Übrigens: Solche Sprachebenen existieren durchaus nicht nur im Computerbereich! Als wir seinerzeit Französisch oder Englisch lernten, benützten wir auch Elemente einer Sondersprache (Metasprache) für den Sprachunterricht. Auf diese Ebene gehören die Grammatikbegriffe "Verb", "Subjekt" und "Partizip Perfekt". Wer die gelernte Sprache *anwendet*, braucht diese Begriffe nicht mehr. Genau gleich ist es mit einem Anwenderprogramm, wenn es einmal im Betrieb steht: Wir brauchen die projektbezogenen Hilfsmittel nicht mehr!)

Nach dieser Begriffsklärung wenden wir uns kurz dem *Projekt* im besonderen zu. Das Projekt ist ein *Entwicklungsprozess* mit einem ausgesprochen zeitlichen Aspekt (Fig. 1.2); es ist nur Übergang zur künftigen neuen Lösung, zur *Anwendung*. Erst wenn die Anwendung im Betrieb steht, ist auch ein Nutzen da. Während der Projektentwicklung entsteht nur Aufwand. Sie muss sich daher voll auf die Anwendung ausrichten. Die *Anwendung* definiert das Zielsystem.

> Ein *Projekt* ist ein zeitlich begrenztes Entwicklungsvorhaben zum Lösen von Problemen innerhalb eines vorgegebenen Zielsystems. Es umfasst die Gesamtheit der für die Problemlösung notwendigen Entwicklungsarbeiten.

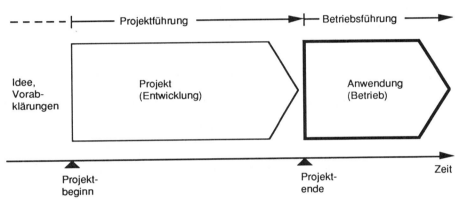

Figur 1.2: Vom Projekt zur Anwendung

Die *Projektdauer* ist grundsätzlich begrenzt. Es ist daher zweckmässig, Beginn und Ende eines Projekts deutlich zu markieren. Eher formlose Vorabklärungen und Ideen sind noch nicht zum Projekt zu rechnen. Das Projekt beginnt dann, wenn jemand, der Aufträge zu erteilen hat, das Startzeichen gibt. Damit beginnt das eigentliche Projekt mit seinen Phasen, die wir ab Kap. 2 im einzelnen betrachten werden. Vorher aber wenden wir uns der *Projektführung* zu.

1.5 Begriffe auf der Ebene der Projektführung

Überall, wo mehrere Partner auf ein Ziel hin zusammenarbeiten, braucht es ausdrückliche oder auch stillschweigend verstandene Regeln des Zusammenspiels, wobei sich die Persönlichkeiten der beteiligten Menschen sehr unterschiedlich auswirken können. "Autoritärer" oder "kollegialer" Führungsstil, "Chef" und "Ausführender" geben Hinweise auf Stilvarianten und verteilte Rollen. Hinter all diesen Unterschieden existieren aber einige allgemeine

Begriffe und Strukturen. Es gibt für diese in der Praxis die unterschiedlichsten Namen (für den Begriff "Vorgesetzter" etwa Chef, Manager, Werkmeister, Leutnant), deren genaue Bedeutungen unter sich allerdings auch wieder Differenzen aufweisen. Wir können und wollen uns hier aber nicht mit den Differenzen, sondern mit der Substanz herumschlagen. Aus diesem Grund führen wir selber ein System von *Begriffen* ein, das wir in diesem Buch durchgehend benützen. Es sind Begriffe, die in dieser Form

- in Informatikprojekten der Praxis häufig gebraucht werden und
- bestimmte Sachverhalte möglichst treffend bezeichnen.

Zu jedem verwendeten Begriff gibt es wohl mindestens einen anderen Ausdruck, den man dafür ebenfalls verwenden könnte und der vielleicht in der Firma X oder im Projektführungssystem Y so gebraucht wird. Das darf uns aber nicht stören. Vorerst wollen wir *einen* (widerspruchsfreien) Begriffskatalog kennenlernen und damit unbefangen arbeiten. Wenn wir den Inhalt der Begriffe einmal verstanden und identifiziert haben werden, wird es für jedermann ein leichtes sein, auch andere, ähnliche Begriffe zu verstehen. (Im Abschnitt 13.2 werden wir auf solche Begriffsvarianten ausführlich zurückkommen.)

> Die *Projektführung* hat zum Zweck, durch organisatorische und methodische Massnahmen ein Projekt zielgerecht, effizient und innert nützlicher Frist zu vollenden.

Diese Definition der Projektführung gilt für kleine und grosse Projekte. Wir wollen uns aber vorläufig auf *kleinere und mittlere Projekte* beschränken und daran die Projektführungsmethoden systematisch kennen und einsetzen lernen (für grosse Projekte vgl. Kap. 17). Dazu benötigen wir folgende *Projektführungsbegriffe* :

- *Projekt, Informatikprojekt*
  Ein Projekt ist ein zeitlich begrenztes Entwicklungsvorhaben zum Lösen von Problemen innerhalb eines vorgegebenen Zielsystems. Es umfasst die Gesamtheit der für eine informatikgestützte Problemlösung notwendigen Entwicklungsarbeiten.

- *Projektphasen*
  Phasen sind zeitlich und funktionell abgrenzbare Teile eines Projektablaufs. Projekte werden in Phasen unterteilt, um sie planbar, überschaubar und kontrollierbar zu machen. (Phasenübersicht: Abschnitt 1.6 mit Fig. 1.4; Beschreibung der Phasen: Kap. 3 bis 7)

- *Meilenstein*
  Markanter Zeitpunkt im Projektablauf, normalerweise am Anfang oder am Ende einer Phase.
- *Projektleitung*
  Die Projektleitung führt das Projekt. Sie ist verantwortlich für Gliederung und Fortschritt des Projekts, für Entwicklung und Einführung der Anwendung. Die Funktion der Projektleitung kann in grossen Projekten auf mehrere Personen aufgeteilt werden, wobei Benutzer-Projektleiter und Informatik-Projektleiter häufig verschiedene Personen sind.
- *Projektteam*
  Ein Projekt benötigt zur Durchführung ein Projektteam. Dem Team gehören gleichzeitig Mitarbeiter aus dem Anwenderbereich sowie Informatiker und/oder Organisatoren an. Das Projektteam untersteht der Projektleitung.
- *Auftraggeber*
  Die einem Projekt übergeordnete Stelle heisst Auftraggeber. Das kann eine selbständige, unternehmensfremde Stelle sein oder auch – bei unternehmensinternen Informatikdienststellen – ein internes Organ. In diesem müssen die künftigen Benutzer einer Informatik-Anwendung auf jeden Fall vertreten sein. Dem Auftraggeber ist die Projektleitung direkt verantwortlich; der Auftraggeber entscheidet über die Projektfreigabe und allfällige Phasenfreigaben und fällt den Projektentscheid (vgl. Abschnitte 2.3 und 4.5).
- *Anwendung (Applikation), zukünftige Anwendung, Anwendersystem, Zielsystem*
  Die Anwendung ist das Ergebnis eines Projekts. Sie umfasst eine Gesamtheit von Arbeitsabläufen, Hardware und Software. Sie wird daher oft kurz als "System" ("Anwendersystem") bezeichnet. Während der Projektentwicklung nennen wir das Zielsystem auch "zukünftige Anwendung".
- *System*
  Strukturiertes Gebilde aus Elementen oder Teilsystemen und Beziehungen zwischen diesen sowie zur Umwelt. (Allgemeiner Begriff aus der Systemtheorie, Fig. 1.3)
- *Umwelt*
  Mit Umwelt wird jene Umgebung bezeichnet, in welche hinein die zukünftige Anwendung (das "System") zu stellen ist. Jede Anwendung gehört schwächer oder stärker gekoppelt zu einem grösseren Ganzen. Die Nahtstelle zwischen Anwendung und Umwelt heisst Systemgrenze (Fig. 1.3).

- *Teilsystem, Modul, Komponente*
  Eine Anwendung besteht meist aus mehreren Komponenten, Modulen oder Teilsystemen. Die (evtl. mehrstufige) Gliederung in Teilsysteme erlaubt eine bessere Übersicht über einen Problemkreis. Bei der Entwicklung von Informatik-Anwendungen ist diese Aufgliederung insbesondere bei der Software (Programm-Module) von grundlegender Bedeutung.
- *Benutzer, Anwender, Endbenutzer*
  Unter Benutzer oder Anwender sind die von der zukünftigen Anwendung profitierenden Personen bzw. Stellen zu verstehen. Die innerhalb des Informatik-Betriebsdienstes stehenden Personen werden nicht zu den eigentlichen Benutzern gezählt.
- *Informatik-Betriebsdienst*
  Dienstleistungsstelle des Informatik-Bereichs für Funktionen zugunsten der Benutzer während des (zukünftigen) Betriebs einer Anwendung.
- *Betrieb*
  Benützung einer Anwendung ab Projektende bis zur Ausserbetriebsetzung. Zum *Betrieb im engeren Sinne* gehören alle Tätigkeiten und Aufwendungen, die zum direkten, produktiven Einsatz des Anwendersystems notwendig sind, mit Ausnahme des Unterhalts.
- *Unterhalt*
  Gesamtheit aller laufend erforderlichen, aber nicht direkt zum produktiven Einsatz gehörenden Tätigkeiten für eine (eingeführte) Anwendung. Im Rahmen des Unterhalts werden geringfügige Anpassungen der Anwendung an Änderungen von Informatik-Betriebsmitteln oder der Umwelt sowie Fehlerkorrekturen ausgeführt. (Grössere Änderungen bedingen ein neues Projekt.)

Diese Liste mag lang und mühsam erscheinen. Sie umfasst aber viele wohlbekannte Begriffe, die wir ständig, allerdings oft wenig präzis, verwenden. Am Ausdruck "System" (Fig. 1.3) sei gezeigt, dass es sich lohnt, Alltagsbegriffe genau zu verstehen.

Um den Begriff "System" hat sich ein eigenes Fachgebiet entwickelt (Systemtheorie, Systems Engineering). Wir müssen darauf nicht vertieft eingehen und können dennoch Nutzen aus dem (rekursiv anwendbaren) Strukturierungsverfahren des Systemingenieurs ziehen. Ein Problem oder eine Lösung wird dabei in besser überblickbare Teilbereiche aufgeteilt, wobei natürlich die Zusammenhänge (die "Beziehungen") nicht vergessen werden dürfen. Die Teilbereiche können selbst wiederum als Systeme (Teilsysteme) betrachtet werden, die rekursiv aufgliederbar sind.

Diese Technik der Aufgliederung ist weitherum bekannt und hat in verschiedenen Fachgebieten ihre eigenen Namen erhalten. Am besten kennen wir wohl die entsprechenden Begriffe aus der Informatik selber, nämlich die strukturierte Programmierung, die Modularisierung, die "schrittweise Verfeinerung" und das "Top-down"-Vorgehen [Wirth 88]. Auch andere Fachgebiete kenne Module, Komponenten, Baukastenelemente usw., in welche sie ihre komplexen "Systeme" zerlegen. Wer sich für eine präzise Einführung in diese systemtheoretischen Fragen interessiert, lese etwa [Churchman 70] oder [Daenzer 88]. Für unsere Zwecke der Projektführung genügen nämlich bereits die Hauptbegriffe von Fig. 1.3.

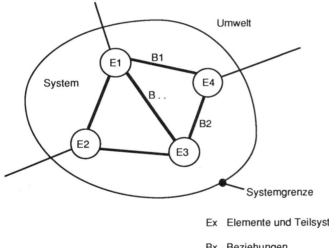

Ex Elemente und Teilsysteme

Bx Beziehungen

Figur 1.3:   System, Systemstruktur und Umwelt

Der Leser wird bemerkt haben, dass wir viele Begriffe mit einer gewissen Flexibilität benützen, weil die Praxis dies auch tut und wir darauf vorbereitet sein müssen. So brauchen wir gewisse Begriffe völlig synonym (etwa Benutzer = Anwender) oder in zwei verschiedenen, aber im Zusammenhang ganz klaren Bedeutungen (Anwendung = Projektergebnis und Anwendung = Einsatz dieses Ergebnisses). Es wäre natürlich möglich, in einem Lehrbuch auf solche Mehrdeutigkeiten ganz zu verzichten. Da jedoch die Praxis unsere diesbezügliche Aufmerksamkeit auch verlangt, wird im vorliegenden Buch der offenere Weg eingeschlagen. Die Begriffe sind da, vom Leser in seine eigene Welt übertragen zu werden! (Für Studentenprojekte existieren noch einige besondere Begriffe, vgl. Abschnitt 9.6 und Anhang.)

1.6 Die Phasen eines Informatikprojekts

Überall, wo Menschen eine Aufgabe angehen müssen, die nicht ganz einfach und selbstverständlich ist, versuchen sie, diese Aufgabe *aufzugliedern*. Diese Grundidee der *Systemtechnik* beschränkt sich keineswegs nur auf das Anwenderproblem und seine Teile. In analoger Weise kann auch das Vorgehen selber in Teile zerlegt werden, die hier meist Schritte oder *Phasen* genannt werden.

Phasen sind zeitlich und funktionell abgrenzbare Teile eines Projektablaufs.

Während die allgemeine Systemtheorie [Churchman 70] *jede* Art von Problemlösungsverfahren mit ihren Überlegungen abdecken will, konzentrieren wir uns hier im folgenden auf Probleme des praktischen Computereinsatzes oder von Systemsoftwareentwicklungen, die wir gesamthaft als *Informatikprojekte* bezeichnen. Mit dieser Einengung unseres Blickwinkels gewinnen wir an Praxisnähe. Unsere Überlegungen und Problemlösungsschritte werden konkret. Wir sprechen von Programmierung und Daten und können dafür – mindestens bei kleineren Projekten – etwa Bau-, Energie- und Transportprobleme auf der Seite lassen. Wenn im folgenden von Projekten die Rede sein wird, so seien darunter immer Informatikprojekte verstanden.

Nicht alle Informatikprojekte lassen sich genau gleich strukturieren, je nach Grösse, Art der Programmbeschaffung, der verfügbaren Personen und Mittel usw. Diese Unterschiede sollen uns vorderhand nicht kümmern. Wir beginnen im folgenden (Fig. 1.4) mit einem *Normalfall*, der sich viel später (in Kap. 9) an einfachere Sonderfälle anpassen und (in Kap. 17) für grosse Projekte erweitern lässt. Die Grundstruktur der Projektphasen bleibt aber immer die gleiche.

Noch eine weitere Vereinfachung wollen wir uns vorläufig gestatten. Im ganzen ersten Teil dieses Buches (Kap. 1 bis 8) sollen nur *organisatorische* und *zeitliche* Aspekte der Projektgliederung vertieft behandelt werden. Erst wenn diese Grundlagen im Zusammenhang eingeführt und diskutiert sind, werden im zweiten Teil (Kap. 9 bis 19) auch *personelle*, *qualitätsbezogene* und *wirtschaftliche* Aspekte der Projektführung und -organisation untersucht.

Über die organisatorische und zeitliche Phasengliederung vermittelt Fig. 1.4 einen unmittelbaren Überblick.

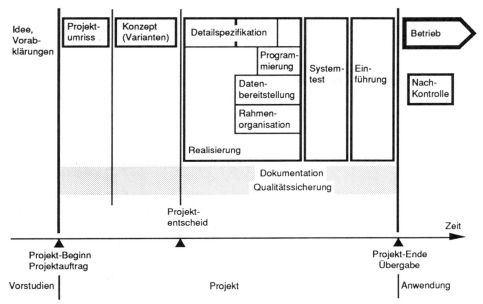

Figur 1.4:   Die Projektphasen im zeitlichen Ablauf

Die fünf Hauptphasen Projektumriss, Konzept (Varianten), Realisierung, Systemtest und Einführung kommen in dieser Reihenfolge in allen Projekten vor. Einzelne Phasen innerhalb der Realisierung, etwa die eigentliche Programmierung oder die Datenbereitstellung, können hingegen bei bestimmten Projekten entfallen, weil z.B. vorhandene Programme verwendet werden können oder keine Datenanschlüsse nötig sind. Sehr wichtig ist aber, dass im Verlauf der Projektarbeit alle Phasen *einzeln* bearbeitet und abgeschlossen werden. Nur bei sehr kleinen Projekten dürfen Phasen zusammengelegt werden.

Um die fünf Hauptphasen herum gliedern sich verschiedene andere Tätigkeiten. Dies sind keine eigentlichen Projektphasen, aber es sind ebenfalls wichtige Elemente der Projektgliederung, so dass wir sie hier auch gleich erwähnen wollen:

- *Vor Projektbeginn* finden jene vorbereitenden Schritte statt, die ein Projekt überhaupt erst auslösen. Sie kommen anschliessend in Kap. 2 zur Behandlung.

26 Einleitung

- *Während des Projektablaufs*, aber keinesfalls auf einzelne Phasen beschränkt, müssen Dokumentation und Qualitätssicherung ständig mitgezogen werden (Kap. 11 und 12).
- *Am Ende des Projekts* steht das eigentliche Ziel der Entwicklungsarbeit, der Betrieb der Anwendung (Kap. 8).

Fig. 1.4 gibt einen guten Überblick über die wichtigsten Arbeiten bei jeder Projektentwicklung, über ihre zeitliche Abfolge und die dafür verwendeten Begriffe. Der Anfänger kann sich mit einer Kopie von Fig. 1.4 eine bequeme Lern- und Arbeitshilfe schaffen.

1.7 Worauf es ankommt: Produkte im Bereich der Informatik

Unter einem "Produkt" stellt sich jeder gerne etwas Konkretes vor: Der Landwirt produziert Kartoffeln, der Bäcker Brötchen, die Chemie Kunststoffe. Was ist das Produkt eines Informatik-Projektteams? Nun eben seine Problemlösung, das Anwendersystem oder kurz die Anwendung. Da dabei die eingesetzte Hardware normalerweise nicht selber entwickelt wird, besteht das eigentliche Produkt ausschliesslich aus Komponenten nichtmaterieller Art, aus Programmen, Daten, Verfahren, kurz aus Informationskomponenten. Diese Komponenten müssen mit den *Massstäben* betrachtet werden, die wir typischerweise an ein technisches Produkt stellen.

Ein technisches Produkt muss üblicherweise

- benutzerfreundlich,
- betriebssicher und
- dauerhaft

funktionieren. Diese und weitere Aspekte (vgl. Kap. 12) machen die *Qualität* eines technischen Produkts aus. Und genau solche Massstäbe sollen auch an Informatikprodukte angelegt werden. Es ist klar, dass damit einige Schwierigkeiten verbunden sind.

Eine der schwierigsten Fragen liegt darin, dass wir bei Informatikprodukten noch kaum wissen, wie die Qualität des Produkts zu messen ist. Der Tiefbauingenieur überprüft seine neue Eisenbahnbrücke, indem er einige Lokomotiven mit insgesamt 1000 t draufstellen lässt und die Durchbiegung *misst*. Ist die maximale *berechnete* Durchbiegung bei dieser Belastung 13±3mm und die maximale *gemessene* Durchbiegung 15 mm, so ist dieser Aspekt der Qualität in Ordnung. Wie formuliert man jedoch die Fehlertoleranz bei Software?

Es gibt in der Informatik (vorderhand) keine exakten Methoden, um in grossen Software-Produkten Fehlerfreiheit *beweisen* zu können. Daher kann in der Software-Entwicklung nicht allein das Endprodukt qualitativ bewertet werden, sondern der *ganze Entwicklungsprozess* ist auf Fehlervermeidung auszurichten. So existieren heute viele Mittel und Methoden, welche zu guter, zuverlässiger Software führen, wenn sie in sauberer Ingenieurmanier eingesetzt werden (software engineering).

Das zweite Hauptproblem bei Informatikprodukten liegt darin, dass man sie nicht sehen kann und damit kein unmittelbares Gefühl für ihre *Komplexität* empfindet. Programme mit 1000, 10'000, 100'000 Zeilen Code sind alle komplex, aber wie komplex? Und ist deren Komplexität notwendig und ausgewogen? Um es mit einem Vergleich bei Autos zu probieren: Wenn ein VW-Golf mit einem Rennwagenmotor ausgestattet würde (sofern dieser Platz hat), wäre die Unverhältnismässigkeit sofort klar. Wenn aber eine Computerlösung irgendwelche Verrücktheiten einbezieht, ist das kaum bemerkbar – ausser in Qualität und Kosten! Wir müssen daher auch in der Informatik nicht die Maximallösung, sondern *die gute, die zweckmässige Lösung* suchen und finden. Kaum ein anderer einzelner Grund hat bis heute soviele grosse (und teure) Computerprojekte zum Absturz gebracht wie das fehlende *Mass* für das Sinnvolle. Man wollte zuviel – und erreichte gar nichts, ausser Spesen.

Damit sind wir startbereit. Wir wollen Produkte im Bereich der Informatik herstellen, die diesen Namen verdienen (Qualität) und die wirtschaftlich vertretbar sind (angemessene Lösung). Der Weg führt über das Informatikprojekt, ein professioneller Weg zu professionellen Problemlösungen.

2 Vorbereitung eines Projekts

2.1 Kurzfassung

Aufgabe: Vorbereitung und Initialisierung eines Projekts.

Grundlagen: keine

Ziel: Aus Ideen und vagen Vorstellungen sind koordiniert Ziele zu formulieren und eine personell geeignete Projektorganisation zu schaffen, damit die eigentliche Projektarbeit beginnen kann. Dazu sind oft Vorstudien (ausserhalb des eigentlichen Projekts) nötig.

Zu erstellende Dokumente:
Projektauftrag

2.2 Vorbereitende Schritte (nicht Projektbestandteil)

Am Anfang einer Projekttätigkeit steht wohl immer eine *Idee*, egal, ob diese Idee aus einem konkreten Engpass heraus geboren wird (wie beim VVV-Beispiel mit seinem amtsmüden Sekretär), oder ob die Idee die Erfindung des Jahrhunderts (mindestens in der Vorstellung des Erfinders) hervorbringen soll. Erst aufgrund einer Idee kann ein Projekt entstehen. Manchmal brauchen Ideen längere Zeit (sogar Jahre), bis sie für eine Realisierung konkret genug sind. Andere Ideen dagegen – besonders in Notsituationen – sind wie ein Zündfunke, der die Weiterbearbeitung geradezu auslöst.

Bei Informatikproblemen und ihrer Lösung geht es um die *Automatisierung* bestimmter Informationsprozesse. Damit ist schon angedeutet, dass dazu im allgemeinen eine Idee allein als Vorbereitung nicht genügt. Die Informationsprozesse verbinden nämlich verschiedene Beteiligte. Auch sind meist mehrere Personen oder gar Institutionen an der Problemformulierung und -lösung beteiligt, nämlich

- derjenige, der das Problem hat (der künftige Anwender, der Auftraggeber), und
- derjenige, der die Lösung hat oder sie entwickeln kann (Projektleitung, Projektteam).

Vielleicht kommen noch weitere Partner dazu, etwa Anbieter von Hard- und Software und Betriebsdienste.

Sobald mehrere Partner ein Problem gemeinsam lösen müssen, muss eine *konkrete Stelle* die Koordination in die Hand nehmen. Diese Stelle muss einerseits der Idee gegenüber offen und interessiert sein, anderseits die *Kompetenz* haben, etwas Neues, eben ein Projekt, auf die Beine zu stellen. Der "Erfinder" mag von seiner Idee noch so überzeugt sein, für eine Realisierung genügt dies noch nicht. Erst muss er seine Vorgesetzten von der Nützlichkeit seiner Idee überzeugen, bevor ein nächster Schritt möglich ist. Damit kann leicht ein Teufelskreis (eine Verklemmung) entstehen: Einer hat die Idee, aber keine Mittel; der andere hat die Mittel, aber Angst vor Neuerungen, und so passiert leicht gar nichts.

Weil diese Gefahr des vorzeitigen Abbruchs – nicht nur bei Computerideen – in *grossen* Firmen, Verwaltungen und Organisationen besonders virulent ist, kennen manche Betriebe das *Vorschlagswesen*, damit Ideen nicht regelmässig schon vom ersten eifersüchtigen Vorgesetzten abgeklemmt werden. (Prinzip: "Das haben wir noch nie gemacht, wir haben es immer so gemacht, und da könnte jeder kommen!") Beim Vorschlagswesen können Ideen, sogar in relativ roher Form, direkt an eine eigene "Fachstelle für Vorschläge" eingereicht werden, welche deren Zweckmässigkeit abklärt und bei Erfolg dem Erfinder substantielle Prämien für seine Verbesserung bezahlen kann.

Dieses Verfahren für das Anregen und Aufgreifen von Vorschlägen hat im Bereich von Informatikproblemen zwei besonders wichtige Formen angenommen, mit denen wir uns kurz befassen wollen: Projektantrag und Informationszentrum.

– *Projektantrag:* Formalisierter Weg, wie ein Mitarbeiter oder eine Anwenderabteilung (ohne eigene frei verfügbare Informatikmittel) einen Wunsch für eine neue oder verbesserte Computerlösung vorbringen kann. Für einen solchen Projektantrag muss meist ein Formular (Beispiel Fig. 2.1) ausgefüllt werden, worauf die wichtigsten Ideen, Zusammenhänge und Konsequenzen darzustellen sind. Der Projektantrag geht dann an eine Informatik-Fachstelle, welche auch Anwendervertreter einbezieht und ein allfälliges Projekt vorbereiten kann.

– *Informationszentrum:* Kleine Gruppe von Informatikfachleuten, eingegliedert in einen Anwenderbereich. Diese Fachleute stehen mit den Anwendern in nahem Kontakt und bieten diesen Hilfe, damit sie erste Schritte in der Informatikwelt selber gehen und ihre Wünsche qualifiziert formulieren können. Ist ein Informationszentrum vorhanden, so kann dieses eine Projektvorbereitung selber an die Hand nehmen. (Wir kommen in Abschnitt 10.4 auf die Informationszentren zurück.)

Schwieriger ist die Vorbereitung eines allfälligen Projekts in Organisationen *ohne Fachleute* für Informatik, etwa in kleineren Firmen oder Vereinen. Da muss die allgemeine Leitungsinstanz (Geschäftsleitung, Vorstand) selber den ersten Schritt tun. Das ist für sie meist ungewohnt, verursacht Unsicherheit und weckt Bremsmechanismen. Also muss ein qualifizierter Fachmann beigezogen werden. Wie beim Bau der Architekt muss hier ein *externer Informatiker* jene Funktionen übernehmen, die hausintern nicht abgedeckt werden können oder sollen. Das kann von der reinen Beratung über eine Tätigkeit als Projektleiter bis zur Lieferung einer Lösung als Generalunternehmer gehen – genau wie in der Baubranche!

Damit nehmen unsere Vorbereitungen Form an. Wir haben jetzt

- den (künftigen) *Auftraggeber*, nämlich die Geschäftsleitung oder eine andere Leitungsinstanz, welche die Kompetenz hat, ein Projekt in Auftrag zu geben, sowie
- *Fachleute*, welche für den Auftraggeber das Projekt vorbereiten können (Informationszentrum, interne oder externe Informatiker).

Diese Fachleute machen sich nun erste Überlegungen über

- die Machbarkeit des vorgeschlagenen Projekts und seiner Durchführung,
- die notwendigen Personen und Mittel (Projektleiter, Projektteam, Kredit),
- die von Projekt und künftiger Anwendung betroffenen Stellen.

Das Ergebnis dieser Überlegungen wird in einem ersten *Arbeitsbericht* festgehalten und dient als Grundlage für den Projektauftrag (Abschnitt 2.3).

Der Leser wird an dieser Stelle mit Recht die Frage stellen, ob diese Arbeiten nicht bereits Teil des Projekts seien. Sie dienen doch der Vorbereitung der künftigen Anwendung. Richtig! Da aber die Projektorganisation den Zweck hat, die *aufwendige* Entwicklungsarbeit durch saubere Strukturierung unter Kontrolle zu bekommen, wollen wir diese Vorbereitungsarbeiten, die wir jetzt betrachtet haben und die in der Praxis vielleicht *ein* Prozent des gesamten Entwicklungsaufwandes darstellen, nicht durch eine unnötige Formalisierung belasten. *Wie* diese Vorbereitung erfolgt, überlassen wir der Intuition der Beteiligten. Sachlich treffen diese noch keine definitiven Entscheide, das geschieht erst im Rahmen des Projekts selber. Allerdings sind auch Vorentscheide (etwa über die vorzusehenden Mittel) nicht unwesentlich. Fehler in diesem frühen Zeitpunkt lassen sich zwar später beheben, führen aber meist zu Zeitverlust, unnötigen Kosten und Frustration, das können wir aber kaum vermeiden. Irgendwo, irgendwann und irgendwie muss jedes Projekt einmal initialisiert werden, und das geschieht im Projektauftrag.

Zur besonderen Beachtung: Es braucht einen klaren Akt der Projektinitialisierung, um den Übergang aus der informellen Vorbereitung in die eigentliche Projektarbeit zu schaffen. Er lohnt sich!

2.3 Projektauftrag

Der Projektauftrag bewirkt einerseits den offiziellen Arbeitsbeginn am Projekt, gleichzeitig ordnet er aber – mindestens für den Anfang – auch die dafür eingesetzten personellen und übrigen Mittel sowie weitere notwendige Eckpunkte des Projekts.

- *Auftraggeber:* Er erteilt den Projektauftrag und gibt entsprechende Mittel frei.
- *Unterlagen:* Der Arbeitsbericht der Vorbereitungsarbeiten und allfällige weitere verfügbare Materialien bilden die Grundlage für den Projektauftrag.
- *Organigramm der beteiligten Stellen* (ständige Organisation): Damit wird festgelegt, welche Stellen vom Projekt in einer wesentlichen Form betroffen sind.
- *Organigramm des Projekts* (Projektorganisation): Projektleiter, Projektmitarbeiter/ Projektteam, verantwortliche Anwendervertreter, evtl. weitere Direktbeteiligte.
- *Grobe Umschreibung des Ziels des Projekts:* Was soll das Projekt erreichen? (Rahmen, keine Details!)
- *Allfällige Rahmenbedingungen:* Hinweise auf allfällige Vorgaben, wie Informatikrichtlinien, ständige Lieferanten usw.
- *Grobe Umschreibung der Mittel für das Projekt:* Durch Vergleich von Ziel und Mitteln können im Laufe der Projektarbeiten unangemessene Lösungsvarianten rasch ausgeschieden werden. Ergibt sich umgekehrt, dass die vorgesehenen Mittel für das angestrebte Ziel in keiner Art genügen, so muss der Auftraggeber um Änderung des Projektauftrags ersucht werden.
- *Freigabe von Mitteln:* Je nach Grösse und Kompliziertheit des Projekts werden vom Auftraggeber zum Zeitpunkt des Projektauftrags entweder nur Teile der vorgesehenen Mittel oder gleich alles freigegeben. Minimal erfolgt

32   Vorbereitung eines Projekts

die Phasenfreigabe für den Projektumriss, bei mittleren Projekten für Projektumriss und Konzept (Varianten), bei kleinen für das ganze Projekt. Damit ist gleichzeitig gesagt, zu welchem nächsten Zeitpunkt sich der Auftraggeber wieder mit dem Projekt befassen will, sofern nichts Unvorhergesehenes passiert.
– *Terminvorstellungen* für das Projektende, evtl. für den Abschluss gewisser Phasen (Meilensteine).

Welche Form dieser Projektauftrag genau hat, ob ein *Formular* verwendet wird oder ob die Punkte der vorstehenden Liste (sie hat die Bedeutung einer *Checkliste*) in freier Form festgehalten werden, ist für das Verfahren unwesentlich, das ist dem Stil des Auftraggebers oder des Beraters überlassen. Wesentlich ist jedoch, dass alle Punkte dieser Liste geregelt werden, wenn das Projekt nicht schon zu Beginn Gefahr laufen soll, sich in unerwartete Richtungen zu entwickeln.

2.4   Beispiel

Wir kehren jetzt zu unseren VVV-Freunden zurück, zum Sekretär, den wir Simon, und zum Berater, den wir Bernhard nennen wollen.

Die *Idee* zur Entlastung von Sekretär Simon des VVV-Vereins mit Computerhilfe ist kaum besonders originell, sondern eher aus der Not geboren. Der Vereinsvorstand hat darauf mit Hilfe des *Beraters* Bernhard (des vereinsinternen Informatikers) seine Rolle als *Auftraggeber* erkannt.

PROFI	**Projektantrag**	Datum 11.3.	Seite 1
	Projekt Nr / Progr. Nr VVV1	Ersetzt Ausgabe vom	von 2
Projektname	Büroblitz	Ersteller Bernhard	

"**Büroblitz**" = Projekt zur Entlastung der Vereinsadministration VVV

Der Sekretär VVV soll bei seinen Routinearbeiten durch Computereinsatz wesentlich entlastet werden. Es geht dabei primär um die Führung der Mitgliederkontrolle (samt Beitragszahlungen und Mitgliederverzeichnis), sowie um die Bereitstellung von Adresslisten und Adressetiketten für Arbeitsgruppen und besondere Anlässe.

Möglichkeiten für einen späteren direkten Anschluss an ein computerisiertes Zahlungssystem (Bank, Post) sind nicht im voraus auszuschliessen.

Beteiligte Dienst- oder Fachabteilungen	verantwortlich	mitbeteiligt	mitinteressiert	Name	Tel.
Sekretär	X			Simon	
Kassier		X		Konrad	
ganzer Vorstand			X		

Art des Projektes	Nutzungsdauer	Projektkategorie
[X] Entwicklung eines neuen Verfahrens	[X] über mehrere Jahre wiederkehrend	[ ] gross
[ ] Erweiterung oder Änderung eines bestehenden Verfahrens	[ ] bis ein Jahr wiederkehrend	[ ] mittel
	[ ] einmalig	[X] klein

Terminvorstellung
Beginn Projektumriss   1.4.   Genehmigung Konzept   15.6.   Einführung   1.10.

Inhaltsverzeichnis
1. Aufgabenbeschreibung
2. Begründung für eine Neulösung
3. Folgen der Neulösung
4. Erbrachte Vorleistungen
5. Konsequenzen bei   - Nichtrealisierung
                          - aufgeschobener Realisierung
6. Erfolgs- / Nutzenerwartung
7. Mitarbeit / Unterstützung durch Dienst- bzw. Fachabteilung

Die einzelnen Kapitel sollen maximal 1/2 - 1 Seite umfassen.
Für allfällige Fragen steht seitens des Rechenzentrums Herr / Frau _____ Tel. _____
zur Verfügung

Figur 2.1a: Projektantrag mittels Formular (Seite 1)

34 Vorbereitung eines Projekts

PROFI	Projektantrag	Datum 11.3.	Seite 2
	Projekt Nr / Progr. Nr VVV1	Ersetzt Ausgabe vom	von 2
Projektname Büroblitz		Ersteller Bernhard	

1. **Aufgabenbeschreibung**
   - Führung der Mitgliederkontrolle VVV mit Mutationen und Beitragszahlungen/Mahnungen
   - Erstellen von Listen für Mitgliederverzeichnis und von Auszügen davon in verschiedener Form, auch als Klebeadressen
   - Zusammenarbeit mit Bank und Post

2. **Begründung für eine Neulösung**
   - Reduktion des manuellen Sekretariatsaufwandes
   - Beschleunigung der Herausgabe von Mitgliederverzeichnis und anderen Listen

3. **Folgen der Neulösung**
   - Für den Verein sind keine organisatorischen Folgen zu erwarten (alle bisherigen Möglichkeiten bleiben erhalten)

4. **Erbrachte Vorleistungen:** keine

5. **Konsequenzen bei Nichtrealisierung**
   - Demission des Sekretärs

6. **Erfolgs-/Nutzenerwartung:** siehe Punkte 2 und 5

7. **Mitarbeit durch Sekretariat:**
   bei echter Arbeitsersparnis sicher zu erwarten

Figur 2.1b: Projektantrag mittels Formular (Seite 2)

Berater Bernhard steht nun vor der Aufgabe, die noch wenig geordneten Ideen und Meinungen aus den ersten Gesprächen mit dem Vorstand rasch in klare Bahnen zu lenken. Er verwendet dazu einige wenige *Formulare* als Arbeitshilfe, die er aus seiner beruflichen Tätigkeit kennt. (Die in diesem Buch verwendeten Beispiele von Formularen mit dem Kopf PROFI sind an das Projektführungssystem HERMES angelehnt. Mehr darüber in Abschnitt 13.1.). Strukturierte Formulare haben den Vorteil, dass Punkte, die sich schon in anderen Projekten als wichtig erwiesen haben, nicht vergessen werden, und dass für die künftige *Dokumentation* (Kap. 11) bereits erste Beiträge möglich sind. Formulare (mit einem geeigneten Kopf) kann man sich bei Bedarf natürlich auch selber herstellen.

Berater Bernhard setzt sich nun hin, denkt über das Projekt nach, tauft es "Büroblitz" und erstellt die im Rahmen der Vorbereitungsarbeiten notwendigen Unterlagen. Vorerst notiert er die Ideen des VVV-Vorstandes auf einem Formular *Projektantrag* (Fig. 2.1) und beschreibt die an der VVV-Verwaltung beteiligten Stellen im entsprechenden Organigramm (Fig. 2.2; man beachte, dass darin *nicht* die *Vereinsstruktur* mit Vereinsversammlung usw. dargestellt ist, sondern ausschliesslich die zu rationalisierende VVV-*Administration!*).

Schwieriger ist der nächste Schritt, nämlich die Schaffung einer eigentlichen Projektorganisation, da dies für den VVV neu ist und noch keine Informatikmittel existieren. Bernhard muss daher vorerst abklären, wer hier mitmachen könnte, sofern er die Arbeit nicht allein machen will. Ausserdem darf es für den VVV nicht allzuviel kosten, so dass er einen kommerziellen Auftrag an eine Softwarefirma vorläufig ausschliesst. Glücklicherweise kennt Bernhard unter den jüngeren Mitgliedern einen Studenten mit guten Informatik-Kenntnissen und mit Interesse an einer Projekt-Aufgabe. Dieser Student, wir wollen ihn Projektbearbeiter *Peter* nennen, ist bereit, in das Projekt Büroblitz einzusteigen.

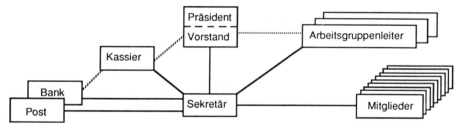

Figur 2.2: Organigramm der VVV-Administration
(— bedeutet laufende direkte Zusammenarbeit,
... bedeutet Zusammenarbeit für besondere Fälle)

Damit lässt sich eine *Projektorganisation* aufbauen. Im Gegensatz zum statischen Organigramm (Fig. 2.2), wo es um Funktionen unabhängig von Personen geht, stehen jetzt in der Projektorganisation die beteiligten Personen im Vordergrund (Fig. 2.3). Berater Bernhard muss mit Sekretär *Simon* sprechen, ob dieser trotz seiner Rücktrittsabsichten bereit wäre, vorerst während der Projektdauer nicht nur als Sekretär weiterzumachen, sondern aktiv die neue Lösung mitzugestalten. Simon sagt zu – zwar skeptisch, aber schliesslich möchte er seine langjährige Arbeit nicht im Chaos enden lassen. Berater Bernhard übernimmt unter diesen Verhältnissen eine Doppelrolle: Er wird vorläufig den Auftraggeber beraten sowie selber in der Projektleitung mitwirken und dort die Anwenderaspekte betreuen.

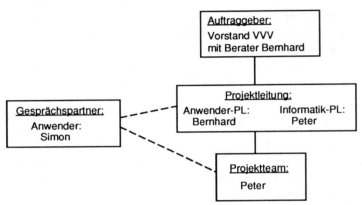

Figur 2.3:   Projektorganisation:
Organigramm des Projekts "Büroblitz"
(– bedeutet Unterstellung, – – – direkte Zusammenarbeit)

Für diese Projektorganisation formuliert Berater Bernhard den Projektauftrag (Fig. 2.4).

In einer nächsten Vorstandssitzung erläutert er seinen Entwurf und dessen Konsequenzen den Mitgliedern des Vorstandes. Jedes Projekt ist nämlich mit einem gewissen *Risiko* verbunden. In diesem frühen Zeitpunkt steht noch keineswegs fest, mit welchem Aufwand eine brauchbare, den Sekretär echt entlastende Lösung gefunden werden kann. Dazu kommt das rechtliche Problem, dass der Vorstand zwar das Vereinsvermögen für sein Projekt im Rücken hat, die Vereinsversammlung bisher aber noch nie Gelegenheit hatte, sich dazu zu äussern. Also muss der Vorstand vorläufig für seinen Entscheid selber die Verantwortung übernehmen. Die Vorstandssitzung dauert lange, mit vielen Fragen an den Fachmann. Das Resultat ist aber eindeutig: Dank der guten Vorbereitung durch Berater Bernhard und eingedenk der prekären Lage im Sekretariat macht der Vorstand den Entwurf (Fig. 2.4) zu seinem Projektauftrag.

Vorbereitung eines Projekts 37

PROFI	Projektauftrag	Datum 18.3.	Seite 1
	Projekt Nr / Progr. Nr VVV1	Ersetzt Ausgabe vom	von 1
Projektname	Büroblitz	Ersteller Bernhard	

Projektauftrag "Büroblitz"

1. **Auftraggeber:** Vorstand VVV, vertreten durch Präsident Philipp und Kassier Konrad

2. **Ziel:** Sinnvolle Automatisierung der für den VVV notwendigen Sekretariats-Routinearbeiten zur wesentlichen Entlastung des Sekretärs durch Computereinsatz, sowie raschere Bereitstellung aktueller Mitgliederlisten. (Bisheriger Aufwand des Sekretärs für Routinearbeiten: 300 Stunden/Jahr)

3. **Mittel:** Planungsrahmen: 5'000.- bis 8'000.-
   wobei insbesondere das Ausmass der Entlastung des Sekretärs auf die Grösse der Mittel Einfluss haben soll.

4. **Terminvorstellungen:**
   Fertigstellung des neuen Systems auf Herbst (ca. Oktober), so dass sicher ab nächstem Jahreswechsel die neue Lösung im Betrieb steht. Das bedeutet:
   - Projektbeginn: 1. 4
   - Projektentscheid spätestens 15. 6. (vor Sommerferien)
   - Übergabe an Betrieb   1.10.

5. **Freigabe von Mitteln:**
   erst auf Grund des Projektentscheids Freigabe eines Kredits, vorläufig erst Freigabe von 300.- für die Projektphasen Projektumriss und Konzept (Varianten).

6. **Projektorganisation:** Gemäss Beilage 3

   beschlossen am:
   Unterschriften:

Beilagen:
1. Projektantrag   (= Fig. 2.1)
2. Organigramm der Administration   (= Fig. 2.2)
3. Organigramm des Projekts "Büroblitz"   (= Fig. 2.3)

Figur 2.4:   Projektauftrag (Entwurf des Beraters)

3 Projektumriss

3.1 Kurzfassung

Aufgabe: Umschreibung und Abgrenzung des Problembereichs. Problemanalyse, Skizzierung erster Lösungsideen sowie der Wirtschaftlichkeit der späteren Anwendung. Formulierung des Pflichtenhefts und – darauf aufbauend – Abschätzung von Umfang und Ablauf des Projekts.

Grundlagen: Projektauftrag und Ergebnisse von Vorstudien.

Ziel: Klarheit über den Rahmen der zu bearbeitenden Aufgabe, wobei Forderungen und Wünsche von Auftraggeber und Anwendern sowie eventuell vorhandene weitere Randbedingungen festzuhalten sind. Aufwendige oder gar irreale Wünsche sind als solche zu identifizieren und nach Möglichkeit schon in dieser Phase zu eliminieren.

Zu erstellende Dokumente:
Ist-Zustands-Beschreibung
Pflichtenheft
Arbeitsplan
Zeitplan

3.2 Vorgehen

In der Phase "Projektumriss" wird erstmals systematisch der gesamte Bereich des zu lösenden Problems bearbeitet, zwar nicht in voller Tiefe, aber in vollem Ausmass. Diese Arbeit wird durch das Projektteam ausgeführt, aber in enger Zusammenarbeit mit Auftraggeber und (zukünftigen) Anwendern. Diese verschiedenen Partner sprechen vorerst recht unterschiedliche Sprachen. Es ist vor allem Aufgabe der dafür ausgebildeten Mitarbeiter des Projektteams, diese Sprachhindernisse zu überwinden. Sie müssen auf die Situation der Anwendung eingehen können (vgl. Abschnitt 1.4).

Bei dieser Kontaktaufnahme ist es zweckmässig, vom *Ist-Zustand* auszugehen und diesen kurz zu beschreiben. Dazu dienen z.B. bisher benutzte Formulare und Arbeitsunterlagen (mit und ohne bisherige Computerhilfe). Eine wichtige Zusammenstellung ist das *Mengengerüst*, worin tabellarisch die wichtigsten Tätigkeiten, Datenmengen usw. quantitativ festgehalten werden. Bei solchen Aufzählungen ist es wichtig, dass wir uns nicht in Nebensächlichkeiten verlieren (vgl. Abschnitt 3.3, "Die 80-20-Regel"), wir konzentrieren uns auf jene Arbeiten und Daten, die für die künftige Anwendung kritisch, d.h. massgebend sind.

Aufgrund dieser Abklärungen lässt sich das *Pflichtenheft* (Abschnitt 3.4) formulieren. Das Pflichtenheft legt den Projektumriss, den Rahmen, fest; es darf die Lösungsmöglichkeiten nicht vorweg auf spezielle Lösungen einengen.

Auf der Ebene der Projektführung müssen jetzt ein *Arbeits-* und ein *Zeitplan* (Abschnitt 3.5) erstellt werden, womit der Projektablauf erstmals strukturiert wird. Zeigt sich schon jetzt, dass das Projekt keine Realisierungschancen hat, so ist zu diesem Zeitpunkt ein problemloser *Projektabbruch* möglich.

Zur besonderen Beachtung: Hauptgefahr in dieser frühen Phase des Projektablaufs ist die Versuchung, grundsätzliche Fragen offenzulassen ("Ob das und jenes auch noch einbezogen werden soll, soll erst später entschieden werden.") oder allzuviele Möglichkeiten mitzuberücksichtigen ("Das wäre sicher auch noch interessant."). Damit werden die eigenen Arbeiten und diejenigen von Lieferanten, Anwendern und anderen Partnern im Projekt unnötigerweise massiv belastet. Selbstverständlich besteht bei frühem Verzicht auf bestimmte Aspekte die Gefahr, dass damit Wesentliches verlorengeht. Deshalb sind solche Abgrenzungen sorgfältig zu überlegen. Frühzeitige Abstriche sind jedoch in der Praxis meist unumgänglich und vor allem kostensparend.

3.3 Die 80-20-Regel

Diese Faustregel bezieht sich generell auf Automatisierungsprojekte, wo eine Vielzahl von mehr oder weniger einfachen Fällen zu behandeln ist. (Bei unserem VVV-Verein etwa die Art der Abwicklung von Beitragszahlungen: auf Postcheckkonto, Bankkonto, mit Check, aus dem Ausland usw.) Bei Analyse und Programmierung der verschiedenen Varianten entstehen in grober Näherung 80% des Aufwandes durch die Bearbeitung der kompliziertesten 20% der Fälle, während 20% des Aufwandes genügen, um die restlichen 80% zu bearbeiten (Fig. 3.1).

Die Folgerung aus dieser Regel ist einfach: Die *Vollautomatisierung* aller Sonderfälle ist teuer. Sie lohnt sich nur bei Systemen, wo der entsprechende Aufwand aus ganz bestimmten Gründen (wie Sicherheit, Dienstleistungsqualität) berechtigt ist. Wo aber gespart werden muss oder wo es vorerst nur um provisorische Lösungen geht, lassen sich mit weniger perfekten Lösungen sehr grosse Einsparungen machen.

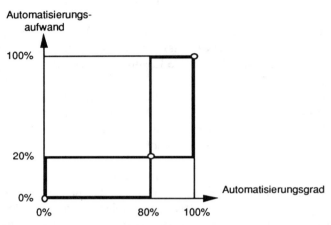

Figur 3.1:   Die 80-20-Regel

Die 80-20-Regel gilt aber nicht nur für die Automatisierung allein, sondern überall dort, wo Sonderfälle eine Sonderregelung brauchen: Wir lassen diese vorerst einfach weg und konzentrieren uns auf das *Wesentliche* (die "80%"), den Normalfall, den häufigen Fall. Bei der Automation kann für die nicht vollautomatisch behandelten Sonderfälle (die "20%") oft eine Mischlösung gefunden werden, die vom späteren Anwender noch gewisse *manuelle Arbeiten* erfordert. (Im VVV-Beispiel: Überweisung des Check-Erlöses von der Bank auf das Postcheckkonto.)

3.4   Pflichtenheft

Das Wort "Pflichtenheft" deutet es schon an:

> Das *Pflichtenheft* ist die Gesamtheit der für eine bestimmte Problemlösung massgebenden Zielvorstellungen, Randbedingungen und Bewertungskriterien.

Das gilt für grösste Probleme so gut wie für kleine. Pflichtenhefte sind immer wichtig, wenn es darum geht, verschiedene Lösungsvarianten aufzustellen, zu bewerten (zu evaluieren) und durch Vergleich eine Wahl zu treffen (zu entscheiden). Bevor wir daher den Inhalt eines Pflichtenheftes genauer untersuchen, müssen wir verstehen, wozu dieses gebraucht wird (Fig. 3.2).

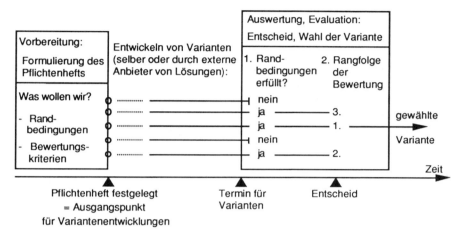

Figur 3.2: *Das Pflichtenheft bereitet die spätere Auswahl von Varianten vor (Beispiel mit 5 Varianten)*

Besonders klar wird die Rolle des Pflichtenheftes, wenn wir nicht selber Varianten für Lösungen entwickeln, sondern diese *extern* beschaffen wollen, etwa beim Kauf grosser Computersysteme, aber auch bei vielen anderen Gelegenheiten, wo Problemlösungen gesucht werden (Architekturwettbewerbe usw.). Das Pflichtenheft enthält die Anforderungen an die künftige Lösung. Es ist bei öffentlichen Ausschreibungen auch eine Frage der Fairness, dass im Pflichtenheft gesagt wird, nach welchen *Kriterien* am Ende die "beste" Lösung ausgewählt wird. Niemand wird im wirtschaftlichen Wettbewerb eine Problemlösung entwerfen (an der der Kunde ja allein interessiert ist!), von der nicht klar ist, was sie leisten muss und nach welchen Regeln sie bewertet wird. Das Pflichtenheft schafft somit die gleichartige Ausgangslage für alle Lösungsvarianten. In der Praxis bleibt dann genügend Raum für Unterschiede zwischen den einzelnen Varianten.

Pflichtenhefte spielen auch eine Rolle, wenn keine externen Lösungen einzukaufen sind, wenn wir *selber* Lösungsvarianten entwickeln und einander gegenüberstellen. Auch hier ist es sinnvoll, *im voraus* festzuhalten, welches die Ausgangslage (Ist-Zustand, Mengengerüst) und die Randbedingungen sind und nach welchen Kriterien wir am Schluss unsere Varianten bewerten wollen. Das heisst nicht, dass sich während einer Entwicklung einzelne Aspekte nicht noch ändern könnten. In diesem Fall muss aber eine solche Änderung (in Zielen, Randbedingungen oder Bewertungskriterien) allen Beteiligten klar bekanntgegeben werden.

Wer ein Pflichtenheft formuliert, muss dabei immer auch den nächsten Arbeitsschritt, die *künftige Auswertung* der Varianten, im Auge behalten. Dort erst endet der Prozess, der mit einem Pflichtenheft beginnt. Wenn ein Pflichtenheft an auswärtige Anbieter gerichtet wird, sollte es daher meist bereits auch Vorschriften über die Gliederung eines allfälligen Angebots enthalten, damit später der Vergleich verschiedener Angebote möglichst einfach wird. Die *Methoden des Vergleichs und der Auswertung* werden wir nicht in diesem Abschnitt über Pflichtenhefte, sondern in Abschnitt 4.5 über den Projektentscheid behandeln.

Wie sieht nun ein Pflichtenheft konkret aus? Es besteht im wesentlichen aus drei Teilen [SVD 84]:

– Darstellung des Ist-Zustandes,
– Darstellung der Anforderungen und Ziele der neuen Lösung (Zielvorstellungen, Randbedingungen und Bewertungskriterien) und
– Angaben über die Darstellung und Ablieferung der Lösungsvorschläge oder Angebote (zur Erleichterung der späteren Auswertung).

Je nach Art der gesuchten Problemlösung wird das Pflichtenheft dicker oder dünner, rein technisch oder ergänzt mit vertragsrechtlichen und finanziellen Kapiteln ausfallen. Es ist schliesslich nicht dasselbe, ob eine kleine Vereinsadministration (wie im VVV-Beispiel) automatisiert oder ein Rechenzentrum für eine Versicherungsgesellschaft neu ausgerüstet werden soll.

So lässt sich etwa die Darstellung des Ist-Zustandes viel kürzer fassen, wenn nur ein internes Projektteam darauf aufbauen muss. Für externe Anbieter muss gründlicher ausgeholt werden. Aber auch hier gilt die 80-20-Regel in vollem Ausmass:

Das Pflichtenheft soll sich auf die Beschreibung jener Aspekte beschränken, welche für die künftige Lösung und den Vergleich verschiedener Lösungsvorschläge wesentlich sind. Aspekte sekundärer Bedeutung sind wegzulassen.

Diese Beschränkung auf das Wesentliche gilt für alle drei Teile des Pflichtenhefts. Beispiele:

- Ist-Zustand: Wir beschränken uns beim Mengengerüst auf die grössten Posten (Fig. 3.3).
- Zielvorstellungen, Randbedingungen und Bewertungskriterien: Wir nennen nur die wichtigsten der gewünschten neuen Funktionen und untersuchen beim späteren Variantenvergleich einzig diese, in der Annahme, dass die gewählte Lösung in den Nebenpunkten anpassbar ist.
- Darstellung der Angebote: Wir verlangen in Offerten nur für die teureren Komponenten eine genaue Aufschlüsselung der Kosten (Kauf, Miete, Unterhalt usw.); selbstverständlich muss später der Vertrag alle Details abdecken.

Bei der Beschreibung des *Ist-Zustandes* kann sehr oft von vorhandenem Material ausgegangen werden, etwa von Jahresberichten, Prospekten und verwendeten Formularen. Dazu kommen die *Organigramme* (vgl. Abschnitt 2.4) sowie allfällige *Beschreibungen von Funktionen* (falls diese von besonderer Art sind). Einen wichtigen und informatikspezifischen Beitrag zum Pflichtenheft, und zwar für den Ist-Zustand wie für den Soll-Zustand, liefert aber das *Mengengerüst*.

Das *Mengengerüst* (Liste der *Häufigkeiten*) beschreibt den Umfang der wichtigsten an der Lösung beteiligten Datenbestände und Datenbewegungen.

Die beiden Mustertabellen (Fig. 3.3) sind dem Buch "EDV-Pflichtenhefte" [SVD 84] entnommen, das eine ausgezeichnete Wegleitung und Beispiele für *kommerzielle* Pflichtenhefte vermittelt, auf die wir hier nicht weiter eingehen wollen.

Aufgrund der Ist-Zustandsaufnahme lässt sich die im Projekt zu bearbeitende Aufgabe jetzt überblicken und analysieren.

Der *zweite Teil* des Pflichtenheftes geht auf die *Anforderungen und Ziele* der neuen Lösung ein. Dabei ist es sinnvoll, wiederum zu gliedern, und zwar in

- *Zielvorstellungen:* Was soll die neue Lösung bringen?
- *Anforderungen:* Liste der wichtigsten (der "massgebenden") Randbedingungen, die jede Lösung erfüllen muss (einschliesslich Soll-Zustands-Mengengerüste).
- *Bewertungskriterien:* Hinweise darauf, wie Lösungen, die alle Anforderungen erfüllen, miteinander verglichen werden sollen.

44 Projektumriss

A. Umfang der Datenbestände   Ist-/Soll-Zustand

Bezeichnung der Daten	Anz. Zeichen pro Datensatz	Anzahl Datensätze		Bemerkungen
		heute	max. Soll-Zustand	

B. Häufigkeiten der Datenbewegungen (Operationen, Transaktionen) Ist-/Soll-Zustand

Bezeichnung der Operation/Transaktion	Art der Operation		Anz. Operationen pro Zeiteinheit (welche?)		Bemerkungen (Spitzenbelastung)
	Abfrage	Mutation	normal	Spitze	

Figur 3.3:   Mustertabellen für Mengengerüste (Häufigkeiten) für Ist- und Soll - Zustandsbeschreibungen.

Die Bewertungskriterien (und zum Teil auch die Anforderungen) sind weitgehend Konkretisierungen der formulierten Ziele. Es ist aber sinnvoll, die Zielvorstellungen separat zu formulieren (vgl. Beispiele in den Abschnitten 2.4 und 3.6), weil der Leser eines Pflichtenheftes so viel einfacher erkennen kann, worum es bei der neuen Lösung grundsätzlich gehen soll.

Der *dritte Teil* des Pflichtenheftes mit den *Darstellungsvorschriften* für die verschiedenen Lösungen ist vor allem dort von Bedeutung, wo verschiedene Personen, Teams oder gar Firmen je selbständig Lösungsvarianten oder Angebote bearbeiten. Da sind natürlich Vorschriften für die Vergleichbarkeit der Lösungen nötig, etwa über

- Zeitpunkte der Abgabe der Offerte und der allfälligen Lieferung der Lösung (Termine),
- Inhalt und Gliederung der schriftlichen Unterlagen (Lösungsbeschreibung, Offerte) mit Hinweisen auf das Lösungskonzept, nötige Hard- und Softwarekomponenten, Leistungsangaben, Systemsicherheit und Datenintegrität, Wartung, Unterstützung, Ausbildung, Vertragsbestimmungen und Firmensituation und natürlich mit Angabe der Kosten,
- allfällige Hinweise auf Beispiele ähnlicher existierender Lösungen (Referenzen).

Im Falle einer projektinternen Entwicklung von Lösungsvarianten spielt der dritte Teil des Pflichtenheftes kaum eine Rolle, für externe grössere Ausschreibungen sei wiederum auf [SVD 84] verwiesen.

Damit wäre das Pflichtenheft im wesentlichen beisammen. Es ist das Hauptergebnis der Phase "Projektumriss". Es legt den Rahmen für die künftige Lösung fest. Umgekehrt darf es aber keinesfalls unnötige (oder gar falsche) Präjudizien und vorgefasste Meinungen festschreiben und damit die künftige Lösung einengen. Wir werden in den Abschnitten 4.2 und 4.4 nochmals auf die Frage "Offenes oder enges Pflichtenheft?" zurückkommen.

3.5 Arbeits- und Zeitplan

Während auf der Projektebene das Pflichtenheft entsteht, sind gleichzeitig Überlegungen auf der *Projektführungsebene* nötig, die sich auf den zeitlichen Ablauf des Projekts beziehen. Die Anforderungen an ein Projekt enthalten meist auch zeitliche Aspekte, da die Lösung nicht erst zehn Jahre später nutzbar sein sollte. Sobald ein Zeitaspekt mitspielt – und das ist praktisch immer der Fall – muss die Zeitplanung einbezogen werden. Daher die Forderung:

Jede Projektarbeit braucht einen Zeitplan!

Nun ist es aber oft schwierig, bereits in der Phase "Projektumriss" für eine Projektarbeit, die in wesentlichen Teilen noch gar nicht festgelegt ist, einen Zeitplan zu erstellen. So wissen wir zu diesem Zeitpunkt oft noch nicht (oder nicht sicher), ob und welche Fremdprogramme mitbenützt werden können. Deswegen dürfen wir aber die Flinte nicht ins Korn werfen. Der Zeitplan muss trotzdem aufgestellt werden. Wir planen *vorsichtig* (aber nicht übervorsichtig!), indem wir dieser ersten Zeitplanung nicht den Idealfall zugrunde legen, sondern einen Projektverlauf, den wir als *realistisch* bezeichnen dürfen. Wenn es dann besser herauskommt, ist niemand traurig.

Für diese Planungsarbeit sind zwei Schritte zu empfehlen. Zuerst schreiben wir in einem *Arbeitsplan* (Fig. 3.4) alle Tätigkeiten auf, welche in *unserem* Projekt vermutlich anfallen und wofür wir einen spürbaren Aufwand leisten müssen. Wir schätzen diesen Aufwand ab (je nach Projektgrösse in Personentagen, Personenwochen, Personenmonaten, Personenjahren). Als "Tätigkeiten" dieser Art kommen natürlich gerade unsere Projektphasen in Frage, die wir schon in

Kap. 2 angetroffen haben. Aber darüber hinaus muss jetzt die Realität des *konkreten Projekts* betrachtet werden, wo evtl. einzelne Phasen wegfallen oder hinzukommen. Vielleicht benötigt *dieses* Projekt vorerst noch wesentliches Literaturstudium, jedoch keine Datenbereitstellung? Dann führen wir *unsere* geplanten Tätigkeiten auf und lassen die anderen weg. Dadurch wird die Planung konkret.

Tätigkeit	Einzelaktivitäten, evtl. besondere Zwischenziele	Aufwand- schätzung (in Personen-...
Projektumriss	Besprechungen mit . . .; Ist-Zustandsaufnahme; . . .	2
Literaturstudium	Methoden von . . .; Programmbeschreibung . . .; . . .	2
...		

Figur 3.4:   Arbeitsplan (Auszug)

Im zweiten Schritt wird der Arbeitsplan grob (d.h. nur auf der Stufe der Tätigkeiten, nicht der Einzelaktivitäten, vgl. Fig. 3.4) in einen Zeitmassstab umgesetzt; das Resultat ist der *Zeitplan*. Dafür gibt es bei grossen Projekten besondere Verfahren, etwa die Netzplantechnik (vgl. Abschnitt 13.5). Für sehr viele Informatikprojekte, vor allem für die kleineren, genügt aber als Zeitplan ein einfaches *Balkendiagramm* (Fig. 3.5). Wir haben diese Darstellungsform schon im grundlegenden Bild der Projektphasen (Fig. 1.4) verwendet. Das Balkendiagramm zeigt übersichtlich, wann welche Tätigkeiten fällig sind und wie sie aufeinander folgen oder parallel zueinander ablaufen. Das Balkendiagramm ist damit ein einfaches *Koordinationsmittel*.

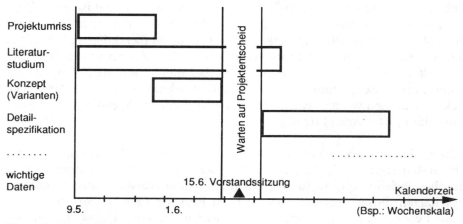

Figur 3.5:   Zeitplan als Balkendiagramm (Auszug)

Jede Zeile (Balken) entspricht einer Tätigkeit; die Position der Balken gibt an, wann diese Tätigkeit ausgeführt werden soll. Vorsicht ist bei der Planung *paralleler* Tätigkeiten geboten:

- *Vorteile paralleler Tätigkeiten:* Bei parallelen Tätigkeiten existiert eine gewisse Bewegungsfreiheit bei der Terminierung. Oft muss nämlich bei der Projektarbeit eine Tätigkeit unterbrochen werden, etwa weil eine Unterlage noch fehlt oder weil eine Kontaktperson gerade abwesend ist. Da ist es vorteilhaft, gewisse *Füllarbeiten* (z.B. "Literaturstudium" in Fig. 3.5) verfügbar zu haben und vor- oder nachverschieben zu können.
- *Nachteile paralleler Tätigkeiten:* Der Mensch kann sich nicht zweiteilen. Falls daher eine einzige Person parallel an mehreren Tätigkeiten arbeitet, dauern diese entsprechend länger. Sind es mehrere Personen, bedingt dies zusätzlichen Koordinationsaufwand.

Beim Aufstellen des Zeitplans besteht die Gefahr, allzuviele Arbeiten parallel vorzusehen, sie nachher jedoch nahezu sequentiell auszuführen. Das bringt nichts und macht bloss die Planung unübersichtlich.

Zum Zeitplan gehört auch die Planung von Entscheidungspunkten und die Fixierung wichtiger Anfangs- und Endpunkte *(Meilensteine)* von Tätigkeiten. Solche lassen sich vor und nach bestimmten Phasen (z.B. für den Projektentscheid nach Phase "Konzept (Varianten)") oder zeitlich fest zu gewissen Kalenderdaten (z.B. alle Monate) vorsehen. Bei diesen Gelegenheiten werden schriftliche Projektberichte (Stand der Arbeit), Besprechungen oder beides fällig. Wir werden uns in Unterabschnitt 5.2.6 damit befassen.

Selbstverständlich müssen wir im Lauf der Projektarbeiten damit rechnen, dass Arbeits- und Zeitplan nicht mehr der Realität entsprechen. Sie müssen daher regelmässig *überprüft* und evtl. *angepasst* werden. Auch dazu bringt 5.2.6 weitere Überlegungen.

3.6 Beispiel

Mit dem Projektauftrag durch den VVV-Vorstand ist das Projekt "Büroblitz" ins Leben gerufen worden. Gleichzeitig ist Projektbearbeiter *Peter* neu zu uns gestossen. Er wird nun weitgehend die praktischen Projektarbeiten ausführen, während Berater Bernhard ihm zur Seite stehen wird. Peter geht sofort hinter die Aufgaben der Phase Projektumriss, also zuerst zur Beschreibung des Ist-Zustands.

Dazu vereinbart er mit VVV-Sekretär Simon eine Besprechung am 24.3. Er notiert sich dafür im voraus einige Fragen und Diskussionspunkte und schickt Simon einige Tage vor der Besprechung eine Kopie dieser *Traktandenliste* (Fig. 3.6).

```
┌─────────────┬──────────────────────┬──────────────────────┬──────────┐
│             │                      │ Datum                │ Seite    │
│  PROFI      │                      │           19.3.      │   1      │
│             ├──────────────────────┼──────────────────────┤          │
│             │ Projekt Nr / Progr. Nr│ Ersetzt Ausgabe vom  │ von      │
│             │           VVV1       │                      │   1      │
├─────────────┴──────────────────────┼──────────────────────┴──────────┤
│ Projektname                        │ Ersteller                       │
│              Büroblitz             │              Peter              │
├────────────────────────────────────┴─────────────────────────────────┤
│ Besprechung mit VVV-Sekretär am 24.3.                                │
│ Zeit, Ort: 24.3., 20.00 Uhr, bei Simon                               │
│ Teilnehmer: Simon, Peter, evtl. Bernhard                             │
│ Traktanden:                                                          │
│ 1. Bisherige Mitgliederkontrolle (wie geht das konkret bei neuen     │
│    Mitgliedern, Adressänderungen, Austritten?)                       │
│ 2. Bisherige Bearbeitung der Zahlungen für Jahresbeiträge            │
│    (Rechnungsstellung, Zahlungen, Kontrolle, Mahnungen)              │
│ 3. Was gibt dabei am meisten zu tun?                                 │
│                                                                      │
│ PS: Kann ich je eine Kopie eines Mitgliederkarteiblatts, eines Kon-  │
│     tenblatts, einer Jahresrechnung und einer Mahnung bekommen?      │
│                           Mit Gruss          Peter                   │
└──────────────────────────────────────────────────────────────────────┘
```

Figur 3.6:   Traktandenliste

Das Ergebnis der auf diese Weise gut vorbereiteten Besprechung darf sich sehen lassen. Es umfasst grosse Teile der Ist-Zustands-Beschreibung (Fig. 3.7). Dazu einige Bemerkungen:

– *Die Arbeitsmethode der "Beilagen":* Es ist arbeitstechnisch oft sehr angenehm und rationell, bereits vorhandene Unterlagen nicht nochmals abschreiben oder sonstwie in einen Text einbauen zu müssen, sondern diese als Beilage dem Haupttext (als Original oder als Kopie) beifügen zu können. Zwei Dinge sind dabei zu bedenken, wenn aus Beilagen kein Salat entstehen soll: Bitte keine Beilagen von Beilagen! Und erwähnen Sie die Beilagen im Haupttext konkret (mit exakter Bezeichnung)!

Im vorliegenden Buch ist es aus Gründen des Umfangs nicht möglich, alle Beilagen immer und in vollem Umfang zu reproduzieren oder gar an den verschiedenen Stellen zu wiederholen. Daher sollen jeweils nur einzelne *Beispiele* gezeigt werden. Bei Unterlagen, die bereits früher vorgestellt worden sind (also etwa das Organigramm in Fig. 2.2), wird immer wieder darauf verwiesen und keine neue "Kopie" beigefügt.

PROFI	Ist-Zustand		Datum 26.3.		Seite 1
	Projekt Nr / Progr. Nr	VVV1	Ersetzt Ausgabe vom		von 3
Projektname	Büroblitz		Ersteller	Peter	

1. **Übersicht:** Alle routinemässigen administrativen Kontakte zwischen Verein und Mitgliedern gehen über das Sekretariat. Die wichtigsten Funktionen sind dabei "Neumitglieder", "Adressänderung", "Mitgliederverzeichnis", "Adresslisten", "Adressetiketten", "Jahresrechnungen verschicken", "Zahlungen verbuchen und Mitgliederausweise verschicken", "Mahnungen". Die übrigen Funktionen sind entweder sehr selten (z.B. Revision der Konten) oder sind Teil anderer Funktionen (z.B. "Austritt" geht als Teil von "Adessänderung")

2. **Organigramm** der VVV-Administration: Beilage 1   (= Fig. 2.2)

3. **Bisher verwendete Formulare und Listen:**
   - Anmeldeformular für neue Mitglieder   Beilage 2   *)
   - Mitgliederkarteiblatt
     (intern für Sekretariat)   Beilage 3   (= Fig. 3.8)
   - Rechnung für Jahresbeitrag   Beilage 4   *)
   - Mitgliederausweis   Beilage 5   *)
   - Mahnung   Beilage 6   *)
   - Mitgliederverzeichnis   Beilage 7   (= Fig. 3.9)

4. **Wichtige Funktionen:**   **Sekretariat:**   **Mitglied:**
   A. "Neumitglied"   füllt
   Durchführung des   Anmelde-
   Aufnahmeverfahrens   formular
   bis zur Rechnungs-   aus
   stellung für Jahres-   zeigt Anmeldeformular dem
   beitrag (noch ohne   Vorstand für die formelle
   Mitgliederausweis)   Aufnahme in den Verein; darauf
                          erstellt Sekretariat das Mit-
                          gliederkarteiblatt und stellt
                          Rechnung für den ersten
                          Jahresbeitrag.
                                                                           Ende

*) **Anmerkung:** Wir verzichten im Rahmen unserer Beschreibung des Beispiels VVV darauf, diese gleichartigen Beilagen und Beispiele vollständig wiederzugeben.

Figur 3.7a: Beschreibung Ist-Zustand (Seite 1)

50   Projektumriss

```
┌─────────┬──────────────────────────┬──────────────────────┬─────────┐
│         │ Ist-Zustand              │ Datum    26.3.       │ Seite   │
│ PROFI   ├──────────────────────────┼──────────────────────┤   2     │
│         │ Projekt Nr / Progr. Nr   │ Ersetzt Ausgabe vom  │ von     │
│         │              VVV1        │                      │   3     │
├─────────┴──────────────────────────┼──────────────────────┴─────────┤
│ Projektname                        │ Ersteller                      │
│              Büroblitz             │              Peter             │
└────────────────────────────────────┴────────────────────────────────┘
```

```
                        Sekretariat:                  Mitglied:
   B.  "Adressänderung"                               schreibt
                                                      oder
                                                      telefoniert

                        nimmt Brief oder Telefonnotiz und
                        ändert Mitgliederkarteiblatt (neue
                        Zeile) und Original des alten
                        Mitgliederverzeichnisses. Bei
                        Austritten Ablage Karteiblatt im
                        Archiv und Streichen im Verzeichnis.
                                Ende

   C.  "Mitglieder-     schreibt die gesamte Mitglieder-
       Verzeichnis"     kartei mit Schreibmaschine ab
                        (nur Name und Adresse)
                                Ende

   D.  "Adresslisten"   schneidet mit der Schere aus einem
                        Mitgliederverzeichnis die gewünsch-
                        ten Gruppen (z.B. Arbeitsgruppen)
                        aus und klebt sie auf, davon
                        Fotokopien.
                                Ende

   E.  "Adressetiketten"  kopiert das Original des alten Mit-
                        gliederverzeichnisses (mit aktuellen
                        Adressen nachgeführt!) oder eine
                        Adressliste auf A4-Blatt mit Selbst-
                        klebeetiketten; aufkleben, Versand
                                                        Ende

   F.  "Jahresrechnungen verschicken"
                    .......... *)

   5. Umfang der Datenbestände

       Bezeichnung    | Anzahl Zeichen | Anzahl Datensätze | Bemer-
       der Daten      | pro Datensatz  | heute | max., Soll| kungen
       ---------------|----------------|-------|-----------|--------
       Mitgliederstamm|      200       |  600  |   1500    |
```

Figur 3.7b: Beschreibung Ist-Zustand (Seite 2)

Projektumriss 51

```
┌─────────┬──────────────────────┬─────────────────────────┬──────────┐
│         │ Ist-Zustand          │ Datum                   │ Seite    │
│ PROFI   │                      │         26.3.           │   3      │
│         ├──────────────────────┤ Ersetzt Ausgabe vom     │ von      │
│         │ Projekt Nr / Progr. Nr│                         │   3      │
│         │           VVV1       │                         │          │
├─────────┼──────────────────────┼─────────────────────────┼──────────┤
│Projektname│                    │ Ersteller               │          │
│         │      Büroblitz       │          Peter          │          │
└─────────┴──────────────────────┴─────────────────────────┴──────────┘
```

6. Häufigkeit der Datenbewegungen und manueller Aufwand

```
Bezeichnung    | Art der Op.     | Anzahl Op./Jahr | man. Aufwand heute |Bemerkungen
der Funktion   | Ab-   | Muta-   | heute  | max.,  | pro Op. | pro Jahr |
               | frage | tion    |        | Soll   |         |          |
---------------|-------|---------|--------|--------|---------|----------|-----------
Neumitglied    |       |    X    |   50   |  100   |   15'   |   12 h   |
---------------|-------|---------|--------|--------|---------|----------|-----------
Adress-        |       |    X    |  100   |  250   |    7'   |   12 h   | inkl.
änderung       |       |         |        |        |         |          | Austritte
---------------|-------|---------|--------|--------|---------|----------|-----------
Mitglieder-    |   X   |         |    1   | bis 4  |  600'   |   10 h   |
verzeichnis    |       |         |        |        |         |          |
---------------|-------|---------|--------|--------|---------|----------|-----------
Adresslisten   |   X   |         |    3   | bis 30 |  100'   |    5 h   | für Arb.-
               |       |         |        |        |         |          | Gruppen
---------------|-------|---------|--------|--------|---------|----------|-----------
Adress-        |   X   |         |    4   |   6    |  150'   |   10 h   |
etiketten      |       |         |        |        |         |          |
---------------|-------|---------|--------|--------|---------|----------|-----------
Jahresrechn.   |   X   |         |  600   | 1500   |   0.5'  |    5 h   |
verschicken    |       |         |        |        |         |          |
---------------|-------|---------|--------|--------|---------|----------|-----------
...            |       |         |        |        |         |          |
```

```
Geschätzter manueller
  Routineaufwand heute (zeitlich)                   ca. 120 h
übriger zeitlicher Sekretariatsaufwand
  (Telefone, Besprechungen, Spezialfälle)           ca. 180 h
total zeitlicher Sekretariatsaufwand                ca. 300 h
```

Beilagen
1. Organigramm der VVV-Administration   (= Fig. 2.2)
2. Anmeldeformular für neue Mitglieder
3. Mitgliederkarteiblatt   (= Fig. 3.8)
4. Rechnung für Jahresbeitrag
5. Mitgliederausweis
6. Mahnung
7. Mitgliederverzeichnis   (= Fig. 3.9)

Figur 3.7c: Beschreibung Ist-Zustand (Seite 3)

— *Flexible Handhabung von Formularen und Mustertabellen:* In den einführenden Abschnitten dieses Kapitels wurden mehrfach Musterdarstellungen gezeigt, etwa für Mengengerüste und Zeitpläne. Wer die Tabellen 5 und 6 in Fig. 3.7 genau anschaut, wird feststellen, dass diese nicht exakt mit dem

52   Projektumriss

Muster (Fig. 3.3) übereinstimmen und dass sie sich – noch schlimmer – nicht strikt auf den Ist-Zustand beschränken, sondern auch gewisse Sollzustandsvorstellungen mitenthalten. Ist das zulässig? Grundsätzlich haben sich Methoden, Formulare usw. ihrem Zweck anzupassen und nicht umgekehrt. Methoden sind wichtige Hilfsmittel und Leitlinien. *Wir* verwenden sie daher als Grundform, die aber abgewandelt wird, wenn dies praktisch ist. Wir tragen dann jedoch die Verantwortung dafür, dass wir nichts vergessen oder widersprüchlich formulieren.

– *Darstellung von Funktionen, Arbeitsprozessen usw. der Anwendung:* Auch in diesem Bereich sind viele Beschreibungsformen möglich und praktisch im Einsatz. Die kombinierte Darstellung Text-Ablaufbild in Abschnitt 4 von Fig. 3.7 diene als übersichtliches Muster.

VVV-Sekretariat Mitgliederkartei	Name: Muster		Vorname: Hans		Arbeitsgruppe:	A	X B	C	D	E
Adresse:	Strasse		PLZ	Ort			seit			
	Rathausgasse 17		6789	X-Stadt			1979			
	Hörnlistrasse 23		6798	Y-Berg			1982			
Beitragszahlungen: Jahr Betrag Mahnung	1979 20.-	1980 20.-	1981 20.-	1982 25.- 3.3.82	1983 25.-	1984 30.-				
Bemerkungen:	1985 nach Australien ausgewandert									

Figur 3.8:   Beispiel eines ausgefüllten Mitgliederkarteiblatts (Ist-Zustand)

Nun wenden wir uns kurz der Aufnahme des Ist-Zustands zu. Wir erinnern uns dabei des sehr hilfreichen Prinzips, für den Ist-Zustand immer zuerst *existierende Dokumente* zu sammeln und zu analysieren. Die Fig. 3.8 und 3.9 geben zwei

Beispiele von Unterlagen, wie sie im VVV-Ist-Zustand in Gebrauch stehen. Dazu wiederum einige Bemerkungen:

- *Mehrzweckformulare im manuellen Einsatz:* Fig. 3.8 zeigt das Mitgliederkarteiblatt eines (ausgetretenen) Mitglieds nach jahrelangem Gebrauch. Wir sehen darauf, wie *rationell* manuelle Lösungen sein können. Jede Funktion kann mit einem absoluten Minimum an Arbeiten erfüllt werden:
  - Adressänderung: nur neue Adresse (mit Schreibmaschine) einsetzen
  - Beitragszahlung: Jedes Jahr macht sich der Sekretär *einen* Stempel (mit Jahr und Betrag für dieses Jahr). Wenn die Zahlung richtig eingeht, stempelt er das entsprechende Blatt *einmal*. Werden Mahnungen nötig, wird bei den gemahnten Mitgliedern das Mahndatum aufgestempelt. Der Zahlungsverkehr wird somit auf den Mitgliederkarteiblättern *nur* mit Stempeln festgehalten.

- *Kopieren bei manuellem Betrieb:* Auch bei manuellen Organisationsformen (d.h. ohne Computereinsatz) wird heute sehr wenig abgeschrieben, dafür sehr viel kopiert (vor allem mit elektrostatischen Kopiergeräten). Als Beispiel betrachten wir das jährliche Mitgliederverzeichnis (Fig. 3.9 zeigt daraus einen kleinen Ausschnitt). Das Original dieses Verzeichnisses wird jährlich einmal mit Schreibmaschine neu geschrieben (Ist-Zustand). Davon wird vorerst im Offsetdruck die Gesamtauflage des Verzeichnisses hergestellt. Bei Adressänderungen unter dem Jahr korrigiert der Sekretär laufend das Originalverzeichnis (nur Adresse! Korrekturlack!), so dass Kopien von diesem Original für Adressen und Postversand immer aktuell sind. Fotokopien können direkt auf Klebeetikettenblätter im Format A4 gemacht werden.

```
Müller Monika        Müller Kurt          Mutter Rosa
Weite Gasse 8        Badstrasse 17        Steinweg 7
6789 X-Stadt         6789 X-Stadt         6798 Y-Berg

Mutz Martin          Oppliger Brigitte    Raab Daniel
Bachweg 4            Berghof              Postfach 3489
6787 Z-Dorf          6798 Y-Berg          6789 X-Stadt
```

Figur 3.9:   Ausschnitt aus dem jährlichen Mitgliederverzeichnis des VVV (Ist-Zustand)

Diese Bemerkungen zeigen, dass bei kleineren Datenmengen manuelle Lösungen durchaus sehr rationell sein können. Eine Computerlösung muss mit *guten* manuellen Lösungen konkurrieren können, wenn sie sich durchsetzen soll!

Nach diesen Zwischenbemerkungen kehren wir zurück zu unserem Projektbearbeiter Peter. Er steckt bereits voll in seiner Projektarbeit. Er hat mit der Ist-Zustands-Aufnahme einen intensiven Einstieg erlebt und muss gleich nochmals einen grossen Schritt tun: Er muss jetzt die *Anforderungen und Ziele* der neuen Lösung formulieren. Er *analysiert* dazu zwei Unterlagen, den Projektauftrag und den Ist-Zustand. (Diese Analysetätigkeit ist so wichtig, dass sie dem Beruf des Projektmitarbeiters den Namen gegeben hat: "Analytiker"!)

Wir können hier nicht alle Gedankengänge dieser Analysetätigkeit darstellen oder auch nur andeuten. Daher konzentrieren wir uns im Sinne von Beispielen auf *einzelne Überlegungen*, die Peter jetzt machen muss.

- *Rationalisierungseffekt der neuen Computerlösung:* Peter stellt fest, dass im Projektauftrag (Fig. 2.4, Ziffer 2) der Aufwand des Sekretärs mit 300 Stunden im Jahr für Routinearbeiten angegeben wird. Bereits die Ist-Zustands-Aufnahme (Fig. 3.7, Ziffer 6) zeigt aber, dass nur ca. 120 Stunden davon Arbeiten betreffen, die mit vernünftigem Aufwand einer Computerunterstützung überhaupt zugänglich (keineswegs jedoch voll automatisierbar) sind, wobei auch dann Adressen und Namen eingetippt werden müssen! Peter zieht daraus die *Konsequenz*, dass zur Begründung einer Computerlösung der Rationalisierungseffekt im Sinne der Arbeitsstundenersparnis allein kaum genügt, sondern dass weitere Vorteile dieser Lösung in die Begründung einbezogen werden müssen. Dazu gehören etwa die vielen Adresslisten (Fig. 3.7, Ziffer 6), die bisher aber wegen Überlastung des Sekretärs schlicht nicht erhältlich waren, obwohl sie benötigt werden.

- *Allfällige Erweiterung der Projektgrenzen:* Peter ist sich zwar der Gefahren einer solchen Erweiterung bewusst, dennoch betrachtet er noch einmal genau das vorgegebene Ziel im Projektauftrag (Fig. 2.4, Ziffer 2). Dort wird allein von "Automatisierung" zur Entlastung des Sekretärs gesprochen. Könnte diese Entlastung nicht auch durch eine andere Verteilung der Arbeit geschehen? Und zwar nicht innerhalb des Vereins (das Problem ist ja, dass sich niemand um diese Sekretariatsarbeiten reisst!), sondern unter Einbezug professioneller Dienste, etwa einer Bank für den Einzug der Jahresbeiträge. Auch hier folgt die *Konsequenz:* Peter will die Randbedingungen entsprechend offen gestalten, ohne Gefahr zu laufen, dass ihm das Projekt aus der Hand gleitet.

Aufgrund sorgfältiger Überlegungen dieser Art, die entsprechende *Konsequenzen* auslösen, formuliert Peter nach Rücksprache mit Berater Bernhard nun den *zweiten Teil des Pflichtenhefts*, nämlich *Anforderungen und Ziele* (Fig. 3.10).

PROFI	Anforderungen und Ziele		Datum 27.3.	Seite 1
	Projekt Nr / Progr. Nr	VVV1	Ersetzt Ausgabe vom	von 1
Projektname	Büroblitz		Ersteller Peter	

1. **Ziele**
   Die neugestaltete Administration des Vereins soll gegenüber dem Ist-Zustand
   - den Sekretär entlasten, insbesondere von Routinearbeiten,
   - zusätzliche Sekretariatsdienste, insbesondere aktuelle Mitgliederlisten, bei wachsendem Mitgliederbestand kurzfristig und rationell bereitstellen können,
   - den Sekretariatsaufwand gesamthaft klein halten.

2. **Anforderungen**
   - <u>Mengengerüst Sollzustand:</u> siehe "Ist-Zustand" (= Fig. 3.7), Ziffern 5 und 6.
   - <u>Funktionen:</u> Im wesentlichen die gleichen wie im Ist-Zustand, wobei aber die Arbeitsprozesse der einzelnen Funktionen völlig neu aufgebaut werden können. Siehe "Ist-Zustand" (= Fig. 3.7), Ziffer 4.
   <u>Vorbehalt:</u> Die Entlastung des Sekretärs darf <u>nicht</u> dadurch geschehen, dass andere Organe und Mitarbeiter des Vereins administrativ zusätzlich belastet werden. Zulässig ist hingegen, dass diese anderen sich an zweckmässigere Formen der Zusammenarbeit mit dem Sekretär anpassen müssen.
   - <u>Verfügbare Mittel:</u> vorläufiger Planungsrahmen: Fr/DM 5'000.- bis 8'000.- mit Berücksichtigung des Ausmasses der Entlastung des Sekretärs. Freigabe erst mit Projektentscheid möglich.
   - <u>Termine:</u> Projektentscheid: vor Sommerferien, spätestens 15.6.
   Übergabe in Betrieb: 1.10.

3. **Bewertungskriterien**
   - <u>Minimaler Unterhalt:</u> Die neue Lösung soll keine oder möglichst keine laufende Betreuung durch spezielle Fachleute (z.B. Informatiker) benötigen.
   - <u>Benutzerfreundlichkeit:</u> im Betrieb für Sekretär und für andere Beteiligte (Vorstand, Mitglieder) möglichst angenehm. Möglichst wenige zeitliche Auflagen (abends, Wochenende).
   - <u>Kosten:</u> Günstige Betriebskosten, bei Abschreibung der Fixkosten auf 5 Jahre

Figur 3.10: Anforderungen und Ziele (Pflichtenheft, 2. Teil)

Mit dem allfälligen *dritten Teil des Pflichtenheftes*, den Darstellungsvorschriften für die Lösungsvarianten, darf es sich Peter vorderhand leicht machen. Er formuliert das Pflichtenheft ja für sich, nicht für externe Anbieter und Konkurrenten. Er wird die verschiedenen Varianten von sich aus vergleichbar darstellen.

Damit ist das *Pflichtenheft* fertig. Es besteht im Projekt "Büroblitz" aus zwei Hauptteilen und einer Reihe von Beilagen, nämlich:

- 1. Teil: Ist-Zustand (=Fig. 3.7)
- 2. Teil: Anforderungen und Ziele (=Fig. 3.10)
- Beilagen: gemäss Liste am Schluss des "Ist-Zustands" (=Fig. 2.2, 3.8, 3.9)

Nun wechselt Peter kurz seine Rolle. Er wird vom Projektmitarbeiter zum *Projektleiter* und entwirft seinen Arbeitsplan und seinen Zeitplan. Da er im Moment aber noch nicht weiss, ob er die Anwenderprogramme selber entwickeln wird oder ob er sie von irgendwoher übernehmen kann, geht er vom schlechteren Fall aus, denn er muss ernsthaft mit diesem rechnen. Dieser schlechtere, zeitlich aufwendigere Fall ist natürlich die *Eigenentwicklung:* Für diesen Fall erstellt er nun *Arbeitsplan* (Fig. 3.11) und *Zeitplan* (Fig. 3.12).

Besonders beim Zeitplan wird deutlich, wie Peter konkret auf seine *aktuelle* Situation eingeht. Er hat als Student erst in den Semesterferien mehr Zeit zur Verfügung (Vollzeit statt Teilzeit); er weiss auch, dass er in der Konzeptphase wahrscheinlich öfters auf externe Antworten warten muss. Darum legt er auf die Konzeptphase mit geschätzten 3 Arbeitswochen gleich 9 reale Wochen. Damit riskiert er für den Fall, dass er das ganze System in einer normalen höheren Programmiersprache ausprogrammieren muss, eine starke Belastung in Juli und August. Für den Notfall hat er aber die zwei letzten Septemberwochen als Reserve vorgesehen. Die Planung wäre also gemacht – warten wir, was herauskommt!

PROFI	Arbeitsplan	Datum 27.3.	Seite 1
	Projekt Nr / Progr. Nr VVV1	Ersetzt Ausgabe vom	von 1
Projektname	Büroblitz	Ersteller Peter	

Tätigkeit	Einzelaktivitäten, Zwischenziele	Aufwandschätzung (Personenwochen)
Projektumriss	Besprechungen mit Simon, Bernhard; Ist-Zustand, Pflichtenheft, Zeitplan	2
Konzept (Varianten)	Variantenentwurf, Abklärungen mit möglichen Fremdprogrammen, Vorbereitung Projektentscheid	3
Detailspezifikation	nur gewählte Variante	3
Programmierung	sofern Eigenprogrammierung; Aufwand abhängig von verfügbarem Datenbanksystem	2-5
Datenbereitstellung	durch Sekretär oder Helfer	(1)
Rahmenorganisation	Starke Mitarbeit durch Sekretär nötig	1+(1)
Systemtest		2
Einführung		0.5
Dokumentation	nur zusätzlich Nortwendiges, soweit nicht während Projektarbeit erstellt	1
Besprechungen	mit Vorstand, Bernhard und anderen	0.5
	total	15-18PW+(2)

Figur 3.11: Arbeitsplan

58 Projektumriss

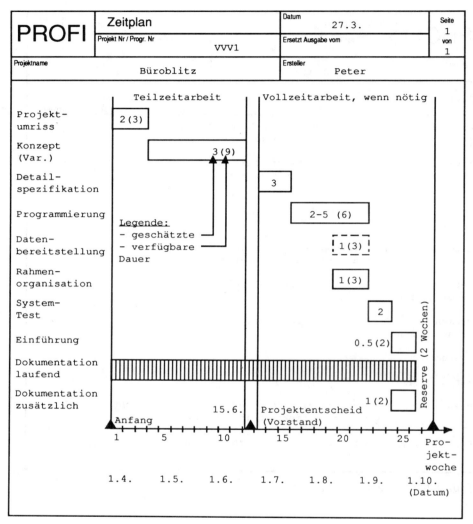

Figur 3.12: Zeitplan

4 Konzept (mit Varianten)

4.1 Kurzfassung

Aufgabe: Grobentwurf von sinnvollen Lösungsvarianten im Hinblick auf den Projektentscheid. Technische Lösbarkeit und wirtschaftliche Konsequenzen sind miteinzubeziehen.

Grundlagen: Pflichtenheft, dazu allfällige weitere Unterlagen sowie externe Offerten, die aufgrund des Pflichtenheftes beschafft wurden.

Ziel: Projektentscheid über den einzuschlagenden Lösungsweg für das im Pflichtenheft abgegrenzte Problem.

Zu erstellende Dokumente:
Lösungsbeschreibungen für alle einbezogenen Varianten (mit grobem Soll-Zustand)
Variantenvergleich mit Bewertung
Antrag für Variantenentscheid

4.2 Vorgehen

Die Konzeptphase heisst häufig auch "Grobentwurf" oder kurz "Entwurf"; hier geht es um die künftige *Problemlösung*. So wie ein Architekt auf einem gegebenen Grundstück verschiedenste Häuser planen, aber nur eines bauen kann, so kann der Informatiker bei gegebenem Pflichtenheft verschiedenste technische Lösungen ausdenken und abklären, aber anschliessend nur eine einzige realisieren.

Die Konzeptphase ist schöpferisch und konstruktiv in einem sehr weiten Sinn. Der entwerfende Informatiker kann sein ganzes Wissen und Können in dieser Phase voll zum Tragen bringen; es gibt aber zwei Gefahren, die sofort erkannt werden müssen:

Planung zu breit: Praktische Probleme haben zwar oft harte Randbedingungen, trotzdem gibt es meist eine Vielzahl sinnvoller Lösungsmöglichkeiten. Es besteht nun die Gefahr, allzuviele solche Möglichkeiten berücksichtigen zu wollen. Man möchte ja die wirklich beste Lösung nicht verpassen! Ein allzu breites Vorgehen ist aber sehr aufwendig, und zwar nicht nur für den Entwerfenden, sondern vor allem auch für seine Arbeitspartner, Auftraggeber, Lieferanten, Mitarbeiter. Sie alle müssen an Varianten mitarbeiten, denen von vornherein jede Realisierungsmöglichkeit abgeht. Das reduziert Konzentrationsfähigkeit und Interesse auch bei der Arbeit an den wesentlichen Varianten, unter denen am Schluss die gewählte Lösung zu finden ist.

Planung zu schmal: Auch die allzu frühe Beschränkung auf eine einzige Lösung ist unvernünftig, denn so fehlt jede Überprüfungs- und Vergleichsmöglichkeit. Normalerweise gibt es für praktische Probleme keine "beste" Lösung, sehr wohl aber "überzeugende" und "weniger überzeugende" Lösungen. Der Entwerfende muss nicht nur sich, sondern vor allem auch seinen Auftraggeber überzeugen, und das kann er nur im Vergleich. Der Gefahr, zu schmal zu planen, unterliegen vor allem Leute mit vorgefassten Meinungen ("Ich habe die beste Lösung gefunden!") und – Studenten! Der Student ist gewohnt, Übungsaufgaben zu lösen. Hat er dazu eine (einzige) Lösung gefunden, so hat er seine Pflicht formal erfüllt. Übungsaufgaben sind jedoch meist extreme Vereinfachungen realer Probleme. Daher muss gerade der Student darauf achten, Varianten zu finden und mitzubearbeiten. (Für Methoden dazu vgl. Abschnitt 10.5 über "Kreativität".)

Fazit: In der Konzeptphase geht es darum, eine überschaubare Zahl von *zwei bis drei Lösungsmöglichkeiten* zu finden, die einerseits realistisch sind, anderseits aber klare Unterschiede aufweisen. Als weitere Variante ist dazu in vielen Fällen die *Beibehaltung* (oder geringfügige Verbesserung) *des Ist-Zustands* in den Vergleich einzubeziehen.

Der Bearbeiter geht dabei so vor: Er versucht, einen Überblick über die vorgegebenen Randbedingungen und die darin verbleibenden Möglichkeiten (Lösungsraum) zu gewinnen. Wo liegt beim Entwurf die Freiheit, wo der fixe Rahmen (Abschnitt 4.3)? Daraus ergeben sich die möglichen Varianten. Utopische und unzweckmässige Varianten werden rasch ausgeschieden, wenig verschiedene zu einer einzigen zusammengefasst. Es geht ja darum, wenige, aber *für verschiedene Lösungsideen typische* Varianten zu finden und zu vergleichen. (Geringfügige Änderungen sind auch nach dem Projektentscheid, im Rahmen der Detailspezifikation, durchaus noch möglich und problemlos.)

Nicht immer kann der Informatiker die Konzeptarbeiten allein ausführen. Solange er eine Lösung vorbereitet, in welcher er (und seinesgleichen) die künftige Problemlösung in Form von Software selber entwickelt, ist er zwar sein eigener Herr und Meister. Sobald er aber Beiträge von anderen Stellen braucht (Geräte, Programme, Dienstleistungen), die Teil seiner Lösung sein sollen, muss er von diesen Partnern Angebote einholen (Abschnitt 4.4, "Einholen von

Offerten") und in seine Varianten einbeziehen. Damit kann sich übrigens der Zeitaufwand für die Konzeptphase stark vergrössern.

Am Schluss münden die Arbeiten der Konzeptphase in den *Projektentscheid* (Abschnitt 4.5). Hier muss der Auftraggeber sagen, ob und wie (also mit welcher Variante) weitergearbeitet werden soll. Somit konzentrieren sich die Bemühungen des Projektbearbeiters auf eine übersichtliche und überzeugende, trotzdem aber wahrheitsgetreue Darstellung der wichtigsten Lösungsmöglichkeiten für das gegebene Problem, eben der Varianten. Da alle weiterführenden Projektarbeiten auf diesem Entscheid aufbauen, ist dessen sorgfältige Vorbereitung eine zentrale Aufgabe der Projektentwicklung.

Zur besonderen Beachtung: Das Spektrum der in die Konzeptphase einbezogenen Varianten darf weder zu breit noch zu eng sein, es muss die wesentlichen Möglichkeiten abdecken, also realisierbare und gleichzeitig attraktive Problemlösungen. Nicht die Suche nach *der* Maximallösung zeichnet die gute Projektarbeit aus, sondern die Wahl und die anschliessende Durchführung *einer guten* Variante.

4.3 Freiheit und Beschränkung

Die reale konstruktive Problemlösungsarbeit, die eigentliche Ingenieurtätigkeit, wickelt sich nicht in einer mathematisch abstrakten und ideal unbegrenzten Welt ab, sondern im Rahmen von *Randbedingungen*. Jeder Entwurfsprozess muss sich damit auseinandersetzen und das Mögliche erkennen. Für einen Brückenbauer ist diese Einpassung selbstverständlich, wenn er seine Tragkonstruktion und die Widerlager entwirft. Da der Softwareingenieur seine Randbedingungen oft nicht so anschaulich erfährt und zudem bei seiner Arbeit mit verhältnismässig stark formalisierten (und daher ziemlich abstrakten) Begriffen wie Schleife, Vektor oder Prozedur arbeitet, ist die Versuchung gross, Beschränkungen zu übersehen und allzu komplexe Systeme zu entwerfen. Wenn das zu spät bemerkt wird, kann der Schaden bereits gross sein, weil ein grosser Teil der Entwurfsarbeiten wiederholt werden muss.

Ausserdem ist bei der Beschreibung einer Rahmensituation das *Notwendige* vom *Wünschbaren* zu unterscheiden. Das ist nicht immer einfach und eindeutig. Wir wissen aus dem täglichen Leben, dass sich Probleme manchmal umformen lassen, so dass aus einer Notwendigkeit ein Wunsch und aus dem Wunsch eine Notwendigkeit wird. Wir betrachten dazu ein einfaches Beispiel, das sich zweidimensional gut darstellen lässt (Fig. 4.1). Das Problem heisse "Kauf eines leistungsfähigen und günstigen Taschenrechners". Nun lässt sich ein Taschenrechner nicht nur nach seinem Preis klassieren, sondern auch nach seinem Funktionsumfang. (Dabei sei vereinfachend angenommen, die leistungsfähigeren Geräte würden auch alle Funktionen der einfacheren umfassen.) Somit kann das Marktangebot in einem Diagramm nach Preis und Funktionsumfang dargestellt werden. (Jeder Punkt in Fig. 4.1 ist ein Marktangebot und damit ein Lösungsvorschlag.)

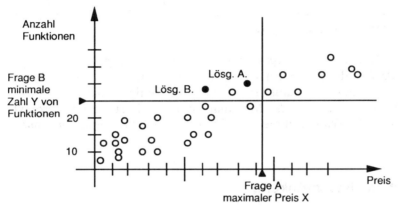

Figur 4.1:   Unterschiedliche Problemformulierungen mit je eigenen Lösungen

Es existieren nun zwei verschiedene Problemformulierungen:

A. "Ich will höchstens den Preis X bezahlen und möglichst viele Funktionen erhalten."

B. "Ich will einen möglichst billigen Taschenrechner mit mindestens Y Funktionen."

Die beiden verwandten Probleme *A und B* können verschiedene Lösungen aufweisen (in Fig. 4.1 die Lösungen A und B), beide gefundenen Lösungen sind dabei "günstige Varianten".

Wichtig ist, dass derjenige, der Entscheide zu treffen hat, genau weiss,

– wo seine Grenzen sind (teils absolute, teils wünschbare) und
– wo er frei ist, d.h. wo er durch geschickte Massnahmen den Wert seiner Lösung verbessern kann.

Beim Entwurf von Computerlösungen sind die wichtigsten Grundvarianten gerade durch unterschiedliche Randbedingungen charakterisiert:

- *Eigene Anwendungsentwicklung:* Computersystem (Geräte, Betriebssystem, oft auch Compiler) gegeben, Anwendungsanforderungen gegeben, Programmierung flexibel.
- *Übernahme einer vorhandenen Lösung:* Computersystem und Anwenderprogramme gegeben, Anwendung muss unter Umständen angepasst werden.
- *Einsatz von Datenmanipulationssystemen* (der "4. Generation"): Computersystem und Datensystem gegeben, Programmierung weitgehend flexibel, Anwendung muss evtl. geringfügig angepasst werden.

Die Qualität eines Entwurfs zeigt sich darin, dass nicht mit grossem Aufwand "alle Wünsche" erfüllt werden, sondern dass mit geeigneten Mitteln und mit Konzentration auf das Wesentliche (80-20-Regel) eine übersichtliche, strukturierte und möglichst einfache Lösung gefunden wird.

4.4 Fremdbeiträge, Einholen von Offerten

Für irgendeine Problemlösung (dies gilt nicht bloss im Informatikbereich) gibt es drei Quellen, aus denen Beiträge geschöpft werden können, nämlich

A. *bereits vorhandene Mittel* (Bsp.: Vorhandene Computer, Bürogeräte, Räume, Werkzeuge usw.),

B. *eigene Arbeitsleistung* (Bsp.: Entwicklung eines Programms, manuelle Mitarbeit im Betrieb usw.) und

C. *fremde Beiträge* (Bsp.: Beschaffung eines Computers, Fremdprogramme, Benützung eines Rechenzentrums usw.).

Wir können daher jede Art von Lösung als Punkt in einem Dreiecksdiagramm (Fig. 4.2) eintragen, wobei die Nähe zu den Eckpunkten das Mass für die relative Bedeutung der entsprechenden Quelle ist.

64   Konzept (mit Varianten)

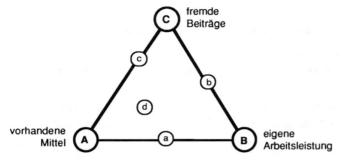

Figur 4.2:   Bedeutung der drei Quellen für eine Lösung (Dreiecksdiagramm)

Beispiele: (a) Eigene Programmentwicklung für vorhandenen Computer
(b) Eigene Programmentwicklung für den zu beschaffenden Computer
(c) Fremdprogramme für vorhandenen Computer
(d) Anpassung von Fremdprogrammen für eigenen Computer.

Leider denken manche Leute gerne eindimensional, etwa nur auf der Achse A-B. Gerade begeisterte Informatik-Anfänger, welche ihre Fähigkeiten als Programmierer entdeckt haben, wollen *ihre* Problemlösung auf dem *eigenen* Computer ausprogrammieren (= Fall (a)). Dabei besteht aber kein Zweifel darüber, dass wir uns in der Praxis diesen Luxus normalerweise nicht leisten können. Wir müssen lernen, herumzuschauen und attraktive Fremdbeiträge beizuziehen. Damit sind wir beim Einholen von Offerten.

> Eine *Offerte* ist ein verbindliches Angebot eines möglichen Geschäftspartners, eine Leistung zu bestimmten Konditionen zu erbringen.

Typische Offerten sind etwa Warenprospekte mit Preisangaben für einen Ausverkauf oder Warenangebote im Schaufenster eines Ladens. Die angeschriebenen Preise sind für den Anbieter verbindlich, d.h. der Käufer hat das Recht, im Laden ein Exemplar des angebotenen Artikels zum angeschriebenen Preis zu beziehen, und wenn es das letzte Stück aus dem Schaufenster wäre. (Ausnahme: Offensichtlicher Irrtum! Wenn die Preisangabe den Dezimalpunkt an der falschen Stelle hat, dann entsteht daraus kein Anrecht für einen Billigkauf!)

Doch zurück zu unserer Projektarbeit. Wenn wir in einem Problemlösungsprozess stehen und uns Gedanken über mögliche Fremdbeiträge machen, können wir kaum damit rechnen, dass gerade jetzt der nächste Computerladen das gesuchte Stück Software im Schaufenster oder in einem Inserat anpreist. Wir müssen daher selber *aktiv* Offerten einholen, und zwar nach Möglichkeit *mehrere*, damit wir vergleichen können. Wir versuchen also, eine *Marktsituation* herzustellen, die uns erlaubt, für unsere Problemlösung marktgerechte Fremdbeiträge beizuziehen.

Egal, ob im Schaufenster oder nur auf Anfrage, die günstigsten Angebote kommen im allgemeinen von dort, wo das Angebotene bereits vorhanden ist! Das gilt für Computerprogramme so gut wie für ein gebrauchtes Motorrad oder eine spezielle Sammler-Briefmarke. Wir müssen daher herausfinden,

- wer als Anbieter für unser gesuchtes Objekt überhaupt in Frage kommt und
- wie wir das gesuchte Objekt definieren wollen.

Damit kommen wir zum nächsten Problem, zur Suchstrategie (Fig. 4.3). Wir können unser gesuchtes Objekt sehr präzis definieren ("schmal") – und damit riskieren, dass keine oder nur wenige Angebote erfolgen. Wir können unsere Anforderungen auch relativ offen formulieren ("breit") und erhalten mehrere Angebote. (Allzu offene Formulierungen bringen allerdings allzuviele Angebote und damit bloss unnötige Auswahlarbeit!)

Im Informatikbereich, wo der Eigenbeitrag oft in ergänzender Programmierung und damit in Anpassungsarbeiten besteht, ist es besonders wichtig, Angebote zu bekommen, welche Anpassungsarbeiten einfach machen. Ein weiterer wichtiger Aspekt bei externen Angeboten liegt beim möglichen Erfahrungstransfer. In manchen marktgängigen Produkten, auch auf dem Gebiet der Software, steckt bereits ein sehr grosser Erfahrungsschatz aus anderen Anwendungen. Wir haben ein grosses Interesse daran, derartige Angebote zu finden, denn mit ihrem Einsatz können wir die Qualität unserer eigenen Lösung (oft markant) verbessern.

Das konkrete *Vorgehen* beim Einholen von Offerten lässt sich ganz einfach formulieren, es geht schliesslich um einen *Variantenvergleich*. Wir benötigen dazu vorerst ein *Pflichtenheft* und später eine *Auswertung*. Das ist exakt die Situation, welche in Fig. 3.2 (in Abschnitt 3.4 über Pflichtenhefte) dargestellt worden ist. Das Pflichtenheft soll so offen sein, dass sicher einige Angebote eingehen können. Daher ist es in der Praxis ratsam, nicht ein detailliertes Pflichtenheft zu entwerfen, bevor man den Markt überhaupt kennt! Zuerst sollte man sich im betrachteten Einsatzgebiet einige einschlägige Angebote sowie deren Beschreibungen und Konditionen anschauen, bevor man selber Bedingungen

66 Konzept (mit Varianten)

formuliert. (Sobald man solche Angebote kennt, hat man auch viel eher einen Massstab, wie allfällig zu entwickelnde eigene Lösungen einzuschätzen sind.)

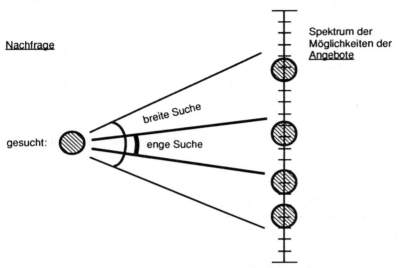

Figur 4.3: Breite Suche liefert eher Marktangebote als schmale Suche

Bei der Projektarbeit können ganz verschiedenartige Fremdbeiträge in Frage kommen, kleinste (etwa die Lieferung von Datenträgern) und grösste (Lieferung eines Anwendersystems schlüsselfertig durch Generalunternehmer). Es ist klar, dass entsprechend die Bereitstellung von verbindlichen Angeboten ihre Zeit braucht – eine sehr unterschiedliche Zeit! Während Kleinsysteme (inkl. Mikrocomputer und zugehörige Software) heute meist über Prospekte und standardisierte Verkaufskanäle (Ladengeschäfte) angeboten werden, so dass für die Offerteinholung ein Telefon genügt, ist bei Einzellösungen oft ein sehr grosser *Aufwand* (einige Prozente des Verkaufswerts!) für die Offertstellung nötig. Dass die anbietenden Firmen dafür einige Wochen benötigen, dürfte verständlich sein, ebenso aber, dass sich Firmen nur an erfolgversprechenden Ausschreibungen beteiligen wollen. Erfolgversprechend ist eine Ausschreibung für eine Firma nur dann, wenn diese eine echte Chance sieht, den Auftrag zu erhalten, d.h. einen Liefervertrag abschliessen zu können (vgl. Forderung nach Fairness in Abschnitt 3.4 über Pflichtenhefte). Je mehr ein Anbieter in die Offertstellung investieren muss, desto sorgfältiger müssen wir uns als potentieller Kunde bereits mit ihm befassen. Und das können keinesfalls viele Partner sein, sondern zwei oder drei, dafür die richtigen!

Sobald die Offerten vorliegen (und falls nötig ergänzt, bereinigt und miteinander vergleichbar gemacht worden sind), kann zwischen diesen "die beste ausgewählt" werden. Im Falle eines einzigen, einfachen Bewertungskriteriums (z.B. "Preis") ist das problemlos. Bei mehreren Kriterien kann es zu umfangreichen und schwierigen Auswahlverfahren mit anschliessendem Auswahl*entscheid* kommen, wie dies in Abschnitt 4.5 anhand des Vorgehens beim Projektentscheid kurz diskutiert wird. Im zugehörigen Beispiel (Abschnitt 4.6) findet der Leser ein pragmatisches *Auswahlverfahren* (Fig. 4.5 und Fig. 4.8). Für weitere Überlegungen sei aber schon hier auf Kap. 14 und auf [SVD 85] verwiesen.

Ist die Auswahl getroffen (oder liegt für einfache Fälle nur eine einzige Offerte vor), kann die weitere Projektarbeit auf den Offertangaben aufbauen. *Verträge* dürfen aber noch keine abgeschlossen werden. Das ist erst nach dem Projektentscheid möglich, wenn durch den Auftraggeber grundsätzlich grünes Licht erteilt worden ist. Der im Handelsrecht wenig Bewanderte wird für diese Fragen ohnehin fachmännischen Rat beiziehen müssen (vgl. Abschnitt 15.2).

Zum Schluss dieses Abschnittes, der einen ersten Exkurs in wirtschaftliche Gefilde darstellt, sei noch ein Grundsatz festgehalten, der für jede Art von vertraglich geregelter Zusammenarbeit gilt (Kaufvertrag, Mietvertrag, Dienstvertrag usw.), wobei die Offerte nur einen ersten Schritt zu einem möglichen späteren Vertragsabschluss darstellt. Bei Verträgen sollen und dürfen wir durchaus auf den eigenen Nutzen bedacht sein; das gilt aber auch für den oder die Partner! Also:

Bei einem Vertrag sollen alle Partner mit dem Ergebnis zufrieden sein können. Dauerhafte Zufriedenheit kann nicht auf Täuschung und Tricks aufbauen.

4.5 Der Projektentscheid

Es gibt verschiedene Stellen im Projektablauf, wo wichtige Entscheide fallen. Das geschieht manchmal ganz im stillen, wenn zum Beispiel die Idee für eine neue Variante geboren wird, welche so attraktiv erscheint, dass sie sofort in die Evaluation einbezogen wird. Gerade der kreative Mensch kennt solche Momente der "Erleuchtung" und hält die Funktion von administrativen Vorgesetzten gerne für überflüssig bis störend. (Ein typisches Beispiel für diese Haltung ist auch der Programmierer alter Schule, der sein Programm für ein Kunstwerk und nicht für ein konstruierbares technisches Produkt hält.)

Nun ist ein Projekt aber üblicherweise eine zu bedeutende Sache, als dass die Verantwortung dafür gänzlich den Technikern (oder gar den "Künstlern") überlassen werden könnte. Daher ist es eine der wichtigsten Funktionen der *Projektführung*, Sicherheitsnetze einzubauen, welche einerseits grössere Unglücksfälle ("Abstürze") verhüten, anderseits den Normalablauf nicht wesentlich belasten. Die wichtigste Massnahme dieser Art im ganzen Projektablauf ist der *Projektentscheid*. Er dient mehreren Aufgaben gleichzeitig:

– Er markiert einen eindeutigen Punkt im Projektablauf (Meilenstein).
– Er gibt dem Auftraggeber Gelegenheit, in angemessener Form Einfluss auf das Projekt zu nehmen.
– Er gibt dem Projektbearbeiter Gelegenheit, seine gesamten bisherigen Informationen über das Projekt in markanter Form zusammenzustellen. Diese Unterlagen für den Projektentscheid bilden die Basis für die Weiterarbeit.

Vorbereitung und Durchführung des Projektentscheids bilden damit eine effiziente Strukturierungs- und Sicherheitsmassnahme der Projektführung.

Als Vorbereitung werden in geeigneter Form *Unterlagen* über die verfügbaren Varianten (schriftlich, die Zusammenfassungen meist auch als Präsentationsunterlagen) bereitgestellt. Wichtig sind für die *Evaluation* vor allem *Vergleiche* zwischen den Varianten [SVD 85]. Hierzu ein Hinweis:

> Beschränken Sie die Vergleiche und deren Bewertung auf jene Aspekte, die für den Auswahlprozess (Evaluation) *wesentlich* sind und wo tatsächlich *Unterschiede* zwischen den Varianten bestehen!

Es ist unsinnig, die Aufmerksamkeit der am Projektentscheid Beteiligten mit länglichen Ausführungen über Dinge zu belasten, die wohl stimmen (hoffentlich!) oder sogar technisch interessant sind, aber nichts zur *Entscheidung* beitragen können! Für den Entscheid sind meist nur ganz wenige Kriterien ausschlaggebend, die aber für jeden Fall deutlich herausgearbeitet werden müssen (wie im Beispiel in Abschnitt 4.6 gezeigt wird). Es hat nichts mit Verheimlichung zu tun, wenn wir dem Auftraggeber nicht "alles" sagen, was wir wissen. Er erwartet diese Kürze sogar, er kann im Einzelfall immer noch Zusatzfragen stellen. Dann gibt sich Gelegenheit, mit Fachwissen zu glänzen.

Nicht immer fällt der Projektentscheid im Rahmen einer Konferenz, in der die Projektmitarbeiter anwesend sind und ihre Ergebnisse in kompakter Form präsentieren können. Manchmal entscheiden die Verantwortlichen nur auf Grund schriftlicher Unterlagen. Schriftliche Unterlagen sind an dieser Stelle des Projektablaufs in jedem Fall nötig und bilden die Ausgangslage für die allfällige Fortsetzung der Arbeiten.

4.6 Beispiel

Unser Projektbearbeiter Peter darf in der Konzeptphase nun endlich Lösungen suchen! Natürlich hat er von allem Anfang an eine Lieblings-Lösungsmöglichkeit im Auge gehabt, und zwar die Eigenentwicklung (volle Programmierung in einer höheren Programmiersprache). Die Gespräche mit Berater Bernhard und Sekretär Simon haben ihm aber zu denken gegeben:

- Für ein derart verbreitetes Informatikproblem, wie es eine Vereinsadministration ist, müssten doch wohl bereits irgendwelche Programme existieren und nutzbar sein.
- Die neue Lösung muss für den Anwender bequem sein (benutzerfreundlich), sonst zieht Simon die bisherige Lösung vor – und gibt sein Amt auf! Eine benutzerfreundliche Lösung als Eigenentwicklung ist aber aufwendig, vielleicht aufwendiger, als Peter es sich bisher vorstellen konnte.

Trotz dieser ungewohnten Situation und den damit verbundenen Zweifeln am Erfolg seiner Entwicklungsarbeit formuliert Peter als erstes eine ganze Auswahl möglicher Lösungsvarianten, auf die ihn zum Teil auch Bernhard und Simon aufmerksam gemacht haben (Fig. 4.4).

Die anfängliche Befürchtung Peters, zu wenig Varianten zu finden, ist damit bereits hinfällig. Es geht jetzt um zwei Fragen:

- *Fehlen* in diesem Sortiment A bis H wesentliche Möglichkeiten?
- Können einzelne Varianten A bis H *weggelassen* werden, weil mit grosser Sicherheit anzunehmen ist, dass ihnen andere Varianten deutlich überlegen sind?

70   Konzept (mit Varianten)

PROFI	Variantenstudium	Datum 20.4.	Seite 1
	Projekt Nr / Progr. Nr VVV1	Ersetzt Ausgabe vom	von 1
Projektname Büroblitz		Ersteller Peter	

Grobumschreibung der Varianten: Kommentare:

A. Mikrocomputerlösung mit Eigenentwicklung spezieller Anwenderprogramme (in Pascal oder BASIC). Computer: Privat bei einem Vereinsmitglied (verschiedene Möglichkeiten) oder Kauf durch VVV

B. Mikrocomputerlösung mit Eigenentwicklung spezieller Anwenderprogramme (Sprache 4. Generation, Datenbanksystem). Computer: Kauf VVV

C. Mikrocomputerlösung mit vorhandenem Anwenderprogramm. (Zuerst suchen! Wo? Wer?)

D. Service-Lösung im Rechenzentrum bei Firma "Club-Treuhand"   wohl eher für Vereine mit grossem Geldverkehr

E. Service-Lösung auf dem Computer der Druckerei "Club-Press", welche aber auch die "VVV-Mitteilungen" drucken und verschicken möchte.

F. Lösung im Service-Rechenzentrum "Supermips" mit selber entwickelten Anwenderprogrammen (in COBOL oder Pascal)   braucht Terminal oder Kurier/Post

G. Lösung im Service-Rechenzentrum "Terabyte" mit selber entwickelten Anwenderprogrammen (in einer geeigneten Datenbanksprache)   braucht Terminal oder Kurier/Post

H. Weiterführung der bisherigen manuellen Lösung (Verbesserungsmöglichkeiten?)

Figur 4.4:   Ergebnis der Suche nach möglichen Varianten

Nachdem Peter auch nach Rücksprache mit Bernhard im Moment keine zusätzlichen Varianten einführen will, gelingt ihm die Reduktion auf vier Varianten (drei neue plus die bisherige Lösung) relativ problemlos. Er zeichnet sich dabei den Gedankengang dieses Ausscheidungsverfahrens kurz auf (Fig. 4.5).

Konzept (mit Varianten) 71

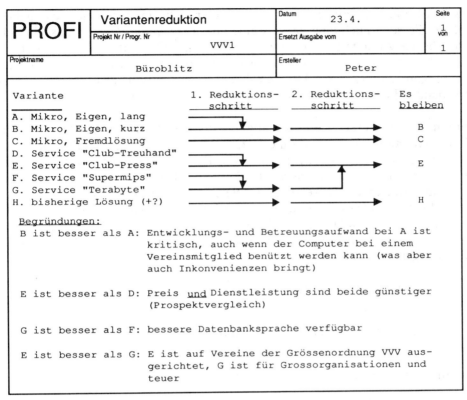

Figur 4.5: Variantenreduktion

Die verbleibenden Varianten können allerdings nicht mehr so einfach nebeneinander gestellt und fast "turniermässig" ausgeschieden werden, denn sie lassen sich nicht mit Einzelkriterien allein beurteilen und evtl. ausscheiden. Alle haben ihre Vor- und Nachteile. Wir müssen sie daher einem vollständigen *Bewertungsprozess*, einer *Evaluation*, unterwerfen. Da die Zahl der Varianten bereits auf vier reduziert werden konnte, entschliesst sich Peter nach Rücksprache mit Bernhard, mit diesen Varianten den *Projektentscheid* vorzubereiten.

Dazu muss er

– jede der Varianten B, C, E und H vollständig als Groblösung ausarbeiten und vergleichbar beschreiben,
– einen Variantenvergleich anstellen und
– einen Antrag zur Auswahl einer Variante machen.

72 Konzept (mit Varianten)

Das ist eine umfangreiche Arbeit, die wir hier nicht im einzelnen wiedergeben wollen. Sie setzt auch eine ganze Reihe von *Aussenkontakten* voraus. So holt Peter für die Variante B Offerten ein für geeignete Computersysteme (Mikros), für welche auch Datenbanksysteme erhältlich sind, und er evaluiert diese. Daraus geht das System "ABC-XYZ" als Sieger hervor, das wir in der entsprechenden Lösungsbeschreibung (Fig. 4.6) wieder antreffen werden.

Sorgen macht Peter während langer Zeit die Variante C, da er keine Mikrocomputerprogramme für die Vereinsverwaltung findet. Endlich entdeckt er folgende Lösung: VVV-Mitglied Viktor ist beruflich unter anderem mit der Verwaltung eines Industrieverbandes beschäftigt, wofür ein leistungsfähiger Arbeitsplatzrechner eingesetzt wird. Die Beschaffung eines Mikrocomputers dieser Leistungsklasse kommt für den VVV zwar nicht in Frage, dafür die Mitbenützung der Anlage des Industrieverbandes über Viktor. Wie gross die entsprechenden Benützungskosten wären, erfährt Peter allerdings erst nach einigen Wochen Wartezeit und dreimaligem Nachfragen.

Jetzt kann Peter seine Unterlagen zusammenstellen. Wir zeigen daraus

– das Konzept für Variante B (Grobentwurf, = Fig. 4.6),
– das Konzept für Variante H (Ist-Zustand, = Fig. 4.7),
– den Variantenvergleich (= Fig. 4.8),

und, für diesen einfachen Fall im Variantenvergleich mitenthalten,

– den Antrag zum Projektentscheid (in Fig. 4.8).

Die Variantenbeschreibungen für die Varianten C und E sind hier weggelassen, im Aufbau aber mit dem Konzept in Fig. 4.6 vergleichbar.

Die Konzepte (Fig. 4.6 und 4.7) kann Peter bis auf die Ziffer 11 (Kosten) selbständig erarbeiten. Er bittet Berater Bernhard um Hilfe und Ansätze. Dieser macht Peter zuerst die Zusammenhänge klar, so etwa, dass ein Stundenansatz von 0.00 zwar für Vereinsangehörige denkbar wäre, aber von vornherein die Handlösung (Variante H) bevorzugt, die jedoch aus anderen Gründen abgelöst werden muss. Je höher der Stundenansatz eingesetzt wird, desto rascher wird bei wachsenden Mitgliederzahlen eine Maschinenlösung attraktiv. Darum ist es in unserem Beispiel interessant zu sehen, dass mit dem gewählten (absichtlich tiefen) Stundenansatz erst bei *zukünftigen* Mitgliederzahlen und Listprodukten (= *Soll-Zustand* gemäss Fig. 3.7, Ziffern 5 und 6) die Computerlösungen auch wirtschaftlich attraktiv werden.

Gemeinsam setzen anschliessend Bernhard und Peter die wesentlichen Unterschiede der Lösungen in die Tabelle "Variantenvergleich" um (Fig. 4.8). Nur wenige Kriterien, nämlich die Verfügbarkeit im Betrieb, die Leistungsfähigkeit, das Risiko und die Kosten, gehen hier jetzt noch ein. Auf ihre Gewichtung kommt es beim Antrag für den Projektentscheid an. Dabei ist die Rangfolge für die Plätze 1 und 2 rasch klar; ob die Varianten E und H in Reihenfolge 3/4 oder 4/3 eingeteilt werden, ist diskutabler, aber ohne weitere Bedeutung.

Langsam nähert sich der 15. Juni, Tag des Projektentscheids. Nicht nur Bernhard, sondern auch Peter ist diesmal zur Vorstandssitzung eingeladen. Er präsentiert seine Unterlagen und erläutert das Risiko bei einer Eigenentwicklung gemäss B, wobei die Lösung H vorläufig als Ersatzlösung noch zur Verfügung stünde. Darauf beschliesst der VVV-Vorstand im Sinne des Antrags: Weiterführung des Projekts auf der Basis der Variante B mit Bewilligung eines Kredites von Fr. 8'000.– zum Kauf des Systems ABC, Modell 123, mit zugehöriger Systemsoftware und Datenbanksystem XYZ. Das Projekt kann realisiert werden.

74   Konzept (mit Varianten)

PROFI	Konzept Variante B	Datum 28.5.	Seite 1
	Projekt Nr / Progr. Nr VVV1	Ersetzt Ausgabe vom	von 1
Projektname	Büroblitz	Ersteller Peter	

1. **Grundidee der Lösung**
   Mikrocomputerlösung für VVV-Sekretariat.
   Beschaffung eines geeigneten Kleinsystems
   (z.B. Marke ABC) mit Datenbanksystem XYZ
   und Eigenentwicklung der notwendigen
   Abfrage- und Datenmanipulationsmodule.

2. **Strukturbild**

   ```
   ////// VVV //////
   Datenbanksystem
   Mikrocomputer
   ```

3. **Hardware:** ABC, Modell 123, mit 2 Disketten-
   stationen, Drucker ... ; für VVV separat zu beschaffen.
4. **Vorhandene Software:** Betriebssystem ABC-OS und Datenbanksystem XYZ,
   zu beziehen über "Computer-Laden"
5. **Zu entwickelnde Software:** Anwendermodule gemäss Pflichtenheft
6. **Daten:** Durch Datenbanksystem XYZ verwaltet. Datenträger: Disketten
            Sicherheitskopien: auf Disketten   Archiv: auf Listen
7. **Systembenützung durch den Sekretär:** direkt über Tastatur
   und Bildschirm des Mikrocomputerarbeitsplatzes
8. **Betriebliche Verfügbarkeit:** dauernd
   (d.h. auch abends und am Wochenende)
9. **Entwicklungsaufwand:** Ab Phase "Realisierung" mit der Datenbank-
   Manipulationssprache für XYZ im Rahmen der Projektentwicklung
   "Büroblitz" ca. 10 Arbeitswochen. (= 400 Stunden)
10. **Fertigstellung, Inbetriebnahme:** möglich ab 1.10. (evtl. vorher)
11. **Kosten:** Einmalige Kosten: externe Beschaffung: 8'000
                                 interne Entwicklungsarbeit: 4'000 *)
                                 total einmalige Kosten: 12'000
                                 verteilt auf 5 Jahre: 2'400 pro Jahr

Betriebskosten (pro Jahr)	Mengen heute	Mengen Zukunft
Routinearbeiten (Stunden)	30h	75h
umgerechnet in Geldwert *)	300	750
Material, Unterhalt	600	1'250
Abschreibung einmalige Kosten	2'400	2'400
Jahreskosten	3'300	4'400

*) Umrechnung der Arbeitszeit in Geldwert: Da Entwicklungs- und
   Sekretariatsarbeit beide ehrenamtlich geschehen, wird ein
   fiktiver, aber stark reduzierter Stundenansatz (10.-) verwendet.
12. **Vorteile dieser Lösung:** Eigenständige Lösung; Sekretariat
    unabhängig; maximale Entlastung des Sekretärs möglich.
13. **Nachteile dieser Lösung:** Entwicklungsrisiko; hoher Initialaufwand

Figur 4.6:   Konzept Variante B

Konzept (mit Varianten) 75

PROFI	Konzept Variante H (Ist)	Datum 3.6.	Seite 1
	Projekt Nr / Progr. Nr VVV1	Ersetzt Ausgabe vom	von 1
Projektname	Büroblitz	Ersteller Peter	

1. <u>Grundidee der Lösung</u>
   Weiterführung der Karteilösung und
   der Adresslisten ab Mitgliederverzeichnis

2. <u>Strukturbild</u>

   [Kartei]

3. <u>Hardware:</u> -

4. <u>Vorhandene Software:</u> -

5. <u>Zu entwickelnde Software:</u> -

6. <u>Daten:</u> Kartei, Mitgliederverzeichnis

7. <u>Systembenützung durch den Sekretär:</u> direkt

8. <u>Betriebliche Verfügbarkeit:</u> dauernd
   (d.h. auch abends und am Wochenende)

9. <u>Entwicklungsaufwand:</u>   0

10. <u>Fertigstellung, Inbetriebnahme:</u> -, ist in Betrieb

11. <u>Kosten:</u> Einmalige Kosten: 0
    Betriebskosten (<u>pro Jahr</u>)   <u>Mengen heute</u>   <u>Mengen Zukunft</u>
      Routinearbeiten (Stunden)   120h   500h **
      umgerechnet in Geldwert *)   1200   5000
      Material, Unterhalt   300   600
      Abschreibung einmalige Kosten   0   0
      Jahreskosten   1500   5600

   *) Umrechnung der Arbeitszeit in Geldwert: Da Entwicklungs- und
      Sekretariatsarbeit beide ehrenamtlich geschehen, wird ein
      fiktiver, aber stark reduzierter Stundenansatz (10.-) verwendet.
   **) siehe "Nachteile", Ziffer 13.

12. <u>Vorteile dieser Lösung:</u>
    Eigenständige Lösung; Sekretariat unabhängig

13. <u>Nachteile dieser Lösung:</u> Der bisherige Sekretär kann nicht
    weitermachen; die Mengen der Zukunft (inkl. die bisher vermissten
    zusätzlichen Mitgliederlisten, weshalb der Aufwand auf 500 h **
    hinaufschnellt) sind gar nicht zu bewältigen.

Figur 4.7:   Konzept Variante H (Ist-Zustand)

76 Konzept (mit Varianten)

PROFI	Variantenvergleich und Antrag	Datum 5.6.	Seite 1
	Projekt Nr / Progr. Nr vvv1	Ersetzt Ausgabe vom	von 1
Projektname Büroblitz		Ersteller Peter	

Variante:	B	C	E	H
Struktur der Lösung	VVV Datenbank-system Mikro-computer	Verein Mikro-computer	Verein (RZ)	Kartei
Verfügbarkeit im Betrieb	dauernd	nur tagsüber ohne Wochen-ende	nur tagsüber ohne Wochen-ende	dauernd
Leistungsfähigkeit im Betrieb, auch für Zukunft	gross	gross	gross	nicht vorhanden
Risiko	gross	mässig	gering	keines
Jahreskosten (mit stark reduzierten Ansätzen für interne Mitarbeiter gerechnet) bei heutigen Mengen	3'300	2'400	2'700	1'500
bei zukünftigen Mengen (d.h. Sollzustand)	4'400	4'100	4'800	5'600
Bewertung durch Projekt-team (Rangfolge) und Antrag:	1.	2.	4.	3.

Figur 4.8: Variantenvergleich mit Antrag des Projektteams an den Auftrag-geber

(*Anmerkung des Autors:* Die hier geschilderte Situation mit der Reihenfolge B, C, H, E der Varianten in Fig. 4.8 bezieht sich auf einen ganz speziellen Fall und darf für Gross- und Kleincomputerlösungen nicht verallgemeinert werden. In einem andern Fall, bei anderer Kriteriengewichtung oder zu einem anderen Zeitpunkt, sind andere Reihenfolgen zu erwarten. Das gezeigte Beispiel ist nicht als Nachweis einer besten Variante, sondern als Exempel für ein *Auswahlver-fahren* zu verstehen.)

5 Realisierung

5.1 Kurzfassung und Gliederung in Teilphasen

Aufgabe: Vollständige strukturierte Entwicklung der zukünftigen Problemlösung (Anwendersystem) aufgrund des Projektentscheids.

Grundlagen: Konzept (Grobentwurf) der neuen Problemlösung sowie allfällig modifiziertes Pflichtenheft nach Projektentscheid.

Ziel: Bereitstellung des neuen Anwendersystems (mit allen dazu notwendigen Komponenten wie Geräten, Programmen, Daten, Unterlagen usw.), das anschliessend für Testzwecke in Betrieb genommen werden kann, sowie Planung der Einführung dieses neuen Systems.

Zu erstellende Dokumente und Komponenten des Anwendersystems:
Komponenten der Problemlösung mit geeigneter, detaillierter Beschreibung, so dass Fachleute (noch nicht Anwender) damit Testläufe durchführen können.
Einführungsplan für diese Problemlösung
Allfällige Ergänzungen und Korrekturen von Pflichtenheft und Zeitplan
Projektberichte

Gliederung der Phase "Realisierung" in Teilphasen:

Die Realisierung umfasst verschiedene, in ihrer Art sehr spezifische Projektarbeiten, nämlich Detailspezifikation (in zwei Schritten, erst fachlich, anwenderbezogen, dann technisch, auf die Informatiklösung bezogen), Programmierung, Datenbereitstellung und Rahmenorganisation. Nicht alle dieser Arbeiten fallen in jedem Projekt an, alle bilden aber zentrale Aufgaben in vielen Informatikprojekten. Daher wird in den nachfolgenden Abschnitten 5.2 bis 5.5 jede dieser *Teilphasen* separat behandelt und beschrieben.

Immer aber beginnt die Realisierung mit einer Präzisierung des Grobentwurfs, der im Konzept festgehalten ist; diese Präzisierung heisst Detailspezifikation. Da der künftige Anwender bei dieser Präzisierung mitreden muss (Festlegung der Benutzerschnittstellen und der Datenbestände), wird dieser Schritt der Detailspezifikation, die sog. *"fachliche Spezifikation"* (Fig. 5.1) vorweggenommen.

78 Realisierung

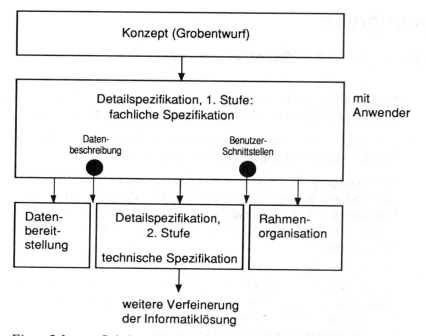

Figur 5.1:   Schrittweise Spezifikation des künftigen Anwendersystems

Die anschliessende informatikbezogene oder *"technische Spezifikation"* kann damit von stabilen Randbedingungen ausgehen, wobei die in diesem Zeitpunkt bereits definierten Benutzerschnittstellen und Datenbeschreibungen auch als klare *Schnittstellen* zwischen den Projektteilen dienen können (Fig. 5.1). In der Darstellungsform des allgemeinen Phasenkonzepts, das wir aus Fig. 1.4 kennen, präsentiert sich diese Aufgliederung der Hauptphase "Realisierung" gemäss Fig. 5.2.

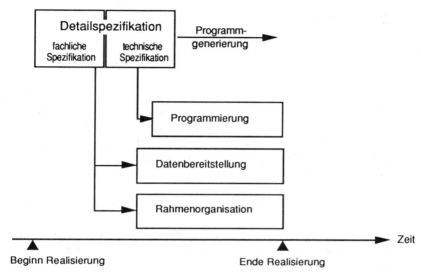

Figur 5.2: Gliederung der Hauptphase "Realisierung" in Teilphasen

5.2 Detailspezifikation

5.2.1 Kurzfassung

Aufgabe: Entwurf und Festlegung der künftigen Anwendung in zwei Schritten (fachlich-anwendungsbezogen und technisch-informatikbezogen) mit modularem Aufgliedern in Teilprobleme und deren Bearbeitung, jedoch ohne Programmierung, Datenbereitstellung und Rahmenorganisation. Planung der Einführung des neuen Anwendersystems.

Grundlagen: Konzept (Grobentwurf) der neuen Problemlösung sowie Pflichtenheft
Technische Unterlagen der zu verwendenden Informatikbetriebsmittel (künftiges Computersystem, Compiler, Entwicklungswerkzeuge)
Allfällige technische Vorschriften für die Programmentwicklung

Ziel: Im einzelnen festgelegtes künftiges Anwendersystem mit Schnittstellen zum Benutzer, Datenbeschreibung und innerer Gliederung.

Zu erstellende Dokumente und Komponente des Anwendersystems:

fachliche Spezifikation: Beschreibung der Benutzerschnittstellen (Formulare, Dialoge, Bildschirme usw.)
Datenbeschreibungen (permanente und externe Daten)

technische Spezifikation: Innere Struktur des Anwendersystems aus vorhandenen oder fremdbeschafften Komponenten (Geräte, Programme) und eigenentwickelten Programm-Modulen
Definition der eigenentwickelten Programm-Module (als Programmierauftrag oder als Eingabe in Programmgenerator)
Informatik-Einführungsplan

5.2.2 Vorgehen

In der Detailspezifikation werden die künftige Anwendung und das dazu nötige Lösungssystem konkret festgelegt sowie dessen Einführung geplant. Dabei muss auf die Beschränkungen des eingesetzten Computersystems und weitere Randbedingungen Rücksicht genommen werden. Es geht hier um eine typische Ingenieur-Entwurfsaufgabe, die im Informatikbereich auch als "Detailanalyse" oder "Feinentwurf" bezeichnet wird.

Jede technische Entwurfsarbeit setzt voraus, dass über die Randbedingungen Klarheit herrscht. (Bsp.: Wer eine Brücke baut, klärt vorher ab, wo das Tal zu überqueren ist.) Der Informatiker bereinigt daher ebenfalls in einem ersten Schritt, was der Anwender *genau* braucht, und zwar bis zur Bildschirmdarstellung und zur Beschreibung der zu verwendeten Daten *("fachliche Spezifikation")*. Anschliessend entwickelt er seine Lösung und wehrt sich gegen nachträgliche Störungen, d.h. gegen verspätete Änderungswünsche des Anwenders. (Auf den Fall, wo der Anwender vorerst gar nicht imstande ist, seine Bedürfnisse klar zu formulieren, soll hier nicht eingegangen werden; wir kommen im Abschnitt 9.5 "Prototypen und Pilotprojekte" darauf zurück.) In der *"technischen Spezifikation"* wird die Informatiklösung anschliessend im einzelnen entworfen.

Allerdings kann der Informatiker - primär aus Gründen der Aufwandbeschränkung - nicht einfach alle Wünsche des Anwenders entgegennehmen und erfüllen. Beim Schneider ist Konfektion billiger als ein Massanzug, und in der Informatik ist es ähnlich, weshalb *ideale* und *reale* Detailspezifikationsverfahren zu unterscheiden sind.

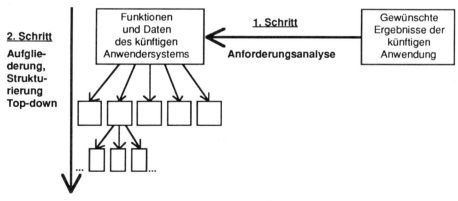

Figur 5.3a: Vorgehen bei der Detailspezifikation (ideal)

Idealerweise beginnt diese Arbeitsphase beim gesuchten Ergebnis, beim künftigen Anwendersystem. Die *Anforderungen* an dieses System werden untersucht (requirement analysis) und daraus die notwendigen Funktionen, Datenstrukturen usw. des Systems abgeleitet. In einem zweiten Schritt werden Funktionen und Daten des Systems schrittweise aufgegliedert, bis sie aus genügend einfachen

Einzelteilen bestehen, für welche Lösungen entweder bereits existieren oder mit überblickbarem Aufwand bereitgestellt (d.h. mit geeigneten Werkzeugen ausprogrammiert) werden können (Top-down-Verfahren). Fig. 5.3a zeigt diesen Idealfall.

Diese idealistische Darstellung ignoriert allerdings die wichtige (und vielfach nicht unerwünschte) Eigenschaft realer Computerlösungen, meist stark vom verwendeten Computersystem und weiterer vorhandener Software abhängig zu sein. Das ist das *Grundangebot*, nach dem sich alle weiteren Schritte zu richten haben. Somit wird die *reale* Situation der Detailspezifikation durch Fig. 5.3b wiedergegeben.

Dieses Grundangebot kann äusserst unterschiedlich sein. Betrachten wir vorerst zwei Extremfälle:

- *Universalsysteme (Grosscomputer)* mit vielen Programmiersprachen (Compilern) und anderen allgemeinen Angeboten: Mit ihnen können sehr viele und unterschiedliche Aufgaben gelöst werden; jede Problemlösung erfordert aber vorerst im Rahmen dieser breiten Möglichkeiten die Spezifizierung und konkrete Erarbeitung einer Lösung, was Aufwand und Risiko (des Misslingens) einschliesst. Bei diesem Lösungsentwicklungsprozess sind individuelle Anpassungsmöglichkeiten an beliebige Benutzerbedürfnisse gegeben.

- *Spezialsysteme*, vorgegebene Anwenderprogramme, Kleinsysteme usw.: Hier wird von vornherein nur ein *beschränkter Anwenderbereich* angesprochen. Genau für diesen liefert das Grundangebot aber viel mehr als blosse Möglichkeiten, es enthält bereits Teile der Lösung oder sogar ganze Lösungen. Ein grosser Teil des Entwicklungsaufwandes ist damit schon geleistet, die Restentwicklung wird einfacher, billiger und weniger risikobehaftet.

Zwischen diesen Extremen finden sich nun (zunehmend!) weitere Typen von Grundangeboten, welche besonders wichtige *Klassen* von Problemen lösen wollen. Solche *Klassenlösungen* sind nicht universal, aber auch nicht ganz eng spezialisiert. Sie beziehen sich meist auf in der Praxis sehr häufige Problembereiche. Beispiele:

- Textverarbeitungssysteme mit weiteren Dienstleistungen für Bürokommunikation, elektronische Post, Tabellengenerierung usw.

- Planungs- und Bürographiksysteme mit tabellarischen und graphischen Darstellungsmöglichkeiten, Tabellenkalkulatoren (Spreadsheets), Statistikberechnungen usw.

– Einfache Datenbanksysteme mit eigener Datenmanipulationssprache (Sprachen 4. Generation), geeignet für viele, aber nicht allzu grosse Datenverwaltungsaufgaben (wie wir es im VVV-Beispiel in 5.2.7 verwenden werden).
– Integrierte Bürosysteme, welche alle genannten Komponenten zusammenfassen und damit flexibler, aber auch anspruchsvoller in der Benützung sind (Bsp.: Symphony).

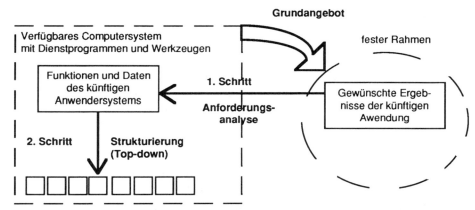

Figur 5.3b: Vorgehen bei der Detailspezifikation (real)

Beispiele solcher "Klassenlösungssysteme" finden wir heute in jedem Computerladen. Damit können auch informatikungewohnte Kunden gewonnen werden, weil für ihre Probleme keine explizite Programmierung in einer allgemeinen Programmiersprache erforderlich ist. (Selbstverständlich ist die Klassenlösung selber in einer allgemeinen Programmiersprache formuliert, was den Anwender aber nicht weiter kümmern muss.) Auch bei Klassenlösungen bleibt jedoch ein Rest an Projektentwicklungsarbeiten, nämlich die Einbettung in die konkrete Anwendersituation.

Entsprechend diesen Verschiedenheiten bei den verwendeten Hilfsmitteln (Grundangebot) kann die Tätigkeit des Projektbearbeiters in der Phase Detailspezifikation sehr unterschiedlich verlaufen:

– *Fall Spezialsystem:* Die Lösung ist vorgegeben. Der Projektbearbeiter muss seine Anwendung an die Lösung anpassen. (Dieser Fall wird an dieser Stelle nicht weiter behandelt, vgl. Abschnitt 9.2.)
– *Fall Klassenlösung:* Der Lösungsrahmen ist vorgegeben. Der Projektbearbeiter muss die Anwendung in diesem Rahmen formulieren und evtl. Teile der

Lösung noch zusätzlich (meist in einer anwendernahen Sprache) ausprogrammieren.

- *Fall Universalsystem:* Die ganze Problemlösung kann und muss frei aufgebaut werden (Top-down-Verfahren, klassische Situation des Software-Engineering).

In all diesen Fällen finden sich aber einige Überlegungen, die in der Detailspezifikationsphase von Informatikprojekten in der einen oder anderen Form immer wieder eine wichtige Rolle spielen. Da ist einmal der berühmte Strukturierungsprozess "von oben nach unten" (vgl. Unterabschnitt 5.2.3). Dann spielen Hilfsmittel, sog. "Werkzeuge", bei der Entwurfsarbeit eine immer wichtigere Rolle (vgl. 5.2.4). Im weiteren darf unsere Entwurfsarbeit die künftige Anwendung nicht isoliert entwickeln, ohne dabei deren Einführung, d.h. vor allem den Übergang von der bisherigen Lösung (und den bisherigen Mitarbeitern) auf das neue System (meist mit den gleichen Mitarbeitern!) mitzuplanen (vgl. 5.2.5). Zum Schluss steigen wir wiederum auf die Projektführungsebene und befassen uns mit der Projektüberwachung (vgl. 5.2.6).

Zur besonderen Beachtung: In der Detailspezifikation müssen wir *genau* verstehen, was unser künftiges Anwendersystem leisten soll (Anwenderseite), auf welchem verfügbaren Grundangebot wir aufbauen können und wie wir die Lösung intern gliedern wollen (Strukturierung, Schnittstellendefinitionen). Egal, ob wir dabei eher einem vorgegebenen Weg folgen oder den Entwurf frei gestalten, wir müssen exakt überblicken, wie alles zusammenspielt. "Ungefähr" genügt hier nicht!

5.2.3 Schrittweise Verfeinerung – wie weit?

Die Verfahren der "strukturierten Programmierung", der "schrittweisen Verfeinerung" einer Problemlösung und der "Top-down"-Entwicklung dürften vielen Lesern dieses Buches aus der Programmierung geläufig sein. (Eine gute Einführung in diese Methoden anhand eines nichttrivialen und interessanten Beispiels gibt N. Wirth in "Compilerbau" [Wirth 86].) Bei der *Projekt*entwicklung geht es aber darum, nicht nur ein einzelnes Programm oder Programmsystem, sondern eine ganze *Problemlösung* nach diesem Verfahren zu entwickeln. Dabei werden nicht nur Programmstrukturen (Schleifen, if-then-else-Sätze, Unterprogramme) systematisch so strukturiert, sondern alles mögliche, Probleme, Daten, Anwendungsbereiche, Menüs und Prozesse jeder Art. Die Methode ist dabei grundsätzlich immer die gleiche:

Detailspezifikation 85

Bei der *schrittweisen Verfeinerung* wird das betrachtete Objekt (als System) zuerst in seine wichtigsten Teile zerlegt, welche vorerst nur als solche identifiziert und in den richtigen Zusammenhang gestellt werden (Strukturen). Im nächsten und in den folgenden Schritten werden diese Teile in gleicher Art weiterstrukturiert und die Lösung damit sukzessive verfeinert, bis alle nötigen Einzelheiten des Problems gelöst sind.

Nun haben wir aber in Unterabschnitt 5.2.2 gelernt, dass sich die Detailspezifikation nicht mit *unpräzisen* Festlegungen zufriedengeben darf. Kann dann dieser Verfeinerungsprozess überhaupt in der Detailspezifikationsphase je beendet werden, ohne dass das ganze Problem (inkl. Programmierung, Rahmenorganisation) *vollständig* gelöst ist? Als Antwort auf diese Frage wollen wir ein analoges Problem aus einem anderen Bereich betrachten.

Ein Gärtner lege Gemüsebeete an. Er teilt dazu ein Stück Land so ein, dass Beete, Wege, Wasserleitung usw. vernünftig zusammenpassen. Er kümmert sich dabei noch nicht um die Bepflanzung der einzelnen Beete, weil er weiss, dass die Bepflanzung mit Gemüse im Rahmen seiner vorgesehenen Beet-Ausmasse möglich sein wird (während etwa Apfelbäume in den Beeten keinen Platz haben). Der Gärtner steckt bei seinem Top-down-Vorgehen erst ganz *präzise* Teile ab (soweit er "Beete" festlegt, ist nichts unpräzis!). Den *inneren* Aufbau dieser Teile überlässt er aber späteren Überlegungen.

Auch der Informatiker geht so vor. Im Software-Engineering bilden die von aussen präzis definierten, in ihrem inneren Aufbau aber erst nachträglich nach Bedarf festzulegenden Teile sogar einen festen Begriff. Sie heissen "Modul" (in Modula-2), "package" (in Ada) oder ähnlich (in anderen Ingenieurwissenschaften auch "black box"). In modernen Programmiersprachen (Modula-2, Ada) hat das Modul eine feste syntaktische Form. Wir wollen als Beispiel die Lösung in Modula-2 kurz anschauen [Wirth 88]:

- Im Systemteil *Definitionsmodul X* wird festgelegt, was das Modul X *nach aussen* für Wirkungen haben soll (vollständig und abschliessend).
- In einem späteren Schritt wird im zugehörigen *Implementationsmodul X* beschrieben (=ausprogrammiert), *wie* diese Aussenwirkungen erreicht werden.

Wenn wir diese Modultechnik auf unsere Detailspezifikationsphase umsetzen, so heisst das folgendes:

- In der Detailspezifikation werden Definitionsmodule formuliert oder aus dem Grundangebot des verfügbaren Computersystems oder von Fremdliefe-

ranten übernommen. Das System dieser Module muss widerspruchsfrei zusammenpassen.
- In der Programmierung, der Datenbereitstellung und der Rahmenorganisation wird innerhalb dieser Abgrenzungen die restliche, feinere Problembearbeitung durchgeführt, so etwa in der Programmierung die Codierung der Implementationsmodule.

Nach dieser allgemeinen Einführung wollen wir noch konkreter werden. Ganz sicher müssen bereits in der Detailspezifikation all jene Fragen definitiv geklärt werden, die zur *Schnittstellenabgrenzung* zwischen der Programmierung einerseits und der Datenbereitstellung bzw. der Rahmenorganisation anderseits gehören (Fig. 5.1). Dazu gehören:

- *Datenbeschreibungen:* Welche (permanenten oder externen) Daten stehen in welcher Form zur Verfügung (vgl. auch Abschnitt 5.4)?

- *Benutzerschnittstellen:* In welcher konkreten Form (Formulare, Dialoge, Bildschirme usw.) verkehren *Anwender und System* im späteren Betrieb miteinander? (Exakte Festlegung aller Formate für Ein- und Ausgabe.) Es kann nicht erst Aufgabe des Programmierers sein, über mögliche Bildschirmbreiten zu philosophieren, das sollte für ihn eine vorgegebene Randbedingung sein.

Das Denken in Modulen und Schnittstellen ist eine zentrale Arbeitsweise jedes Entwurfsingenieurs. Darum muss auch die entsprechende *Ausbildung* frühzeitig einsetzen. Dafür sind geeignete Notationen, wie etwa die Programmiersprachen Pascal (für systematische Strukturen) und deren Weiterentwicklungen Modula-2 (mit einem vollwertigen Modulkonzept) und Oberon (für objektorientiertes Programmieren), hervorragende Ausbildungshilfsmittel. Sie bilden auch ein wichtiges Werkzeug für den praktisch tätigen Software-Ingenieur, wobei dieser die Struktur- und Modul-Denkweisen auch dann verwenden kann und soll, wenn er aus irgendeinem Grund gezwungen ist, bei der Implementierung mit einer anderen Programmiersprache (etwa Cobol oder Fortran) zu arbeiten.

Praktisch sieht das folgendermassen aus: Vorerst wird das zu erstellende System in mehrere, "handliche" *funktionale Einheiten* zerlegt. (Was "handlich" heisst, soll weiter unten betrachtet werden.) Die Beschreibung dieser Einheiten soll in jedem Fall so präzis wie möglich erfolgen, daher empfiehlt sich grundsätzlich der Einsatz von modularen Programmiersprachen für diese Spezifikationsarbeit. Beispielsweise können solche Einheiten mittels Definitionsmodulen der Sprache Modula-2 beschrieben werden. Dabei ist es nebensächlich, ob auch später für die konkrete Implementierung diese Sprache verwendet wird. (Ein geübter Programmierer hat keinerlei Schwierigkeiten, eine Schnittstellenbeschreibung in eine beliebige andere höhere Programmiersprache zu übersetzen.) Über die rein syntaktischen Beschreibungen hinaus sollen übrigens auch die *semantischen Eigenschaften* (etwa Vor- und Nachbedingungen, Seiteneffekte usw.) der so beschriebenen Softwarekomponenten spezifiziert werden.

Diese Zerlegung eines zusammenhängenden und noch unstrukturierten Systems in Komponenten (Modularisierung) ist nicht trivial, auch nicht bei Gebrauch der richtigen Hilfsmittel. "Handliche" Teileinheiten sollen dabei entstehen. Aber wie sollen die Einheiten konkret gegliedert werden? Ein erstes Kriterium bilden die entstehenden *Schnittstellen*. Je besser die einzelnen Einheiten voneinander abgetrennt sind und je *schmaler* und *übersichtlicher* deren Schnittstellen werden, desto einfacher gestaltet sich nachher das Zusammensetzen dieser Einheiten zu einem Gesamtsystem. Aber nicht nur die Grösse der Schnittstellen, auch der *Umfang der entstehenden Einheiten* muss im Auge behalten werden. Um nicht allzu grosse Programmstücke zu erhalten, müssen manchmal funktionale Einheiten weiter aufgeteilt werden, auch wenn eine solche Trennung von der zu erfüllenden Aufgabe her nicht notwendig wäre. Es ist sowohl bei der Programmierung als auch beim Systemtest viel leichter, zehn Komponenten zu 800 Zeilen im Griff zu behalten als vier zu 2000 Zeilen. (80 Komponenten zu 100 Zeilen sind jedoch wiederum nicht optimal!)

Dies sagt sich leicht, doch in der konkreten Arbeit ist es oft schwierig, die Grösse einer Programmieraufgabe vor Beginn der Implementierung abzuschätzen. Daher kommt es in der Praxis immer wieder vor, dass während der Programmierung die Modularisierung des Systems *angepasst* und nochmals verfeinert werden muss. Dies ist ein wesentlicher Eingriff, der wohl überlegt sein will. Wenn etwa eine Komponente wegen ihrer Grösse aufgeteilt werden soll, so müssen wiederum beide oben erwähnten Kriterien (Grösse der Komponenten *und* übersichtliche Schnittstellen) beachtet werden. Ausserdem sollen die Auswirkungen der Änderung möglichst lokal gehalten werden, da alle Komponenten, welche von der Anpassung der Schnittstellen betroffen sind, nachgeführt werden müssen. Die Erfahrung zeigt, dass solche Massnahmen immer wieder Anlass zu Fehlern geben, die später schwierig zu finden sind.

5.2.4 Entwurfssysteme

Der Leser, der den bisherigen Überlegungen gefolgt ist, könnte unser voriges Gärtnerbeispiel jetzt aufnehmen und fragen: Muss unbedingt nach der Modul-

88 Detailspezifikation

festlegung (="Beet") noch eine separate Programmierphase folgen? Nachdem für viele wichtige Standardfälle ("Beet mit Kopfsalat", "Beet mit Blumenkohl") nicht mehr viel zu entscheiden bleibt, könnte man doch diese Punkte in der Detailspezifikation auch gleich regeln und auf die Programmierphase ganz verzichten.

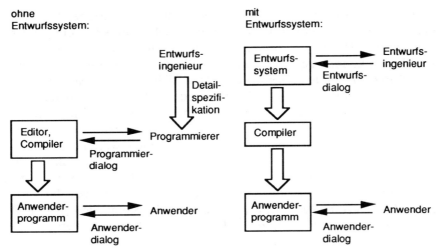

Figur 5.4: Programmherstellung über Programmierer (links) und über Entwurfssystem (rechts)

Diese Überlegung wird in der Praxis auch gemacht und angewandt. Fig. 5.4 zeigt, wie sich das etwa abspielt. Die Vorteile sind zweifach:

- Die Programmierphase entfällt.
- Der Entwurfsingenieur kann bei seiner Arbeit durch das Entwurfssystem (oft im Dialog) direkt unterstützt werden.

Worin unterscheidet sich ein solcher Entwurfsdialog von einem gewöhnlichen Programmierdialog? Eben darin, dass er auf einen bestimmten *Problembereich* (Beispiel: "Gärtner", "Beete") *spezialisiert* ist. In der Informatik gibt es Entwurfssysteme für Tabellen ("Reportgeneratoren"), Planungsarbeiten (Tabellenkalkulatoren, Spreadsheets), Graphik, Statistik, Datenbankabfragen, Bildschirmdialoge und manch andere Anwendungsgebiete. Stehen Entwurfshilfen auf einem Computersystem zur Verfügung, und ist die zukünftige Anwendung dafür geeignet, ist ihr Einsatz im allgemeinen der Eigenentwicklung klar vorzuziehen. Auch in Fällen, wo ein Entwurfssystem nicht allen Anwenderwünschen entspricht, ist ein Einsatz möglich, sei es, indem nachträglich am generierten

Programm manuell Änderungen für Spezialfälle beigefügt werden, sei es, dass bewusst bei den Spezialwünschen zurückgesteckt wird, um die Kosten zu senken. So können teure Eigenentwicklungen verhindert werden.

Die fortschreitende Entwicklung in der Informatik wird in den nächsten Jahren Entwurfssysteme für immer weitere Anwendergebiete hervorbringen und diese mit anspruchsvolleren Funktionen ausstatten. In die Entwurfssysteme werden Teile jenes Fachwissens eingebaut, das bisher den Entwurfsingenieur als *Experten* auszeichnete. Der Entwurfsprozess wird mit Hilfe solcher Systeme einfacher und für einzelne Anwender sogar direkt zugänglich; das Entwurfssystem wird zum *Expertensystem* ([Appelrath 85], [Engels, Schäfer 89], [Pomberger 85], [Zehnder 89]).

5.2.5 Informatik - Einführungsplanung

Jede Projektarbeit, das haben wir am Anfang gesehen, ist Vorbereitung auf einen angestrebten, künftigen, stabilen Zustand. Unsere ganze Projektdenkweise ist auf den künftigen Betrieb ausgerichtet. Nun gibt es neben und in diesem zentralen Projektgeschehen noch weitere, *kleinere Planungsunternehmen*, die ihre eigenen Überlegungen benötigen. Ein Beispiel dafür ist die Projektführung, d.h. die Planung des Projektes selber, die wir von Projektbeginn an immer parallel mitbetrachtet haben. Ein weiteres, wichtiges Beispiel wollen wir in diesem Unterabschnitt kennenlernen. Es geht dabei um die Einführungs- und Umstellungsarbeiten beim Übergang vom bisherigen auf das zukünftige Anwendersystem und die dazu notwendigen Vorbereitungen (Fig. 5.5).

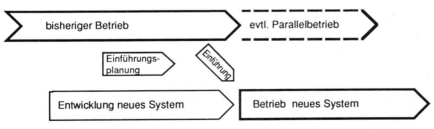

Figur 5.5:   Übergang vom bisherigen auf das neue Anwendersystem

Aus der Figur sehen wir unmittelbar, dass es nicht genügt, in aller Ruhe ein neues System zu entwickeln und dann gelegentlich das alte abzustellen. Irgendeinmal muss nämlich ein aktiver *Schritt des Übergangs* ausgelöst und vollzogen werden, der wie bei der Metamorphose eines Schmetterlings durchaus seine eigenen Probleme aufweist und im allgemeinen wesentlich zum Gelingen oder Misslingen des ganzen Projektes beiträgt. Ein so kritisches Manöver will dementsprechend vorbereitet sein.

Nicht jeder Übergang ist machbar! Wenn zum Beispiel für eine bestimmte Lösung keine geeigneten Leute für den künftigen Betrieb verfügbar sind und sich in der entsprechenden Zeit auch keine umschulen lassen, wird dadurch diese Lösung glatt ausgeschlossen. Wenn bisherige Programme in der Programmiersprache X vorliegen und ein wunderschönes neues System die Sprache X nicht unterstützt, kann dies Verteuerungen und Verzögerungen bedeuten, die das Wundersystem schlicht verunmöglichen. Daher müssen Planung des neuen Systems und Entwurf des Systemübergangs alt/neu parallel in der gleichen Arbeitsphase geschehen! Das ist für das Gesamtsystem und die Informatik-Einzelheiten *(Informatik-Einführungsplanung)* die Phase Detailspezifikation, während die Rahmenprobleme von der Ausbildung bis zu räumlichen Umzügen in der Phase Rahmenorganisation (*organisatorische Einführungsplanung*, Unterabschnitt 5.5.3) behandelt werden. Der Begriff "Einführungsplanung" deutet gleich an, dass die Umstellungsarbeiten in der Phase "Einführung" ausgeführt werden müssen.

Das Ergebnis dieser Vorbereitungsschritte ist der *Einführungsplan* mit Angaben darüber, wann welche Umstellungs- und weiteren Vorbereitungsarbeiten zu geschehen haben. Die Art dieser Arbeiten beleuchten folgende Beispiele:

– Beschaffung und Installation der Geräte (mit allfälligen technischen Tests und Abnahmen)

– Installation der notwendigen Systemprogramme samt Bereitstellung für Inbetriebnahmearbeiten der Anwenderprogramme

– Übernahme der Anwenderprogramme

– Massnahmen bei Systemzusammenbrüchen, Datenverlust usw.; Training solcher Notmassnahmen

All diese Arbeiten werden in der Phase Detailspezifikation noch nicht ausgeführt, sondern erst geplant. Dass Planungen dieser Art nicht wie ein Drehbuch perfekt sein können und dürfen, sei schon hier angemerkt. Unerwartetes, Zeitverzögerungen, ein Personalausfall – alles ist möglich. Das darf den verantwortlichen Projektplaner nicht aus dem Gleis werfen, ihn nicht unvorbereitet treffen. Er muss sich im voraus intensiv mit dieser Einführung befasst haben, um bei Bedarf Umstellungen im geplanten Ablauf anordnen zu können. Genau darum geht es in dieser Einführungsplanung.

5.2.6 Projektverlauf und Projektbericht

Auch in der Phase der Detailspezifikation wollen wir uns kurz mit unseren Aufgaben auf der Ebene der *Projektführung* befassen. Gerade in dieser Phase, die sich so sehr mit Details abgeben kann, ist der laufende Überblick wichtig, auch was den Projektverlauf selber angeht.

Bis anhin haben wir die Projektplanung ausschliesslich auf ganze Phasen ausgerichtet. Phasen-Anfang und -Ende waren Meilensteine, die auch im Zeitplan angegeben werden konnten. Wie können wir aber *innerhalb* einer Phase wissen, wie es um den Projektfortschritt steht? Dazu dient der Projektbericht.

Der *Projektbericht* kann auf einen beliebigen Zeitpunkt ausgerichtet werden und enthält vor allem drei Berichtspunkte (vgl. Bsp. in Fig. 5.9):

1. Wann ist der letzte/nächste Phasenabschluss gemäss Zeitplan und gemäss bester aktueller Angabe/Schätzung?
2. Wieviele Prozent des Arbeitsaufwandes der laufenden Phase (oder Phasen bei Parallelphasen) sind bereits geleistet?
3. Sind irgendwelche unerwarteten Ereignisse aufgetreten?

Jedermann erkennt sofort die Gefahren solcher *Schätzungen*. Mindestens während der laufenden Phase(n) kann mit falschen Prozentangaben der wahre Stand eines Projektes manipuliert oder verheimlicht werden. Wir haben jedoch nichts Besseres! (Projektarbeit ist eine genuin geistige Arbeit, die sich nicht direkt messen oder gar prognostizieren lässt.) Und zum zweiten: Wieso sollten vernünftige Projektmitarbeiter, die langfristig denken, wegen eines einzelnen Projekts, ja wegen einer einzelnen Phase, den Projektfortschritt absichtlich falsch darstellen? Sie machten sich damit nur unglaubwürdig, während die Differenz auf jeden Fall sichtbar wird.

Eine ganz andere Sache (als eine absichtliche Fehlangabe) ist das *Nichtwissen*. "Wie lange wird diese Entwicklungsarbeit noch dauern?" *Schätzungen* dieser Art sind schwierig. Wer das nicht glaubt, lese die kompetent-ironischen Essays von Frederick Brooks über den "mythischen Mann-Monat" [Brooks 82]. Beispiele von Fehlschätzungen finden sich in der Praxis der Informatikprojekte zu Hauf.

Damit ist dem Anfänger aber nicht geholfen. Was er braucht, sind verlässliche Grössenordnungen. Die erhält er am direktesten und zuverlässigsten – von sich selber! Wer also an Projekten arbeitet, sollte unbedingt täglich *für sich* die aufgewendeten Stunden notieren! Das kann ganz einfach geschehen, zum Beispiel im Taschenkalender, mit Phasenhinweis (PU, K, D, P usw.) und Stundenzahl; ganze Zahlen genügen dabei längst! Meist aber, vor allem bei professionellen Softwarearbeiten, wird diese Stundenaufstellung durch die Projektleitung von jedem Projektmitarbeiter sowieso verlangt. Gerade der junge Softwareentwickler möge das nicht als Schikane betrachten, sondern als gute Gelegenheit, zu wertvollen Erfahrungswerten zu kommen! (Wir werden in Abschnitt 14.2 nochmals auf Zeitschätzungen zurückkommen.)

Wenn man sich nun aber bei der Arbeits- und Zeitplanung für die Detailspezifikationsphase vollständig verschätzt hat? Wenn die Zeit förmlich davonläuft? Da gibt es nichts als Ehrlichkeit, bis hinauf zum Auftraggeber. Vielleicht wird dieser sogar das Pflichtenheft redimensionieren müssen. Das wäre aber weniger schlimm, als wenn ein Projekt überhaupt nicht mehr vorankommt und strandet. (Beispiele im Abschnitt 19.1)

5.2.7 Beispiel

Der Start zur Phase Detailspezifikation im Projekt "Büroblitz" sieht unsern Projektbearbeiter Peter in Hochform: Er erhält ein eigenes Computersystem zur selbständigen Realisierung des Projekts! Vorerst ordnet er die Unterlagen, auf denen er seine Lösung aufbauen will:

– das Konzept (Grobentwurf = Fig. 4.6)
– das Pflichtenheft (Ist und Soll = Fig. 3.7 und 3.10, sowie mehrere Beilagen)
– Benutzerhandbücher (user's manuals) zum Computersystem ABC und zu all dessen Softwarezusätzen, insbesondere zum Datenbanksystem XYZ.

Im Computerladen hat die Demonstration von ABC mit XYZ sehr attraktiv und einfach ausgesehen. Zuhause wirkt der Stoss von Handbüchern bereits wesentlich weniger attraktiv. Trotzdem: Peter muss sich durchbeissen und herausfinden, was das System kann. Dazu benützt er eines der Beispiele im Handbuch. Lassen wir ihn dabei etwas üben.

Wichtiger für uns ist jetzt das *Vorgehen* im Projekt Büroblitz. Dieses folgt in unserem einfachen Beispiel fast zwangsläufig aus dem Mengengerüst (Fig. 3.7, Ziffern 5 und 6), denn alle Funktionen basieren auf dem Kern der ganzen künftigen Anwendung, und das sind die *Daten*. Wir gehen so vor:

1. *Beschreibung der notwendigen Daten oder Stammdaten* (Datenbankleute nennen dies das "Schema" der Datenbank)
2. *Beschreibung der verschiedenen Operationen/Funktionen auf der Datenbank* (Datenbankleute nennen diese "Transaktionen")
3. Detaildefinition der externen *Datendarstellungen* für die verschiedenen Transaktionen.

Eine erste Datenbeschreibung folgt direkt aus dem bisher manuell benützten Karteiblatt (Fig. 3.8), wobei Peter dessen hierarchische Struktur sofort in ein entsprechendes Schema umsetzt (Fig. 5.6):

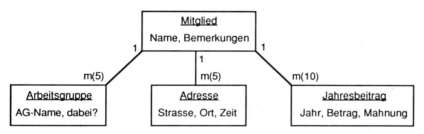

Figur 5.6: Schema der Datenstruktur "Mitgliederkarteiblatt" (Ist-Zustand) (Die Kästchen bezeichnen die Typen von Datensätzen, die Zahlen an den Verbindungsstrecken die zulässigen Mehrfachbeziehungen zwischen denselben.)

Sofort ergeben sich aber auch Fragen, die er mit Bernhard und vor allem Simon besprechen muss:

- Ist im neuen System "Geschichtsschreibung" nötig? Sollen alle alten und erledigten Beitragszahlungen sowie alte Adressen immer gespeichert bleiben?
- Muss das System "Bemerkungen" aufnehmen können?

Ähnlich führt die Detailanalyse der Funktionen des Sekretärs (Ist-Zustand) zu präzisierenden Fragen, etwa:

- Ist ein "Neumitglied" zum Zeitpunkt, da der Vorstand der Aufnahme in den VVV zugestimmt hat, der erste Jahresbeitrag aber noch nicht bezahlt ist, bereits "Mitglied" (d.h. erscheint sein Name im Mitgliederverzeichnis, wenn dieses zu diesem Zeitpunkt herausgegeben wird)?
- Muss ein Neumitglied im Eintrittsjahr immer den vollen Jahresbeitrag entrichten?
- Wer darf Adresslisten bestellen?

94   Detailspezifikation

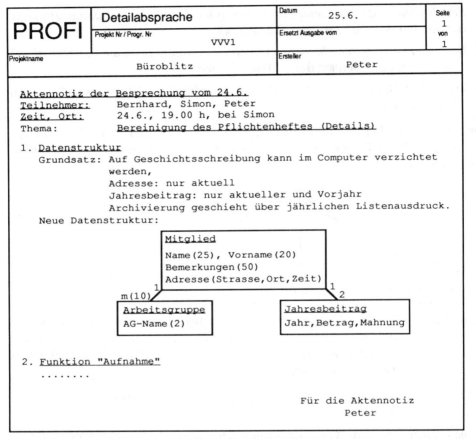

Figur 5.7: Aktennotiz (Ausschnitt) mit Schema der Datenstruktur (Soll-Zustand)

Solche Fragen bedürfen der raschen Abklärung. In einer gemeinsamen Besprechung zwischen Bernhard, Peter und Simon wird der schriftliche Fragenkatalog Peters durchgegangen und das Ergebnis sofort notiert. Peter erstellt danach eine *Aktennotiz* (Fig. 5.7), aus welcher wir nur einen Ausschnitt zeigen, der auch das überarbeitete Datenbankschema enthält.

Peter beschreibt nun die Funktionen des neuen Systems im einzelnen. Es sind weitgehend die gleichen Funktionen wie im Ist-Zustand, allerdings mit wesentlichen Ausnahmen. So hat etwa der *Verzicht* auf "Geschichtsschreibung" bei den Jahresbeiträgen zur Folge, dass einmal jährlich eine neue Funktion "Jahresabschluss" nötig wird, in der einerseits die eingegangenen/ausstehenden Jahresbeiträge gelistet und summiert werden, gleichzeitig aber alle "aktuellen" Beitragsdaten zu "letztjährigen" erklärt und die "aktuellen" entfernt werden. Als Beispiel für eine Funktionenbeschreibung diene Fig. 5.8.

PROFI			Datum 28.6.	Seite 1 von 1
	Projekt Nr / Progr. Nr	VVV1	Ersetzt Ausgabe vom	
Projektname	Büroblitz		Ersteller Peter	

Funktion "Neumitglied"

Zweck: Datenerfassung bei Aufnahme eines neuen Mitglieds. Dabei sollen einerseits möglichst viele der benötigten Daten in effizienter Form (Maske) erfasst werden. Andererseits muss die Datenerfassung auch bei unvollständigen Daten möglich sein, sobald Name und Vorname bekannt sind. Gleichzeitig wird eine interne fortlaufende Mitgliedernummer (3-4-stellig) automatisch zugeteilt.

Automatische Datenprüfungen: Reaktion
    Name: alpha   Rückweisung
    Vorname: alpha   Rückweisung
    PLZ: num (4-stellig)   Rückweisung
    Ort: alpha   Rückweisung
    Arbeitsgruppe: alpha (2-stellig, gültig)   Rückweisung
    Name+Vorname: eindeutig (also kein Na-
                        mensvetter im Bestand)   Warnung

Maske:
    Name: [_____]25   interne Nr. [////]
    Vorname: [_____]20
    Strasse: [_____]30
    PLZ: [__]4
    Ort: [_____]20
    Sex (w):   □ 1
    Arbeitsgr.: □ 2 □ 2 □ 2
    Bemerkungen: [_____]50

Figur 5.8:   Detailbeschreibung der Funktion "Neumitglied" mit vorgesehener Bildschirmdarstellung (Maske)

Am 3. Juli, bevor er einige Tage in den Süden verreist, setzt sich Bernhard nochmals mit Peter zu einer *Projektbesprechung* zusammen. Sie halten in einem Projektbericht (Fig. 5.9) fest, wie weit das Projekt gediehen ist, und sehen keine besonderen Probleme. Eher dürfen sie – dank Einsatz des Systems XYZ – damit rechnen, dass die Programmierphase verkürzt werden kann, während die 3 Wochen der Detailspezifikation eher auf 4 Wochen auszuweiten sind.

96   Detailspezifikation

Zum Schluss ist noch die Planung der Phase Einführung zu überlegen. Computerseitig *(Informatik-Einführungsplanung)* ergeben sich vermutlich keine besonderen Probleme, da zu einem geeigneten Zeitpunkt der gekaufte Mikrocomputer einfach zu Sekretär Simon transportiert werden kann. Organisatorische Fragen bleiben allerdings noch offen (Unterabschnitt 5.5.5). Vorerst aber darf Bernhard in Ruhe Urlaub machen.

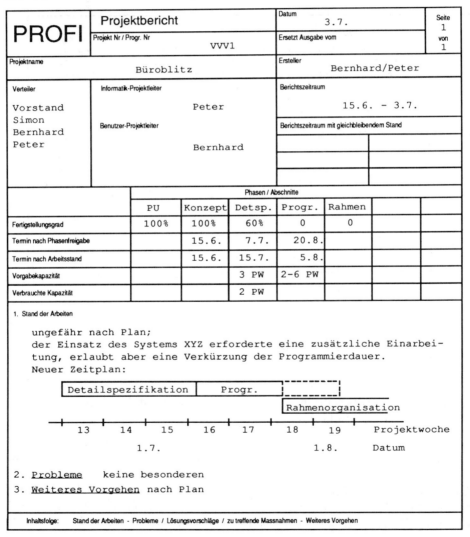

Figur 5.9:   Projektbericht zu festem Zeitpunkt (innerhalb Phase)

5.3 Programmierung

5.3.1 Kurzfassung

Aufgabe: Erstellung der noch benötigten Programme

Grundlagen: Beschreibung der Benutzerschnittstellen (Formulare, Dialoge, Bildschirme usw.)
Datenbeschreibungen (permanente und externe Daten)
Struktur des Anwendersystems (Komponenten und Module, Schnittstellen zwischen diesen), soweit in Detailspezifikation bereits festgelegt
Beschreibung der Modulfunktionen (Programmieraufträge)

Ziel: Funktionsfähige Programme, welche bereits eine erste Stufe von Fehlertests (Compiler, Generatoren) bestanden haben.

Zu erstellende Dokumente und Komponenten des Anwendersystems:
Programme (auf geeigneten Datensystemen oder Datenträgern)
Programmbeschreibungen (Programmlisten mit Kommentaren und evtl. weiteren Struktur-, Variablen-, Funktionsbeschreibungen)

5.3.2 Vorgehen

Bereits in der Phase der Detailspezifikation wurde der Gesamtkomplex des künftigen Anwendersystems in überblickbare Teilprobleme aufgegliedert. Damit liegt zu Beginn der Programmierphase eine erste Strukturierung vor, die auf die Anwendung, aber noch nicht auf *softwaretechnische Aspekte* ausgerichtet ist. Dieser Gliederungsschritt muss nun folgen. In einem Programmierteam ist dies Aufgabe des Chefprogrammierers.

Wir haben uns mit den Überlegungen zur *schrittweisen Verfeinerung* und zum *Top-down-Entwurf* schon in Unterabschnitt 5.2.3 befasst. Solche Strukturierungsschritte sind als Weg zu guter Software unbestritten. Jetzt müssen wir diese Methode in den Alltag des Programmierers umsetzen. Dabei geht es vorerst darum, eine grosse Programmieraufgabe so weit in "Einzelportionen" zu zerlegen, dass jede einzelne davon durch *einen* Programmierer *in einigen Tagen* vollständig erledigt werden kann. Das Ergebnis einer solchen Teilaufgabe hat die Form eines *Unterprogramms*, einer Prozedur oder Subroutine, oder wie immer ein selbständiger Programmteil in der verwendeten Programmiersprache heissen mag.

Wie gross soll eine solche einzelne Programmieraufgabe nun sein? Das ist im voraus schwierig abzuschätzen; erst das Ergebnis der Programmierung gibt genaue Werte. Der Chefprogrammierer muss aber im voraus Teile abgrenzen, diese dürfen vor allem weder zu komplex und noch zu gross sein (klein stört weniger). Untersuchungen in professionell hergestellten Softwaresystemen zeigen, dass Prozeduren mit *mehr als 100 Zeilen Code* (ohne Kommentarzeilen) sehr selten sind.

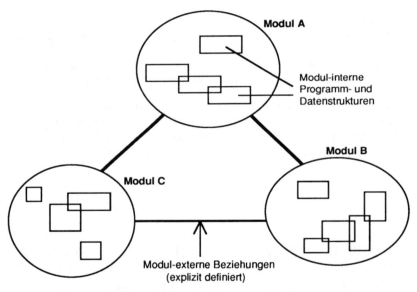

Figur 5.10: Module als Strukturierungsmittel

Die zentrale Informatikdisziplin des *Software Engineering* stellt in Form moderner Programmierkonzepte, -sprachen, -methoden und -werkzeuge immer wieder bessere Strukturierungshilfen zur Verfügung. Moderne Programmiersprachen, die für anspruchsvolle Programmieraufgaben entwickelt wurden, etwa Ada und Modula-2 [Wirth 88], unterstützen den Programm-Strukturierungsprozess in mehrfacher Weise. Bereits in 5.2.3 haben wir das Konzept getrennter Definitions- und Implementationsmodule als Unterstützung für die Detailspezifikation kennengelernt. Das *Modulkonzept* hilft dem Programmierer auch direkt, indem Module viel sauberer als etwa Prozeduren voneinander getrennt werden können. Während Prozeduren auf verschiedene, auch versteckte Art kooperieren können (was bei Beteiligung verschiedener Programmierer gefährlich ist), sind Module viel deutlicher abgegrenzt. Ihr Zusammenwirken beschränkt sich auf explizite Schnittstellen (*vollständig* beschrieben in den Definitionsmodulen); ausserdem können sie bei voller Syntax- und Typenüberprüfung separat compiliert werden (Fig. 5.10).

Der Einsatz solcher Modultechniken und der *objektorientierten Programmierung* macht die Arbeitsaufteilung in einem Programmierteam erst richtig attraktiv, indem durch die Aufteilung keine zusätzlichen Fehlerquellen eingeschleust werden.

Der Programmierer hat nicht nur mit menschlichen Programmierkollegen zusammenzuarbeiten, sondern immer häufiger auch mit *Programmgeneratoren*, die einen Teil der Programmierarbeit übernehmen, und zwar meist den routinemässig auftretenden und normierteren Teil. Automatisch generierte Programmteile sind jedoch wiederum nichts anderes als Unterprogramme, Prozeduren oder im besten Fall Module, die über Parameter und andere Wege mit den manuell hergestellten Programmteilen zusammenarbeiten.

Die eigentliche *Programmierung* selber, also die Umsetzung eines Programmierauftrags, eines Algorithmus oder eines Flussdiagramms (vgl. Beispiele in 5.3.5) in Programmcode einer bestimmten Programmiersprache, wird in diesem Buch nicht weiter behandelt. Der Leser findet dazu heute eine breite Lehrbuchliteratur für jede der wichtigeren Programmiersprachen. Hingegen wird auf die Frage, ob bei der Programmierung auch *Effizienzüberlegungen* wichtig sind, in 5.3.3 eingegangen. Eine wichtige Forderung muss aus der Sicht der Projektführung unbedingt an dieser Stelle angemeldet werden: die laufende *Dokumentation*, verbunden mit dem Einhalten bestimmter *Stilregeln* bei der Darstellung der Programme. Sonst sind Wartung und spätere Änderungen der Programme unmöglich. Für Einzelheiten sei auf Abschnitt 11.3 verwiesen.

Aus beiden Quellen, Programmgenerierung und Programmierung, stehen *am Ende* der Programmierungsphase die *ersten Komponenten* des künftigen Anwendersystems bereit: Programmkomponenten bereit zum Systemtest. Diese Softwarekomponenten sind nicht nur auf Papier, sondern auch in maschinenlesbarer Form, also in einem Speichersystem oder auf geeigneten externen Datenträgern, aufzubewahren. Der (Chef-)Programmierer tut gut daran, seine Programmteile (und die allfälligen verschiedenen Versionen davon!) im voraus mit einem sinnvollen und eindeutigen *Namen- oder Nummernsystem* sowie mit dem

Datum zu versehen, sofern ihm dies nicht eine besondere Programm-Entwicklungs-Datenbank (vgl. Abschnitt 13.4) abnimmt.

Programmierer fassen häufig ihre Tätigkeit als Einzelarbeit auf. Das kann aus verschiedenen Gründen schädlich sein. Der Programmierer bespricht mit grossem Vorteil bereits früh seine Entwürfe und Entwurfsüberlegungen mit Kollegen (idealerweise im *Programmierteam;* vgl. 5.3.4). Ein Kollege kann unabhängiger an die Fehlersuche herangehen. Partnerschaftliches Vorgehen hilft generell, einen klaren und verständlichen Programmierstil zu pflegen.

Zur besonderen Beachtung: Der gute Programmierstil zeichnet sich dadurch aus, dass verständlich und strukturiert vorgegangen wird, während der Einsatz von Tricks jeder Art bloss die Koordination und den späteren Programmunterhalt erschwert. Die erstellten Programme sollen insbesondere nicht von einer bestimmten Maschine oder einem speziellen Betriebssystem abhängig sein. In höheren Programmiersprachen sollen nur Formulierungen gemäss internationalen Standards verwendet werden, während vom Gebrauch allfälliger herstellerabhängiger Spracherweiterungen dringend abzuraten ist. Wenn aus einem triftigen Grund von dieser Regel abgewichen werden muss, ist diese Abweichung sowohl im Programmtext als auch in der Projektdokumentation ausdrücklich zu vermerken und zu begründen.

5.3.3 Effizienzüberlegungen

Das ausdrückliche Ziel unserer Projektarbeit ist die Herstellung professioneller Informatiklösungen. Bildet da nicht auch die Effizienz der dabei entwickelten Programme einen zentralen Aspekt?

Selbstverständlich müssen professionelle Software-Produkte einem umfassenden Paket von *Qualitätsanforderungen* genügen (vgl. Kap. 12), dazu gehören auch Überlegungen zur Effizienz. Weil aber dieser Aspekt in Diskussionen über Programmiermethoden seit Jahrzehnten, nämlich seit der Ablösung der Maschinen- durch höhere Programmiersprachen, immer wieder hochgespielt wird, sei er schon hier kurz beleuchtet.

"Effizienz" allein ist ein wenig bestimmter Begriff. Zum mindesten müssen wir auseinanderhalten:

- *Betriebseffizienz:* Leistungsfähigkeit der im Betrieb stehenden (übersetzten) Programme im Sinne von "Ausführungsgeschwindigkeit".

- *Entwicklungseffizienz:* Leistungsfähigkeit des Entwicklungssystems im weiteren Sinn, umfassend Mitarbeiter, Computerbetriebsmittel, Compiler, Programmgeneratoren usw.
- *Unterhaltseffizienz:* Leistungsfähigkeit des Unterhaltsdienstes während der ganzen betrieblichen Lebensdauer des Systems.

Schon diese Aufzählung zeigt, dass es mit der Betriebseffizienz, die beim Programmierer ohne Erfahrung im Vordergrund des Interesses stehen mag, allein nicht getan ist. Als allgemeine Regel, vor allem für Anwenderprogramme, gilt:

Programme sollen in der *anwendernächsten Form* sauber formuliert werden, für welche ein computergestütztes Entwicklungssystem (Compiler, Programmgenerator usw.) verfügbar ist. In jenen Ausnahmefällen, wo derart generierte Systeme eine ungenügende Betriebseffizienz aufweisen, können besonders zeitkritische Programmteile nachträglich optimiert werden.

Der Normalfall ist klar: Es sollen klassische Strukturierungsverfahren und höhere Programmiersprachen, falls verfügbar sogar noch anwendernähere Programmgeneratoren verwendet werden. Die Programme haben übersichtlich und einfach, nicht raffiniert zu sein, denn einfache Programme sind rascher geschrieben als trickreiche und bei späteren Unterhaltsarbeiten auch für neue Mitarbeiter verständlich.

Etwas anders stellt sich das Problem der Betriebseffizienz bei der Entwicklung von Betriebssystemkomponenten und Dienstprogrammen oder bei besonderen Applikationen, etwa Echtzeitanwendungen, wo aus Zeit- oder Speicherplatzgründen Optimierungen nötig sein können. (Aber auch hier Vorsicht: Die Hardware wird mit der Zeit billiger und leistungsfähiger, die Unterhaltsprogrammierer werden jedoch vermutlich teurer!) Aber sogar in solch begründeten Fällen muss nach sorgfältigen Analysen (Betriebsstatistiken, Abschätzungen der Komplexität eines Algorithmus) zur Optimierung meist nur ein kleiner Bruchteil des Programmcodes (zentrale Schleifen, Proceduraufrufe, Plattenzugriffe) umprogrammiert oder in maschinennäheren Sprachen formuliert werden, weil der übrige und grösste Teil des Programmcodes viel seltener ausgeführt wird (auch ein Fall der 80-20-Regel!) und daher die Betriebseffizienz gar nicht beeinflusst. Wer zu diesem Thema (auch amüsante!) Beispiele sucht, findet sie etwa bei den regelmässig erscheinenden "Programming Pearls" von Jon Bentley in [ACM].

5.3.4 Programmierteams

Während die Entwicklung eines einzelnen Programms normalerweise eine Einzelarbeit am Bildschirm oder mit Papier und Bleistift (auch wichtig für schwierige Strukturierungsfragen!) ist, darf die Bedeutung der Gruppe, des Teams, für die Tätigkeit des Programmierers nicht unterschätzt werden. Folgende Tätigkeiten benötigen *Partner* für Arbeit und Gespräch:

- Unabhängige Beurteilung von Ideen und Entwürfen: Man muss seine Ideen mit jemandem besprechen können!
- Systematische Überprüfung bestimmter Arbeitsschritte: In allen Entwicklungsphasen, besonders bei Detailspezifikation (Walk-through, vgl. Abschnitt 12.6), Programmierung und Systemtest, existieren *Methoden* zur Überprüfung der erstellten Entwicklungsergebnisse, die eine Teamarbeit voraussetzen.
- Regelmässige Überprüfung des aktuellen Kenntnisstandes der Mitarbeiter: Durch Aussprache und Weiterbildung muss jeder technische Mitarbeiter sein berufliches Wissen auf dem aktuellen Stand halten; auch dies ist nur im Team selbstverständlich.

All diese Team-Aufgaben – es gibt noch weitere – setzen voraus, dass die *zwischenmenschliche Kommunikation* im Team funktioniert, und zwar nicht nur (aber auch!) in der Kaffeepause. Das ist in problemlosen Phasen nicht schwer. Haben wir aber je gelernt, einander echt partnerschaftlich auch *Fehler* mitzuteilen und – als Empfänger – solche Kommentare nicht persönlich, sondern sachlich, ja dankbar entgegenzunehmen? Leider ist unser Schulsystem sehr stark auf Individualleistungen (Einzelnoten) und Konkurrenz ausgerichtet. Wir sollten vermehrt lernen, *als Gruppe zu arbeiten,* wobei gegenseitige sachliche Korrektur nicht Feindseligkeit, sondern Engagement bedeutet und somit zu fördern ist. Solches Korrigieren hat nichts mit subjektiver Rechthaberei oder Gleichmacherei zu tun, hingegen sehr viel mit Sachkompetenz und natürlicher Autorität. In jeder gut funktionierenden Gruppe gibt es Chefs und Mitarbeiter, wobei diese Aufteilung sogar je nach Aufgabe wechseln kann. Korrekturhilfe braucht nicht nur der Anfänger, sondern auch der Vorgesetzte, weil auch er nicht fehlerlos ist. Gerade der kompetente Chef weiss von diesen Zusammenhängen, und seine Autorität wird durch eine sachliche Kritik nicht geschmälert.

Im Rahmen der Projektarbeit ist es daher wichtig, *systematisch* ganz bestimmte Aufgaben und Tätigkeiten vorzusehen, in denen partnerschaftliche Überprüfungsfunktionen enthalten sind. Dazu eignen sich besonders jene Phasen, wo eine Person etwas entwirft, was von einer zweiten in relativ präziser Form und zu einem fixen Zeitpunkt überprüft werden kann. Dann *müssen* sich die beiden zusammensetzen und die offenen Fragen bereinigen. Sie müssen lernen, einen sachlichen Fehler als solchen zugeben und korrigieren zu können, ohne dies als persönlichen Misserfolg zu verbuchen (was er auch nicht ist!).

Neben diesen stark psychologischen Überprüfungsaspekten steckt in der Idee des *Programmierteams* aber noch mehr. Solche Gruppen vereinigen hochentwickeltes Fachwissen mit einer eingespielten internen Arbeitsorganisation, sie erreichen dadurch Spitzenleistungen in der Programmierung grosser Systeme (Chief programmer teams [Brooks 82]). Sie umfassen meist eine recht kleine Zahl von (4 - 6) qualifizierten Partnern, die sich sehr gut kennen, miteinander sprechen, ihre internen Rollen (Programmierer, Überprüfer) gegenseitig auch austauschen und ein gemeinsames Resultat anstreben (vgl. Abschnitte 10.3 und 12.6).

5.3.5 Beispiel

Dank dem Einsatz des Datenbanksystems XYZ (mit Entwurfs- und Benützungswerkzeugen) hat Projektbearbeiter Peter in unserem Projekt "Büroblitz" gar kein klassisches Computerprogramm (etwa in Cobol oder Pascal) zu schreiben. Das Datenbanksystem nimmt ihm diese Arbeit insofern ab, als es für die Problembeschreibung "höhere" Hilfsmittel anbietet. Dem Analytiker stehen spezielle Werkzeuge (software tools) zur einfachen Formulierung typischer Computeranwendungen zur Verfügung, also etwa für

– die Beschreibung der Daten und ihrer Struktur,
– die Formulierung von Masken und Menüs für den Dialog,
– die Gestaltung von auszudruckenden Listen.

Peter sucht im Handbuch des Datenbanksystems XYZ im Kapitel "Aufbau einer Datenbank" die benötigten Hinweise zur Benützung der angebotenen "Werkzeuge". Darauf formuliert er sein Problem mit diesen Hilfsmitteln. Das ist viel einfacher, schneller und weniger fehlerempfindlich als beim klassischen Ausprogrammieren. Es ist trotzdem nicht etwa trivial oder nebensächlich, sondern erfordert Präzision und Logik. Wir wollen dies an einer Frage verfolgen, die wir schon in der Detailspezifikation (Fig. 5.8 in 5.2.5) aufgegriffen haben. Wie werden die Datenprüfungen formuliert, die der Computer bei der Dateneingabe automatisch ausführen soll? In Fig. 5.11 können wir dies ausschnittsweise verfolgen.

```
XYZ                    Datenbeschreibung
Datenbank              (Jede Zeile beschreibt ein Merkmal, Attribut)
System

Name der Tabelle:           MITGLIED

Merkmalsname                Datentyp              spezieller Test

Name                        alpha (25)            T1
Vorname                     alpha (20)            T1
Strasse                     char (30)
PLZ                         1000 .. 9999
Ort                         alpha (20)
MNr                         100 .. 999            Id. Schlüssel
Sex                         (M,W)
Arbeitsgruppe               [alpha (2)]*10        T2


Tests

T1:   (Name=Name (x) und Vorname=Vorname (x)
       Warnung "Mögliche Doppelerfassung")
T2:   Arbeitsgruppe C {Kurzname (Arbeitsgruppen)}
```

Figur 5.11: Ausgefüllte Bildschirmmaske beim Aufbau der Datenbank VVV mit Hilfe des Datenbanksystems XYZ

In Fig. 5.11 sehen wir vorerst eine präzise Beschreibung der für die Mitgliederverwaltung notwendigen Datentypen, so für die Postleitzahl (PLZ) die Beschreibung "1000 .. 9999". Diese Formulierung ist präziser als "numerisch (4-stellig)" oder "9999" (wie in Cobol), indem Werte unter 1000 ausgeschlossen werden (gemäss Vorschrift der PTT). Die entsprechenden Prüfprogramme werden vom System XYZ automatisch aufgebaut, analog die Eindeutigkeitsprüfung beim Identifikationsschlüssel "Mitgliedernummer MNr.". Kompliziertere Bedingungen lassen sich in marktgängigen Datenbanksystemen in unterschiedlichem Ausmass direkt darstellen und automatisch in Prüfprogramme umsetzen; Fig. 5.11 zeigt zwei Beispiele von solchen Testdefinitionen (T1, T2).

Programmierarbeit ist Detailarbeit, Detailarbeit ist fehleranfällig. Auch bei bester Computerunterstützung muss daher die *Überprüfung* konsequent mitgezogen werden. Bei computergestützten Entwicklungshilfen nimmt die Maschine (Software-Werkzeuge, speziell Compiler, Interpreter) viel ab. Dennoch hat Peter seinen Studienkollegen Kurt gebeten, die ersten Ergebnisse des Programmierens mit der Detailspezifikation (Fig. 5.8) zu vergleichen. Kurt hat die kleinen Verschärfungen (etwa von "9999" zu "1000 .. 9999" bei PLZ) entdeckt, ist aber im übrigen zufrieden. Peter erzeugt nun mit Hilfe des Datenbanksystems XYZ die gesamte Software für seine zukünftige VVV-Lösung; er generiert das sog. Datenbankverwaltungssystem und die Anwenderprogramme. Er verfügt damit über eine (vorderhand aber noch leere) Datenbank. Die Daten müssen nun noch dazukommen!

5.4 Datenbereitstellung

5.4.1 Kurzfassung

Aufgabe: Bereitstellung der für den künftigen Betrieb notwendigen permanenten Daten durch Übernahme aus bisherigen Lösungen, durch Fremdbezug oder durch Neuerfassung.

Grundlagen: Datenbeschreibungen (von permanenten Daten) der künftigen Anwendung
Datenbeschreibungen bisheriger oder fremder Systeme

Ziel: Formal und inhaltlich korrekter permanenter Datenbestand für die künftige Lösung; wesentliche Teile davon bereits für den Systemtest

Zu erstellende Dokumente und Komponenten des Anwendersystems:
Überprüfte Datenbestände (innerhalb des eigenen Systems oder durch Anschluss an Fremdsystem)
Dokumentation dieser Daten

5.4.2 Vorgehen

Es gibt Computerlösungen, bei denen zu Beginn noch keine Datenbestände benötigt werden; Beispiele sind etwa Datensammelsysteme oder Dienst- und Systemprogramme aller Art. In sehr vielen praktischen Anwendungen ist aber eine sinnvolle Systembenützung ohne Datenbestand schlicht unmöglich. Die Daten müssen daher wie die Programme vor der Inbetriebnahme bereitgestellt werden. Ein substanzieller Teil der Daten, aber nicht notwendigerweise alle, muss schon für Systemtest- und Einführungsphase bereitstehen.

Als *Quellen* kommen – wiederum wie bei anderen Systembestandteilen (vgl. Fig. 4.2) – drei Möglichkeiten in Frage, nämlich

– vorhandene Datenbestände (aus der bisherigen Lösung),
– fremde Datenbestände (Kopien oder Anschluss an externe Datenbanken),
– Aufbau der benötigten Datenbestände (Neuerfassung).

Auch hier sind Mischformen der drei Quellen möglich.

In manchen Fällen kann der Aufwand für die Bereitstellung der Daten sogar den übrigen Projektaufwand übersteigen. (Man denke an die Automatisierung eines Bibliothekskatalogs oder eines anderen Informationssystems; wir werden solchen Beispielen im zweiten Teil dieses Buches begegnen.) Aber auch in einfacheren Fällen muss die Datenbereitstellung sorgfältig geplant werden. Sie stellt ein eigenes kleines "Projekt" dar!

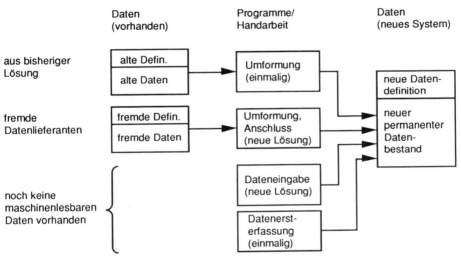

Figur 5.12: Verschiedene Wege der Datenbereitstellung

Der häufigste Fall ist die *Übernahme bisheriger Datenbestände*. Diese müssen dazu oft zuerst *umgeformt* und dabei auch systematisch überprüft werden (Fig. 5.12). Liegen die bisherigen Daten bereits in maschinenlesbarer Form vor, ist unter Umständen eine automatische Umformung möglich (evtl. mit manueller Nachbearbeitung!). Für diesen Zweck müssen spezielle Umformungsprogramme geschrieben werden, die *nur einmal* zum Einsatz kommen. Deshalb werden solche Programme häufig weniger sorgfältig vorbereitet und geschrieben als die Programme für das künftige Anwendersystem. Solange sich die Vereinfachung auf die Dokumentation und ähnliche Aspekte beschränkt, ist dagegen wenig einzuwenden. Die Korrektheit dieser Umformungsprogramme muss hingegen den gleichen Standards wie das spätere Programmpaket genügen.

Eine zweite Art der Datenbereitstellung erfolgt durch *Fremdbezug* (vgl. Unterabschnitt 5.4.3). Ist der Fremdbezug einmalig vorgesehen, sind die Probleme genau gleich wie bei der soeben geschilderten Übernahme bisheriger Datenbestände. Wird aber der Fremdbezug laufend oder periodisch eingeplant, sind die Umformungsarbeiten im Normalfall zu automatisieren und bilden Teil der neuen Lösung.

Nochmals eine andere Situation haben wir dort, wo Daten *ein erstes Mal* bereitgestellt werden müssen, ohne dass eine Übernahme aus der bisherigen Lösung möglich ist. (Ein Beispiel dafür wäre etwa der Übergang von einem bisherigen auf ein neues Buchhaltungssystem bei gleichzeitiger Einführung eines *neuen Kontenplans*.) In diesem Fall ist es oft zweckmässig, direkt das (ausgeprüfte!) neue Anwendersystem für die Datenerfassung zu benützen (Fig. 5.12). Damit lässt sich die Entwicklung einer Übergangslösung mit eigenen "Einmal"-Programmen (und den erwähnten Gefahren wegen der "lockeren" Einmalverwendung) vermeiden. Allerdings gibt es Fälle, wo aus Zeit- oder Sachgründen dieser Weg verschlossen ist, so dass zusätzliche "Einmal"-Programme unumgänglich sind.

Zur besonderen Beachtung: Daten sind kein Nebenprodukt oder blosses Verbrauchsmaterial im Rahmen einer Informatiklösung, sondern bilden umgekehrt oft deren Kern. Ohne korrekte permanente Datenbestände ist kein Anwenderbetrieb möglich. Somit gehört die Datenbereitstellung zu den grundlegenden Aufgaben der meisten Anwendersystementwicklungen.

5.4.3 Anschluss und Übernahme von Fremddatenbeständen

In gleicher Art, wie der Projektverantwortliche nach Möglichkeiten zur Übernahme von Fremdprogrammen ausschaut, muss auch nach Möglichkeiten zur *Fremddatenbenützung* gesucht werden. Leider ist heute der Wille zur Zusammenarbeit bei der Datenbereitstellung oft noch weniger vorhanden als bei der Software-Entwicklung. Dennoch beginnt sich langsam ein *Markt für Daten* zu entwickeln, so dass mit der Zeit auch dieses Angebot besser sichtbar werden dürfte. Beispiele sind schon heute vorhanden:

- Kataloge, Musterofferten und Musterstatistiken, Kontenpläne, Artikelnummern usw. für bestimmte Wirtschaftszweige und Branchen

- Dokumentationsdienste wissenschaftlicher und technischer Fachbereiche mit laufend ergänztem Nachweis aller publizierten einschlägigen Bücher, Zeitschriftenartikel, Patente usw.

- Wirtschafts-Informationsdienste mit Börsenkursen und ähnlichen aktuellen Informationen

- Öffentliche Register von allgemeinem Interesse, wie Handelsregister, Grundbuchkataster und ähnliche Sachdatensammlungen
- Bildschirmtextsysteme der öffentlichen Fernmeldedienste, Fernseh- und Kabelfernsehgesellschaften
- Adresssammlungen für Werbezwecke

Es ist schon aus Kostengründen leicht einzusehen, dass in jedem Fall, wo Daten bereits vorhanden sind, der Fremdbezug ernsthaft in Betracht zu ziehen ist. Kommerzielle Datendienste kümmern sich im allgemeinen nicht nur um die erstmalige Lieferung, sondern auch um die *laufende Nachführung* der Daten, womit für den Anwender meist eine weitere wichtige Dienstleistung kostengünstig erhältlich ist. Selbstverständlich sind solche Datendienste nicht kostenlos (und benötigen auch Kommunikationsmittel), sie sind aber normalerweise um Faktoren günstiger als die Eigenbeschaffung und -nachführung eines gleichwertigen Datenbestandes – dank Zusammenarbeit.

5.4.4 Datenadministrator

Auch im Bereich der Datenbereitstellung wollen wir kurz die Aufgaben der *Projektführung* überdenken. Welche Aufgaben bestehen hier, und wer hat sie zu erfüllen?

In den meisten Fällen, wo heute Daten in Anwenderprojekten eine bedeutende Rolle spielen, müssen diese Daten selbständig, d.h. unabhängig von den einzelnen Programmentwicklungen, organisiert werden. Man nennt eine solche unabhängige Organisation für die Daten eine *"Datenbank"* (vgl. Kap. 16). Der Verantwortliche dafür ist der *Datenadministrator* oder Datenbankadministrator [Zehnder 89]. Im Rahmen jeder Projektentwicklung mit grösseren Datenbeständen muss jemand für diese Aufgabe ausdrücklich (voll oder teilzeitlich) eingesetzt werden. Sie umfasst die Definition der Datenstruktur in den Phasen Konzept und Detailspezifikation, die Koordination der Datendefinitions- und -manipulationsaspekte in Zusammenarbeit mit den Programmierern sowie die Verantwortung für alle weiteren Datenbereitstellungs- und -überwachungsarbeiten (vgl. Kap. 16).

Wir werden dieser Funktion später in zwei besonders interessanten Fällen nochmals begegnen:

- *Besonders einfache Fälle:* Projekte, die auf vorhandenen Datenbanken aufbauen können, benützen deren Datenstrukturen und Datenmanipulationssprachen (vgl. Abschnitt 9.4).
- *Besonders umfangreiche Fälle:* In Grossanwendungen (sog. Superprojekte) bildet die Entwicklung der Datenbank ein Teilprojekt mit zentraler Koordinationsfunktion (vgl. Abschnitt 17.3).

Für die Entwicklung von Datensystemen existieren ähnlich wie für die Programmentwicklung besondere Entwurfssysteme und -hilfen (Abschnitt 16.3, Entwurf einer Datenbank).

5.4.5 Beispiel

Daten hat VVV-Sekretär Simon zur Genüge; sie stecken in seiner bisherigen Mitgliederkartei. Projektbearbeiter Peter hat Simon angefragt, ob er – vorerst zu Testzwecken, später für den Betrieb – echte Mitgliederdaten haben könne. Da Peter selber Vereinsmitglied ist und die Daten keine besonders heiklen Merkmale umfassen (also nicht "datenschutzkritisch" sind), stimmt Simon der Datenweitergabe zu. Dadurch wird die spätere Betriebsaufnahme nur erleichtert.

Der Weg zur geeignetsten Datenbereitstellung (Fig. 5.12) ist in unserem Beispiel rasch gefunden: Der Vollbestand der Daten soll nach Fertigstellung des neuen Systems in der Phase Einführung gerade mittels der neuen Computerlösung (Funktion "Neumitglied") manuell in den Computer eingetippt werden. Dazu kann direkt ab bisherigen Mitgliederkarteiblättern (Fig. 3.8) gearbeitet werden.

Neben dem Vollbestand geht es aber auch um Testdaten. Wie gross soll der *Testdatenbestand* festgelegt werden; soll er 10, 50, 100, 600 (= alle) Mitglieder umfassen? Da die Erfassungszeit pro Mitglied (mit durchschnittlich etwa 70 Zeichen) unter einer Minute liegt, will Peter beim Systemtest einen Testdatensatz von etwa 50 Karteiblättern selber entippen. Das erlaubt ihm einerseits eine Beurteilung der Maskenprogramme (Benutzerfreundlichkeit) und ist umfangreich genug, um vernünftige Ausgabebeispiele (mehrseitige Musterlisten) zu ermöglichen.

Neben den 50 für den Test verwendeten echten Karteikarten produziert Peter noch ein halbes Dutzend abgeänderte Karten, welche *Fehler* enthalten. Simon fügt noch einige Sonderfälle bei, die ihm seit Jahren bekannt sind. Damit sollen die Prüfprogramme ihrerseits getestet werden.

Für die Datenbereitstellung für den späteren Vollbetrieb wird das gleiche Verfahren (manuell über neue Computerlösung) vorgesehen. Allerdings wird dannzumal nicht Peter, sondern eine Hilfsperson, wahrscheinlich eine neue ständige Hilfskraft für Sekretär Simon, die Datenerfassung besorgen. Darüber müssen sich die Beteiligten noch absprechen.

5.5 Rahmenorganisation

5.5.1 Kurzfassung

Aufgabe: Vorbereitung der über die Informatikseite hinausgehenden personellen, organisatorischen und materiellen Aspekte zum Betrieb des künftigen Anwendersystems und zur Umstellung vom bisherigen auf den künftigen Betrieb.

Grundlagen: Konzept (Grobentwurf) der neuen Problemlösung sowie Pflichtenheft
Vertiefte Untersuchungen im Bereich der betroffenen Organisation (werden fallweise auch durch besondere Organisatoren ausserhalb der Tätigkeit des Informatikers durchgeführt)
Beschreibung der Benutzerschnittstellen der künftigen Anwendung (Formulare, Dialoge, Bildschirme, Abläufe usw.)

Ziel: Detaillierte Vorbereitung der Eingliederung der künftigen Informatikanwendung in den Betrieb der betroffenen Organisation sowie Vorbereitung des zugehörigen Umstellungsprozesses

Zu erstellende Dokumente und Komponenten des Anwendersystems:
Organisations- und Arbeitsunterlagen für den künftigen Betrieb der Anwendung
Organisatorischer Einführungsplan und weitere Unterlagen für die Umstellung
Ausbildungsunterlagen und Informationsmittel

5.5.2 Vorgehen

Im Rahmen dieses Buches über Informatik-Projektentwicklung wollen wir keine allgemeine Organisationslehre betreiben, sondern uns auf jene Aspekte der Betriebsorganisation beschränken, welche für die einwandfreie Einbettung unserer künftigen Informatiklösung in den Betrieb notwendig und typisch sind. Dazu müssen wir zwei Probleme auseinanderhalten:

– *Organisatorische Einbettung des künftigen Anwendersystems im Betrieb:*
Hier geht es um die *auf Dauer* auszulegende künftige Lösung. Organisationsseite und Informatikseite begegnen sich vor allem in der sog. *Benutzer-*

schnittstelle. Bei der Definition dieser Schnittstelle müssen Organisator und Informatiker (vgl. Unterabschnitt 5.5.3) eng zusammenarbeiten.

– *Umstellungsarbeiten für den möglichst reibungslosen Übergang von der bisherigen auf die künftige Lösung:* Hier geht es um eine *vorübergehende* Massnahme während der Einführung. Meist ist eine Umstellung mit Mehrarbeit und ähnlichen Inkonvenienzen für die Beteiligten verbunden. Daher müssen solche Schwierigkeiten minimiert und die Betriebssicherheit während des Übergangs trotzdem auf dem nötigen Stand gehalten werden.

Obwohl wir soeben die organisatorischen Aspekte des künftigen Betriebs deutlich von jenen der Umstellungszeit abgehoben haben, hängen beide Teile eng zusammen. Nehmen wir die personelle Seite: Oft wird die neue Lösung mit den gleichen Mitarbeitern auskommen müssen, die schon in der bisherigen Lösung eingesetzt waren. Somit müssen diese Personen während der Umstellung *gleichzeitig* (!)

– an der neuen Lösung ausgebildet werden,
– die bisherige Lösung weiter betreiben,
– allfällige technische Umstellungen und Einschränkungen am Arbeitsplatz (wie Einrichten von Terminals, Umstellen von Karteischränken usw.) in Kauf nehmen und bei der Datenbereitstellung für die neue Lösung mithelfen.

Es genügt dazu in keiner Weise, nur die definitive zukünftige Lösung im Auge zu behalten. Auch der Übergang muss machbar sein, und zwar sowohl technisch als auch personell. Dies kann in schwierigen Fällen bewirken, dass die Umstellung in mehreren Teilschritten zu vollziehen ist, auch wenn damit wesentliche Mehrkosten verbunden sind. Auch in einfacheren Fällen ist die *Umstellung* (vgl. 5.5.4) ein besonders heikler Abschnitt der Projektentwicklung, was entsprechende arbeitspsychologische Überlegungen erfordert [Spinas et al. 1983].

Zur besonderen Beachtung: Organisationsplanung hat immer die Zusammenhänge und die Gesamtheit der beteiligten Personen, Betriebsmittel usw. einzubeziehen. Deren Zusammenwirken und die dazu führende Entwicklung bilden die umfassende Aufgabe des Organisators.

5.5.3 Organisator und Informatiker

Grosse Unternehmen und Verwaltungen sind so komplexe Gebilde, dass es besondere Fachleute braucht, die sich mit Aufbau und Ablauf der internen *Organisation* dieser Grossgebilde befassen. Ein besonders wichtiges Element der

114 Rahmenorganisation

Organisation ist natürlich die *Information*. Fast alle Bürotätigkeiten sind primär Informationstätigkeiten. Da ist es nicht verwunderlich, dass mit der Entwicklung der automatischen oder elektronischen Datenverarbeitung (ADV, EDV), also der Informatik, gerade der Informatiker als weiterer Spezialist zum Organisator dazugekommen ist. Beide befassen sich mit Organisationsfragen. Was sind ihre Arbeitsgebiete, und wie arbeiten sie zusammen?

Die Arbeitsgebiete lassen sich in der Praxis nicht sauber trennen. Das bedeutet, dass beide, Organisator und Informatiker, heute einen möglichst guten Überblick über die "andere Seite" haben sollten, wenn ihre Zusammenarbeit fruchtbar sein soll. Vielfach werden heute (unter anderem aus eben diesem Grund) die Organisations- und Informatikabteilungen von Grossbetrieben in einer gemeinsamen Dienstabteilung zusammengefasst.

Diese Nachbarschaft schliesst nicht aus, dass sich innerhalb eines konkreten Projektes die Verantwortungsbereiche klar regeln lassen. Fig. 5.13 zeigt eine schematische Trennung zwischen den zwei Bereichen:

- *Organisation:*
Personen: Arbeitsplatzgestaltung, Ausbildung, Inhalt der Informationstätigkeiten, Orientierung usw.
Bauten, Raumaufteilung
Betriebsmittel (ohne Informatik): Maschinen (im Betrieb), Transportmittel, Lager, Energie usw.
- *Informatik:*
Betriebsmittel der Informatik: Geräte, Programme, Daten
Kommunikationssysteme: Datennetze, Telefon, Fax, Bild, elektronische Post usw.
Schreibsysteme: Textverarbeitung, Drucker, Archive
konventionelle Informationsmedien: Drucksachen, Kopierer, Formulare, interne Post usw.

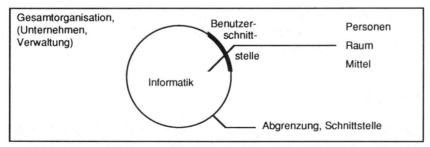

Figur 5.13: Organisation und Informatik als Teilsysteme

Zwischen den beiden generell abgegrenzten Bereichen gilt es nun, in der konkreten Situation eines Projekts die optimale Aufgabenteilung zu finden. Für manche Koordinationspunkte, zum Beispiel die Raumplanung (Standort der Computer, der Terminals usw.), ist es sinnlos, ein für allemal festlegen zu wollen, ob nun der Organisator oder der Informatiker zuständig sei. Das kommt ganz auf die lokale Situation und auf die Erfahrung der Beteiligten an.

In einem anderen und für die Informatik besonders wichtigen Koordinationsbereich gibt es jedoch eine klare und wichtige Grenzlinie, die sogenannte *Benutzerschnittstelle*. Dabei geht es um die Art und Weise, wie der *Anwender*, also der Mitarbeiter in einer mit Informatikmitteln ausgestatteten Betriebsabteilung (Sekretär, Werkstattschreiber, Bankbeamter usw.), *mit dem Informatiksystem* verkehrt. Es ist egal, ob dazu Bildschirme und Tastaturen, optische Leser, Formulare oder andere Mittel eingesetzt werden.

Eine Eigenschaft von Schnittstellen besteht darin, dass *zwei Partner* daran interessiert sind, hier der Anwender und der Informatiker. Beide Seiten haben ihre berechtigten Ansprüche, die es zu berücksichtigen gilt. Die Benutzerschnittstelle wird in der Detailspezifikation durch die genaue Beschreibung der Formulare, Bildschirmdialoge usw. festgelegt. An jener Stelle im Projektablauf hat sich der Informatiker mit den anderen Interessierten zusammenzusetzen und eine gemeinsame Lösung zu finden. Auch wenn die Detailspezifikation zu den Aufgaben des Informatikers gehört, darf dies nicht so ausgelegt werden, dass der Informatiker in diesen Schnittstellenabsprachen besondere Rechte hätte. Häufig ist es sogar umgekehrt: Der Informatiker oder der Organisator (oft ist nur einer der beiden Spezialisten bei der Festlegung einer Benutzerschnittstelle dabei) muss sich zum *Anwalt des Anwenders* machen! Der Informatiker darf dem Anwender nicht eine Lösung aufschwatzen, mit der dieser im Betrieb – und das heisst im allgemeinen auf Jahre hinaus – nicht glücklich wäre.

5.5.4 Organisatorische Einführungsplanung

Während die Informatik-Einführungsplanung sich mit der Umstellung der eigentlichen Informationstätigkeiten auf das künftige Anwendersystem befasst (vgl. 5.2.5), ist der Rest, also personelle, räumliche, materielle Fragen der Umstellung vom bisherigen auf das neue System, die Aufgabe der organisatorischen Einführungsplanung. Wir betrachten dazu am besten nochmals Fig. 5.5, welche die Zusammenhänge und den Übergang deutlich macht. Wir müssen einen Übergang vorbereiten (planen), bei dem *gleichzeitig*

- die bisherige Lösung betrieben und
- die künftige Lösung eingeführt werden kann.

Das bedeutet meist für alle Beteiligten Mehrarbeit und Unannehmlichkeiten verschiedenster Art.

Einige der wichtigsten Zusatzarbeiten während der Einführungsphase eines neuen Systems sollen hier angedeutet werden:

- *Im personellen Bereich:*

    Ausbildung am neuen System: Dazu müssen entsprechende Unterlagen und Musterfälle auf dem Computersystem bereitgestellt werden (Übungsbeispiele).

    Personalbestand: Die Computerisierung eines Betriebsablaufes kann Änderungen im Personalbestand bewirken. Gelegentlich können oder wollen einzelne Mitarbeiter der Umstellung nicht folgen. Vielleicht benötigt die Einführungsphase Mehrpersonal. (Dabei ist es in der Praxis gar nicht selten, dass vor der Pensionierung stehende Mitarbeiter bereit sind, in der Übergangszeit das bisherige System weiterzubetreiben, während Nachfolger den Einstieg im neuen System finden.)

    Orientierung: Umstellungen, vor allem Automatisierungen, beeinflussen das Betriebsklima. Es ist daher wichtig, dass die Betroffenen sowie andere Interessierte (Betriebskommission/-rat, evtl. gar die Öffentlichkeit) rechtzeitig und korrekt informiert werden.

- *Im räumlichen Bereich:*

    Arbeitsplatzgestaltung und betrieblicher Ablauf: Hier kann die Umstellungszeit besonders grosse Probleme bringen, da Mobiliar, Geräte usw. von beiden Systemen Platz brauchen und betrieben werden müssen (bisheriger Normalbetrieb und Testbetrieb/Ausbildung). Ein Glück, dass die Software selber keinen Büroplatz braucht!

All die hier aufgeführten Arbeiten müssen vorläufig nicht ausgeführt, sondern nur – falls in unserem Projekt nötig – *geplant* werden. Dazu erstellen wir den eigentlichen *organisatorischen Einführungsplan,* nämlich eine Liste *aller notwendigen Tätigkeiten* für Umstellung und Einführung mit dem vorgesehenen *Zeitpunkt,* ganz analog wie bei der Informatik-Einführungsplanung in Unterabschnitt 5.2.5. Noch mehr als dort ist aber die Planung der Rahmenorganisation mit Ungewissheiten verbunden. So kann ein Handwerker ausfallen, Leitungen sind nicht zur Zeit verlegt, Ausbildungsunterlagen sind ungenügend.

Planen heisst vorausschauen.

Wir müssen uns jetzt möglichst konkret vorstellen, was die Einführung alles erfordern wird. Dann werden wir auch fähig sein, später im Rahmen des Zulässigen Umdispositionen zu treffen, wenn dies nötig wird. Die Einführungsplanung dient dazu, den Rahmen des Zulässigen zu erkennen und abzustecken.

5.5.5 Beispiel

Bei unseren VVV-Freunden hat die organisatorische Einführungsplanung bescheidene Ausmasse, weil es hier um einen kleinen Verein mit ehrenamtlichen Funktionären geht, ohne ständiges Büro und Personal. Dennoch stellen sich einige Fragen, etwa:
- Was ist unter "Übergabe an Betrieb am 1.10." zu verstehen?
- Wann erfolgt die Datenerfassung für den Hauptdatenbestand?
- Lässt sich die Datenerfassung mit einer allgemeinen Überprüfung der verwendeten Daten (Namenschreibweise, Adresse) verbinden?
- Wie geschieht die Datenerfassung für die Mitgliederbeiträge? Beginnt man einfach mit der Rechnungsstellung an alle Mitglieder für das kommende Geschäftsjahr? Oder sollen die paar wenigen Langweiler, welche den Beitrag für das laufende Jahr noch nicht bezahlt haben, bereits mit dem neuen System gemahnt werden (wozu vorerst die Zahlungen des laufenden Jahres einzugeben wären)?
- Erfolgt ein Parallelbetrieb zur bisherigen manuellen Lösung? Wie lange?

Projektbearbeiter Peter muss sich zu all diesen Fragen mit den anderen Beteiligten absprechen. Das Ergebnis der Absprache hält er im "organisatorischen Einführungsplan" (Fig. 5.14) fest.

Wenn alles nach Plan verläuft, sollte der Übergang ohne Hetze erfolgen können. Ein Parallelbetrieb wird nicht vorgesehen, da notfalls im neuen Jahr einfach auf den alten Karteiblättern manuell weitergefahren werden könnte. Für allfällige Verzögerungen enthält der Zeitplan *eine bequeme Reserve*. Ausser dem Versand

118 Rahmenorganisation

der "Weihnachtsnummer" des Vereinsblattes lassen sich nämlich alle Tätigkeiten in Fig. 5.14 ohne weiteres um einen Monat oder länger verschieben.

PROFI	Organisat. Einführungsplan	Datum 20.8.	Seite 1
	Projekt Nr / Progr. Nr VVV1	Ersetzt Ausgabe vom	von 1
Projektname Büroblitz		Ersteller Peter	

Datum:	Aktivität:	Wer:
2.10.	Transport Arbeitsstation zu Simon Einführung für Simon und Mitarbeiter	Peter, Simon
bis 15.10.	Datenerfassung (ohne Finanzen)	Simon, Helfer
ab 1.11.	Mitgliederlisten für Vorstand und Arbeitsgruppenleiter verfügbar	Simon
ca. 30.11.	Versand Weihnachtsnummer der Vereinsmitteilungen mit neuen Adressklebern und ausdrücklicher Einladung an alle, allfällige Adress- und andere Fehler zu melden.	Simon
ca. 6.1.	Versand Jahresrechnungen (neues Jahr)	Helfer

Figur 5.14:   Organisatorischer Einführungsplan

6 Systemtest

6.1 Kurzfassung

Aufgabe: Systematische und gesamthafte Überprüfung des neuen Anwendersystems

Grundlagen:
- aus Projektentscheid: Pflichtenheft und Konzept
- aus Detailspezifikation: Beschreibung der Benutzerschnittstellen, der Daten und der inneren Systemstruktur
  Beschreibung vorhandener oder fremdbeschaffter Komponenten
  Definition der eigenentwickelten Programm-Module (Programmieraufträge und Eingabe zu Programmgeneratoren)
- aus Programmierung: Programme und Programmbeschreibungen
- aus Datenbereitstellung: Datenbestände (mindestens Teile)
- aus Rahmenorganisation: Organisations- und Arbeitsunterlagen für den künftigen Betrieb

Ziel: Nachweis der korrekten Funktionsfähigkeit der künftigen Anwendung
Erkennen und Elimination von Fehlern

Zu erstellende Dokumente und Komponenten des Anwendersystems:
Zusammengestelltes Gesamtsystem (aus Komponenten)
Testdatensätze und Testprogramme
Nachgeführte (korrigierte) Dokumente und Systemkomponenten, falls Änderungen nötig werden

6.2 Vorgehen

Ein Computersystem besteht aus verschiedenartigsten und komplexen Komponenten, aus Geräten und Programmen, Hard- und Software. Diese Komponenten werden in der Phase Systemtest schrittweise übrprüft und zusammengebaut. Aus Gründen der Komplexität ist normalerweise ein mathematischer Beweis für die "Richtigkeit" des Gesamtsystems nicht möglich. Um dennoch allfällige Fehler möglichst zu vermeiden, müssen für den Systemzusammenbau einige grundlegende Konstruktionsregeln befolgt werden:

Systemtest

- Die elementaren Komponenten sollen so einfach sein, dass sie überblickbar sind und daher sauber konstruiert (z.B. programmiert) werden können.
- Zusammensetzungen von Komponenten dürfen erst gebildet werden, wenn die Einzelkomponenten überprüft sind.
- Bei der Überprüfung wird die Übereinstimmung zwischen Auftrag und Ergebnis sichergestellt (und nicht, ob das Ergebnis irgendwelche zusätzlichen, prächtigen Eigenschaften hat, die ihm der Konstrukteur gegeben hat).

Wir sehen aus diesen Regeln sofort, dass Systemzusammenbau und Systemtest offenbar *von unten nach oben* erfolgen (Bottom-up-Verfahren), indem aus den feinsten Bausteinen immer grössere aufgebaut werden, während der Entwurfsprozess die Strukturierung schrittweise verfeinert (Top-down-Verfahren; Fig. 6.1).

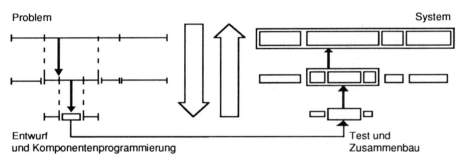

Figur 6.1:   Top-down- und Bottom-up-Verfahren

Die Überprüfung jedes einzelnen Bausteins erfolgt durch *Vergleich* zwischen Auftrag und Ergebnis, die sog. Verifikation.

- Der *Auftrag* ist festgehalten in den Unterlagen der Detailspezifikation (Moduldefinition, Programmierauftrag, Parameterlisten usw.)
- Das *Ergebnis* wird direkt mit Hilfe des Bausteins produziert, indem der Baustein mit Testprogrammen und Testdaten zum Laufen gebracht wird.

Ein solcher Vergleich scheint einfach, und er ist es auch im *Einzelfall*, d.h. für irgendeinen konkreten Durchlauf eines Programms. Programme haben aber normalerweise die Fähigkeit, *viele verschiedene, ähnliche Fälle* ebenfalls bearbeiten zu können. Es ist jedoch normalerweise nicht möglich, *alle* Fälle auszuprüfen, und so bleiben möglicherweise Fehler verborgen. Natürlich kann ein sorgfältiges *Austesten* mit geeigneten Testdaten (Abschnitt 6.3) viele allfällig vorhandene Fehler aufdecken und eliminieren. Unser Testprozess ist jedoch ein unvollkommenes Verfahren, das nicht mit einem mathematischen Beweis verglichen werden kann, wo es am Schluss "richtig" oder "falsch" heisst.

Weil wir nie wissen, ob noch Fehler vorhanden sind, ist unser Testverfahren (es heisst ja auch *Programmverifikation*, nicht "Beweis") eigentlich nie abgeschlossen. Dennoch muss die Frage beantwortet werden, wann ein Testverfahren *abgebrochen* werden kann. Die Antwort ist unschön und pragmatisch: Wenn wir den Eindruck haben, das Programm erfülle seine gestellte Aufgabe! Das ist ein offensichtlich subjektiver Massstab, abhängig auch davon, wer den Test durchführt, der Programmierer selbst oder eine andere Person (Abschnitt 6.4).

Nachdem jede *einzelne Komponente* ausgeprüft ist, folgt das *Zusammensetzen* mehrerer Komponenten zu Bausteinen höherer Ordnung (Fig. 6.1). Solche Komponenten können ausprogrammierte Softwareteile sein, aber auch generierte oder fremdbeschaffte Software, Hardware, externe Teile (z.B. Formulare, Fremddaten), die alle schrittweise zusammengesetzt werden müssen. Und nach jedem Zusammensetzschritt sind für das Zusammengesetzte wiederum geeignete Tests nötig, wiederum mit Testdaten und Testprozeduren. Wird ein Fehler gefunden und in einem Baustein der Zusammensetzung lokalisiert, müssen wir zu jener Komponente wieder *hinuntersteigen*, den Fehler dort korrigieren und mit dem Testprozess für jene Komponente wieder anfangen! Denn es wäre ja möglich, dass wir gerade mit der Korrektur wieder einen neuen Fehler eingeschmuggelt haben. (Es ist daher sehr sinnvoll, Testdaten und -programme aufzubewahren.) Auf diese Weise beisst sich der Prüfer systematisch und mit gelegentlichen Rückschlägen von unten bis oben durch, bis das ganze System gesamthaft und gemäss vorgegebenen Anforderungen läuft.

Es ist recht schwierig, den *Zeitaufwand* für Testarbeiten im voraus abzuschätzen, ein Problem, das auch erfahrenen Praktikern Mühe bereitet und schon zu schwerwiegenden Terminverzögerungen bei der Freigabe kommerzieller Softwareprodukte für den Markt geführt hat. Man weiss nie, wieviele Fehler noch verborgen sind. Die Fachleute lachen daher über den Witz vom begeisterten Anfänger, der sich darüber freut, dass "er bereits die Hälfte der Fehler gefunden habe".

Unbestritten ist die Aussage, dass eine Fehlerbehebung umso teurer kommt, je *später* der entsprechende Fehler entdeckt wird (Fig. 6.2). Daraus folgt auch das Interesse der Software-Verantwortlichen, Fehler entweder gar nicht auftreten zu lassen (moderne Software-Engineering-Methoden) oder diese systematisch aufzuspüren (Abschnitte 6.3, 6.4 und 12.5).

122 Systemtest

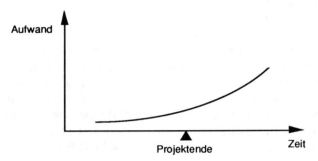

Figur 6.2:   Kosten zur Behebung eines Software-Fehlers

Je nach Einsatzbereich und Bedeutung eines Programms bzw. Systems werden unterschiedliche Aufwendungen in den Systemtest hineingesteckt. Bei wichtigen Systemen können Dauertests mit maschinell gesteuerten Testprozeduren und Simulatoren (d.h. mit Programmen, welche sehr viele mögliche Erscheinungsformen praktischer Fälle durchspielen, "simulieren", können) rund um die Uhr über Wochen laufen, um möglicherweise einem Fehler zu begegnen, der bisher weder bekannt war noch explizit störte, da er ja noch nie aufgetreten war!

Fehler zu finden ist eine Sache, deren *Reparatur* eine zweite. Bereits haben wir eine erste Konsequenz gesehen: Wir müssen mit dem Testprozess wieder unten bei der betroffenen Komponente beginnen. Eine weitere Konsequenz betrifft die *Dokumentation.* Bei der Korrektur eines Programms *muss* dieser Korrekturvorgang (wer? wann? Grund?) festgehalten werden, z.B. im Programm selber. Doch das genügt nicht. Es ist durchaus möglich, dass der Fehler nicht erst während der Programmierung gemacht wurde, sondern schon früher beim Entwurf, im Konzept oder gar im Pflichtenheft. In diesem Fall bedeutet eine Fehlerkorrektur auch die Korrektur aller Dokumente, welche mit diesem Fehler behaftet sind, bis zurück zu Papieren wie Ist-Zustand und Projektauftrag. Wenn diese Dokumente nicht korrekt sind, ist jede darauf aufbauende Programmüberprüfung unstabil; erst recht gilt dies für künftige Unterhaltsarbeiten am System.

Das Ziel der Phase Systemtest ist sehr attraktiv – das neue, ausgeprüfte, funktionierende *System*. Der Weg dahin ist oft dornig und auf jeden Fall mit viel detektivischer Kleinarbeit verbunden, die im nachhinein kaum mehr sichtbar ist. Sie ist aber notwendig; sie bildet das Gegenstück zu den extrem vielfältigen Möglichkeiten der Computersysteme. Denn ebenso vielfältig sind die Fehlerquellen! Daher lautet die Warnung:

> *"Whatever can possibly go wrong will!"*
> *Murphy's law*

Wir wissen aber nicht, wann! Und damit die Fehler während der *Testphase* und nicht erst im Einsatz auftreten, müssen wir hart arbeiten.

Zur besonderen Beachtung: Der Systemtest ist nicht einfach ein "Fehlersuchen und -beheben", sondern ein systematischer Aufbau des Gesamtsystems von unten nach oben. Alle Teile werden schrittweise ausgeprüft (Testumgebung) und zusammengebaut, im Idealfall sogar, *ohne* Fehler zu machen und zu finden.

6.3 Testverfahren

Für das Verständnis des Testverfahrens gehen wir auf die Detailspezifikation zurück; dort wird der Programmierauftrag (und für zusammengesetzte Komponenten die Modulfunktion) formuliert, dort muss auch die Formulierung der Testaufgaben ansetzen. Testaufgaben für Computersysteme bestehen normalerweise aus geeigneten *Testdaten*, mit denen das auszutestende System betrieben wird. Bei der Festlegung von Testdaten geht es in erster Linie darum, herauszufinden, ob das Programm

- alle Fälle richtig behandelt, die es behandeln soll und
- alle Fälle zurückweist, die es nicht behandeln soll.

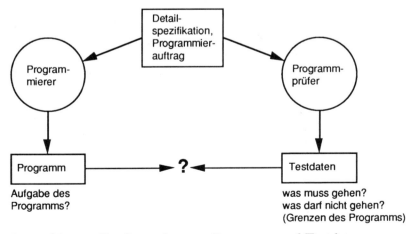

Figur 6.3: Konfrontation von Programm und Testdaten

124 Systemtest

Aus Fig. 6.3 wird ersichtlich, dass der Testprozess auf klare Abgrenzungen ausgeht, deutlicher, als mancher Programmierer vielleicht bisher angenommen hat.

Als nächstes wollen wir den *technischen Rahmen* kurz anschauen, der für die Durchführung der Testarbeiten nötig ist (Fig. 6.4). Die zu prüfende Komponente X hat normalerweise die Form eines Unterprogramms. Daher muss ein Rahmenprogramm mit Ein- und Ausgabemöglichkeiten bereitgestellt werden, das Testdaten einlesen und Ergebnisse ausdrucken kann.

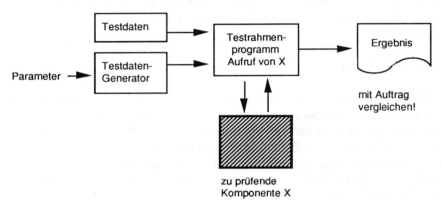

Figur 6.4: Provisorische Einbettung eines Programmbausteins für Testarbeiten

Testdaten können auf recht verschiedene Art bereitgestellt werden:

- *Einfache (aber doch genügend grosse) Beispiele, die auch von Hand vollständig durchgearbeitet wurden.* Solche Beispiele muss schon der Programmierer entworfen und sowohl von Hand wie auch mit seinem Programm durchgearbeitet haben. Mit diesen Beispielen kann sofort erkannt werden, ob das Programm im *Normalfall* nach Wunsch arbeitet. (Diese Art von Testdaten wird in jedem Fall benötigt.)

- *Auszüge aus realen Datenbeständen:* Sie erlauben einen echten Parallellauf mit der bisherigen Lösung, enthalten aber im allgemeinen für einen Fehlertest zu viele Normal- und zu wenig Sonderfälle. (Für einen *Leistungstest* ist diese Mischung jedoch meist gut geeignet, vgl. Abschnitt 12.3, Software-Qualität.)

- *Über einen Datengenerator künstlich generierte Testdaten:* Dabei können durch den Testdatengenerator oder durch ein Simulationsprogramm Grenzfälle produziert werden, die das Programmtesten sehr unterstützen können. Fehlt ein Datengenerator, lassen sich Testdaten im Testrahmenprogramm selber erzeugen. Auch hier ein Vorbehalt: Testdaten nützen nur etwas, wenn sie in einen systematischen *Testplan* hineinpassen und darin eine Aufgabe haben!

Der Programmprüfer muss sich im voraus einen *Testplan* aufstellen. Er führt mit seinem Objekt – hier mit einem Programm – bestimmte Experimente durch, wobei ein Computer wesentlich helfen kann. Welche Experimente? Es kommt z.B. *nicht* darauf an, *wie oft* das Programm während diesen Experimenten zum Laufen kam, sondern einzig darauf, dass *möglichst alle* internen logischen Wege dieses Programms *mindestens einmal* durchlaufen wurden. Fig. 6.5 deutet die Vielfalt der logischen Ablaufmöglichkeiten eines bestimmten Programms an; alle We*gkombinationen* sollten im Test drankommen. Dazu sind wenige, klug ausgedachte und parallel dazu von Hand durchgearbeitete Testdaten oft viel besser geeignet also noch so viele automatisch generierte Datenhaufen.

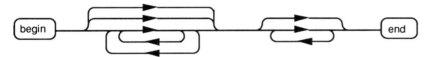

Figur 6.5:   Kombinatorische Vielfalt logischer Programmwege

Fig. 6.5 zeigt noch etwas. Einfache, übersichtliche Programmstrukturen – sie können in einer strukturierten Programmiersprache oder graphisch dargestellt sein – sind für das Austesten eine grosse Hilfe. Ein unstrukturiertes Programm, voll von Sprungbefehlen, lässt sich kaum systematisch ausprüfen. Hier zeigt sich erneut und verstärkt die Bedeutung strukturierender Arbeitsmethoden.

Die Testverfahren sind in den letzten Jahren theoretisch und praktisch systematisiert worden. In Abschnitt 12.5 (Software-Testmethoden) findet sich ein entsprechender Überblick. Erfahrungen aus grossen Projekten präsentiert auch [Brooks 82], ein interessantes Beispiel aus dem Raumfahrtbereich [Spector, Gifford 84].

6.4   Partner und Gegner

An grösseren Software-Projekten sind mehrere Personen beteiligt. Da gehört es zum guten Stil, dass beim Systemtest ein Projektmitarbeiter grundsätzlich Programmkomponenten ausprüft, die er nicht selber programmiert hat. Wir wollen kurz der Frage nachgehen, wie sich diese Aufteilung der Funktionen

"Herstellen" und "Prüfen" im Software-Bereich auf die Beteiligten und das Produkt auswirkt.

Ein Punkt sei gleich vorweggenommen: Es geht bei der Programmprüfung im Normalfall zwischen Programmierer und Prüfer nicht um ein Mitarbeiter-Chef-Verhältnis! Der Umfang der Prüfarbeiten ist viel zu gross, als dass es dafür genügend Chefs gäbe! Die Prüfung erfolgt durch andere Mitarbeiter im Projekt- oder Programmier-Team, also durch *Kollegen* des Programmierers. Diese Situation kann psychologisch heikel sein. Jeder hat gewisse Hemmungen, Fehler eines Kollegen aufzudecken. Man ist rasch bereit, in Grenzfällen eine Lösung zu tolerieren, deren Nachteile "wahrscheinlich" nicht zur Wirkung kommen (Vorsicht: Murphy's law!).

Solche toleranten Haltungen sind menschlich verständlich. Es ist daher Aufgabe der Projektleitung, dafür zu sorgen, dass sich solche Überlegungen nicht zum Schaden des Projekts auswirken. Wie das etwa möglich ist, zeigt folgendes Beispiel eines amerikanischen Software-Projektmanagers [Gross 84]:

Während Jahren hatte seine Firma (ein grosser Computerhersteller) den Arbeitsgruppen im Bereich Systemtest den etwas schwammigen Auftrag gegeben: "Weist die Einsatzfähigkeit dieser Programme nach!" Da die Resultate nicht befriedigten, wurde 1976 der Auftrag geändert. Er lautet seither nüchtern und hart: "Findet Fehler in diesen Programmen!" Das Ergebnis dieser und weiterer Massnahmen ist eine gewaltige Abnahme der Fehlerbehebungs- und Unterhaltskosten, da heute viel mehr Fehler *früh* gefunden werden. Die folgende Tabelle zeigt es deutlich:

	1975	1979	1983	
Kosten für Korrektur eines Fehlers	900+mehr	420	377	$
Software-Budget-Anteil für Unterhalt (gegenüber Entwicklungskosten)	50	20	17	%

(Aus der selben Quelle stammt auch die Aussage, dass die Entwicklungsstufe aktueller Testmethoden 15 Jahre hinter jener der Methoden für die Software-Entwicklung nachhinkt.)

Diese Überlegungen zeigen, dass der Mitarbeiter, der Testarbeiten auszuführen hat, einen ganz klaren *Auftrag* haben muss, der ihn nicht in Gewissenskonflikte bringt. Wenn der Chef anordnet, Fehler zu suchen, wird die Leistung des Testers an diesem Auftrag gemessen. Damit ist er für diese Aufgabe ein "Gegner" des

Programmierers und beide wissen das. Das bedeutet keineswegs "dicke Luft" im Projektteam. Genauso, wie sich im Geschäftsleben Lieferant und Kunde, Verkäufer und Einkäufer einerseits gegenüberstehen, anderseits aber durch Zusammenarbeit bessere Resultate für beide Seiten erreichen, genauso gilt das auch für die Programmentwicklung.

Wichtig bei dieser *Zusammenarbeit* ist zum Beispiel, dass der Programmierer dem Prüfer jede Art von Informationen zur Verfügung stellt, die hilfreich sein können, also etwa Testrechnungen, die der Programmierer bereits angestellt hat. Umgekehrt darf sich aber der Prüfer nicht beeinflussen lassen durch das, was der Programmierer bei seiner Entwicklung *wollte*. Es zählt nur, was er wirklich in seinem Programm realisierte (Fig. 6.3)!

Gerade dieser letzte Punkt bildet eine grosse Schwierigkeit bei "Ein-Personen-Programmierteams", wie sie etwa für Studenten typisch sind. Wer sein eigenes Programm überprüfen muss, ist durch seine eigenen Entwurfsideen voreingenommen. Natürlich kann er sich bemühen, im Test unabhängig davon zu denken, ganz einfach ist das aber nicht. Darum sollten auch Studenten vermehrt *partnerschaftlich* an Programmentwicklungen arbeiten und sich dabei in der Zusammenarbeit Programmierer - Tester üben. Selbstverständlich kann nicht *jedes* Studenten-Übungsprogramm einem rigorosen Testprozess unterworfen werden; der Aufwand wäre unverhältnismässig. Einzelne Programmtestarbeiten sollten jedoch unbedingt bereits dem Studenten einen ersten Erfahrungsschatz im Bereich der *kritischen* Zusammenarbeit vermitteln.

6.5　Beispiel

VVV-Sekretär Simon hat während Monaten die Arbeiten Peters im Projekt "Büroblitz" verfolgt. Wie Peter nun (in Unterabschnitt 5.4.5, "Datenbereitstellung") etwas von "Testdaten" verlauten lässt, wird Simon hellhörig. Er offeriert Peter, die gewünschten 50 Test-Mitgliederkarteiblätter bereitzustellen. Daneben hat sich Simon vorgenommen, ein paar Sonderfälle, etwa mit überlangen Geschäftsadressen, beizumischen, die er in den vergangenen Monaten gesammelt hat. Wie wird das automatische System darauf reagieren?

Parallel dazu hat Peter seine Programme mittels des Datenbanksystems XYZ zusammengestellt. Jetzt folgt der erste Lauf mit echten Testdaten.

128 Systemtest

Peter sitzt am Bildschirm. Er tippt fleissig Mitgliedernamen und -adressen in seine Maske ein (Fig. 5.8). Da trifft er auf folgendes Muster (Fig. 6.6):

VVV- Sekretariat Mitgliederkartei	Name: Holzer		Vorname: Robert		Arbeits- gruppe:	A	X B	C	D	E
Adresse:	Strasse		PLZ	Ort			seit			
	c/o Jakob Michel AG									
	Abt. KWZ-178									
	Elisabethenstr. 58		6782	Z-Dorf			1981			

Figur 6.6:   Testdatenbeispiel mit überlanger Geschäftsadresse

Wie soll Peter diese Geschäftsadresse in seinem 30-Zeichen-Feld "Strasse" unterbringen? Soll er (unschön) abkürzen, oder muss er seine Datenstruktur erweitern, etwa um eine zusätzliche Adresszeile "Firma" mit weiteren 30 Zeichen? Damit müssten auch generell grössere Adressetiketten beschafft und mehr Platz in den Verzeichnissen vorgesehen werden. Peter fragt Simon, wie häufig solche Viel-Zeilen-Adressen seien; Simon schätzt sie auf weniger als 10 (von 600). Darauf entschliessen sie sich gemeinsam, gemäss 80-20-Regel auf eine Programmänderung zu verzichten und dafür ein paar wenige Adressen etwas unschön im verfügbaren Platz zusammenzuquetschen.

Natürlich probiert Peter nicht nur die Adressverwaltung aus, sondern er verbucht bereits (supponierte) Jahresbeiträge, gründet Arbeitsgruppen, druckt Musterlisten. Kleine Fehler und Unschönheiten der Formulargestaltung werden sichtbar und korrigiert.

Am Schluss der Phase Systemtest hat Peter ein Anwendersystem "Büroblitz" zur Verfügung, das *gemäss Anforderungen funktioniert*, und er hat bei seinen Testarbeiten Musterbeispiele produziert und ausgedruckt, mit denen er anschliessend seine *Betriebsdokumentation* hübsch illustrieren kann.

7 Einführung der neuen Lösung

7.1 Kurzfassung

Aufgabe: Vorbereitung und Umstellung des Betriebs samt Mitarbeitern auf das künftige Anwendersystem bei minimaler Gefährdung der Funktionstüchtigkeit

Grundlagen: System und Systembeschreibung
Genaue Kenntnis der Situation im Anwenderbetrieb (Ist-Zustand, ergänzt um aktuelle Angaben, auch im personellen Bereich)
Einführungspläne (Informatik + Organisation)

Ziel: neues System im Betrieb

Zu erstellende Dokumente und Komponenten des Anwendersystems:
Betriebsdokumentation (inkl. Fehlermassnahmen)
Ausbildungsunterlagen
Betriebsmittelbereitstellung gemäss Einführungsplan
Übergabeprotokoll

7.2 Vorgehen

Mit der Phase Einführung haben wir uns schon früher intensiv befasst, nämlich in der Phase Realisierung

- bei der Detailspezifikation: Informatik-Einführungsplanung (Unterabschnitt 5.2.5),
- bei der Rahmenorganisation: Organisatorische Einführungsplanung (Unterabschnitt 5.5.3).

In Fig. 5.5 wurde der kritische Schritt vom bisherigen Betrieb zum Betrieb des neuen Systems schematisch dargestellt. Diese Umstellung gilt es jetzt zu vollziehen!

Wir rekapitulieren die *Voraussetzungen:*

- Das *neue System* ist vorhanden und systematisch ausgetestet (Ende Phase Systemtest).

- Die *betriebliche Umgebung* und das neue System lassen sich zusammenfügen (Rahmenorganisation).
- Die *Umstellung* ist geplant (Einführungsplanung).

Vor der Phase Einführung wurden erst ausgewählte Teile des Personals und des Betriebs mit dem neuen System direkt konfrontiert, die übrigen Mitarbeiter nur orientiert. Mit Absicht wurde keine unnötige Unruhe geschaffen, der Normalbetrieb nicht gestört. *Während* der Einführung werden jedoch alle künftigen Anwender betroffen.

Dieser Schritt wird normalerweise auch vom *Auftraggeber* mit besonderer Aufmerksamkeit verfolgt. Er kann zum Beispiel verlangen, dass ihm die Ergebnisse des Systemtests vorgelegt oder demonstriert werden (Läuft das neue System?). Oder er kann sogar neue Auflagen für die Umstellung machen (was die Arbeit der Projektbearbeiter nicht erleichtert). Ein Beispiel: Eine Systemtestphase für ein Buchhaltungssystem verzögert sich von Ende September auf Ende November. Da ist ein Auftraggeber zu verstehen, der sich eine Einführung im Dezember-Hochbetrieb verbittet!

Bei der Einführung spielen Ausbildung und Betreuung des Betriebspersonals eine zentrale Rolle (Abschnitt 7.3). Dazu sind Schulungsunterlagen und Betriebsdokumentation (vgl. Abschnitt 11.2) notwendig. Wie schon bei der Rahmenorganisation geschildert, bildet die Einführungsphase einen mehrfachen Engpass, personell, zeitlich, räumlich. Es ist daher wichtig, dass die Projektleitung während dieser Zeit im wörtlichen Sinn *präsent* ist, um allfällige Friktionen rasch erkennen und ihnen entgegentreten zu können.

Eine andere Art von Problemen stellt sich im engeren Bereich der Informatik. Schliesslich muss der nahtlose Übergang der *Daten* (Datentransfer) aus dem alten ins neue System gesichert sein. Die *Systemübergabe* (Abschnitt 7.4) umfasst meist auch Wechsel in der Verantwortlichkeit und der Sicherheitsorganisation.

In besonders wichtigen und riskanten Fällen müssen das alte und das neue System eine Zeitlang *parallel betrieben* werden (Fig. 5.5). Der Aufwand für einen derartigen Parallelbetrieb kann beträchtlich sein. Er muss dem Gewinn an Sicherheit gegenübergestellt werden, wenn die Frage nach einem Parallelbetrieb zu entscheiden ist.

Am Ende der Einführungsphase ist das Projekt als solches abgeschlossen; es folgt der *Betrieb* (Kap. 8). Das neue System läuft, die Zeugen des alten Systems verschwinden, die Sorgen der Umstellungszeit weichen. Alle Beteiligten hoffen, dass sich auch die Erwartungen im Betrieb erfüllen werden.

Zur besonderen Beachtung: Mehr noch als in allen früheren Phasen steht bei der Einführung die Funktionsfähigkeit des Anwenderbetriebs auf dem Spiel. Daher müssen jetzt personelle und organisatorische Fragen im Vordergrund stehen, während die technischen Aspekte nach dem Systemtest bewältigt sein sollten.

7.3 Ausbildung des Betriebspersonals

Eine Computerlösung bedeutet immer eine Automatisierung von Informationsabläufen. Sind an diesen Abläufen Personen beteiligt, so wird durch die Einführung der neuen Anwendung deren Tätigkeit betroffen und meist mehr oder weniger stark verändert. Darauf müssen sie vorbereitet werden.

Zur Vorbereitung gehören

- *allgemeine Orientierungen,* welche der *Motivation,* also der positiven Einstellung zur Neuerung und dem Abbau eventueller Ängste dienen, sowie
- *die notwendige technische Ausbildung,* damit der neue Anwender das neue System nutzen kann.

Die Motivationsbemühungen sollen hier nicht weiter behandelt werden. Wir wollen aber nicht vergessen, dass eine gute Ausbildung einen der wichtigsten Pfeiler für die positive Motivation zur Übernahme einer informatikunterstützten Arbeit bildet. Die *Ausbildung* interessiert uns daher besonders. Wer für die Vorbereitung einer Einführungsausbildung verantwortlich ist, muss dabei immer vom *künftigen Benutzer* ausgehen:

- Welche Einstellung zur neuen Lösung kann beim künftigen Benutzer erwartet werden?
- Was kennt der künftige Benutzer bereits (Grundlagen)? Hat er z.B. bereits mit ähnlichen Systemen gearbeitet? Wenigstens mit Tastaturen oder Systemteilen? Oder hat er sonst besondere Voraussetzungen (Kurse usw.)?
- Was ist für die Bewältigung des künftigen Betriebs im Normalfall, was im Ausnahmefall nötig (Ausbildungsziel)? Wir müssen uns auf das Nötige konzentrieren und nicht eine umfassende Informatikausbildung "an den Mann" bringen wollen.

132 Einführung der neuen Lösung

Wichtig ist die *Unterscheidung Normalfall-Ausnahmefall*. Jeder Auszubildende ist froh, wenn er *am Anfang nur den Normalfall* kennen und bewältigen lernen muss, bevor er vor lauter Sonderfällen die Übersicht gänzlich verliert. Auch hier gibt es eine Art 80-20-Regel, die besonders bei Gebrauchsanweisungen (vgl. unten) zu beachten ist.

Nach der Gegenüberstellung von Grundlagen und Ausbildungsziel folgt die Analyse der für die Ausbildung einzusetzenden *Mittel*. Für Informatiklösungen bieten sich vor allem

– Einführungskurse oder -beratung,

– schriftliche Gebrauchsanweisungen (zum Selbststudium) und

– computergestützte Ausbildungshilfen

an, die sich auch miteinander kombinieren lassen. Alle haben ihre Vor- und Nachteile; je nach Situation muss ihr Einsatz bewusst vorgesehen werden. Der Leser möge sich Beispiele aus seiner eigenen Erfahrungswelt vergegenwärtigen. Wie hat er selber seine erste, seine zweite Computeranwendung kennengelernt? Wie lernte er autofahren, wie eine Hifi-Stereoanlage benützen? Wir können dazu nur wenige Hinweise geben.

Einführungskurse und -beratung bieten persönlichen Kontakt und sind daher (bei gutem Lehrer) motivationsfördernd, werden aber bei grösseren Zahlen von Auszubildenden rasch aufwendig.

Schriftliche Gebrauchsanweisungen erfordern einen bedeutenden Vorbereitungsaufwand und können nur bei *vielfachem Einsatz* so sorgfältig erstellt werden, dass sie als Unterlagen für ein Selbststudium vollumfänglich genügen. Umfassende Gebrauchsanweisungen müssen bei komplizierten Sachverhalten sogar aufgeteilt werden in eine Anleitung zum *schrittweisen* ersten Durcharbeiten (Normalfall, einfach) und einen Teil mit Anweisungen für Sonderfälle (vom Inbetriebsetzen des Systems bis zu Fehlerkorrekturen). Solche Gebrauchsanweisungen enthalten meist auch spezielle Nachschlageteile für Problemsituationen für den erfahrenen Anwender.

Computergestützte Ausbildungshilfen machen typischerweise direkt Gebrauch von der Dialogfähigkeit des Computers. In diesem Fall werden für die Ausbildung zum Gebrauch einer Dialog-Computerlösung eigentliche Ausbildungsfunktionen in die Software der Lösung *eingebaut*. Typisch für dieses Prinzip ist die öfters vorhandene Funktion HELP/HILFE. Wer HELP drückt, weiss in einer bestimmten Situation nicht weiter und braucht Instruktionen, und zwar – das

Einführung der neuen Lösung 133

macht die Dialoglösung didaktisch so interessant – genau für *diese Situation*. Hier braucht er Hilfe, er will keine allgemeinen Sprüche! Das Dialogsystem kennt die momentane Situation vollumfänglich. Somit kann mit der *gleichen, universell verwendbaren* HELP-Funktion an jeder beliebigen Stelle des Arbeitsprozesses am Bildschirm eine genau zu dieser Stelle passende spezifische Hilfe angeboten werden (universelle HELP-Funktion).

Beispiel: Bildschirmeingabe einer Postleitzahl (numerisch):

Aktivität des Benutzers:	Reaktion des Systems:
...	Postleitzahl:
8o92	Fehler, nicht numerisch!
	Postleitzahl:
HELP	Postleitzahl darf nur Ziffern, aber keine Buchstaben und anderen Zeichen enthalten; prüfen Sie o/O/0, 1/i/l. Probieren Sie nochmals.
	Postleitzahl:
8092	...

Hier hat der Benutzer mit dem Hinweis "Fehler, nicht numerisch" nichts anzufangen gewusst, darauf HELP ausgelöst und Hilfe erhalten. Selbstverständlich müssen all diese spezifischen Hilfestellungen (Texte) durch den Projektentwickler zusätzlich bereitgestellt werden, ein Aufwand, der normalerweise nur für häufig gebrauchte oder besonders wichtige Programme vertretbar ist.

Unter dieser Voraussetzung (häufig oder wichtig) kann ein Ausbildungskonzept mit Computerhilfe noch viel weiter entwickelt werden. Mit einem zusätzlichen Rahmenprogramm und Musterbeispielen lässt sich die Anwenderlösung selber *demonstrieren* und *üben*. Wichtigstes Anwendungsgebiet für solch eingebaute Ausbildungsprogramme ist die Ausbildung des Betriebspersonals in weitgehend automatischen Grossanlagen einerseits für den Normalbetrieb, insbesondere aber für *Katastrophensituationen*. Betrachten wir als Beispiel ein Kernkraftwerk. Da sitzen die Überwacher und Bediener vor einem Kommandopult mit Bildschirmen, die viele Messungen an den verschiedensten Stellen am Reaktor, im Dampfkreislauf oder am Generator auslösen und anzeigen können. Im Normalfall ist der Betriebsablauf völlig stabil, die Messungen zeigen keine Abweichungen, am Kommandopult *passiert nichts*. Wie wird nun der Überwacher so ausgebildet, dass er im Fall irgendeiner Panne (die bei rascher und richtiger Behebung sehr wohl ungefährlich sein kann) unmittelbar *richtig* handelt (z.B. das richtige Ventil schliesst)? Er hat ja den Fall noch nie real erlebt und hat somit keine Erfahrung.

Die Antwort heisst wie schon bei wichtigen Systemtestarbeiten (Kap. 6) *Simulation*. Die zu überwachende Anlage (hier: Reaktor, Dampfkreislauf usw.) wird auf einem Computer als *Rechenmodell* dargestellt; das Verhalten (Prozess) lässt sich anhand der Rechnung wie bei einer realen Anlage beobachten. Für solche Simulationsrechnungen steht bei Grossanwendungen oft eine Reserve-Rechenanlage zur Verfügung, die aus Sicherheitsgründen sowieso beschafft werden muss. Auf dem rechnerisch simulierten System werden Pannensituationen erzeugt und auf Schulungs-Bildschirmen, die denjenigen im Normalfall völlig gleichen, angezeigt. Der auszubildende Überwacher kann auf diese Weise seine Reaktionen schulen. An simulierten Krisenfällen und Katastrophen erwirbt der Bediener die Erfahrung, die ihm auch angesichts echter Krisenlagen rationale Entscheide ermöglicht.

Nach diesem Ausflug in Grossanwendungen der Computertechnik sei aber noch ein Blick auf die "kleinen Missgeschicke" erlaubt. Auch diese können nämlich empfindlichen Schaden anrichten. Daher muss schon für bescheidene Anwendungen sichergestellt werden, dass nach *Systemzusammenbrüchen* der ordnungsgemässe Betrieb wieder aufgenommen werden kann.

Jeder Projektentwickler befasst sich nicht bloss mit dem *Normalfall* seiner Automationslösung, sondern auch mit allfälligen Problemen, Fehlern und eben mit möglichen Systemzusammenbrüchen. Natürlich gibt es verschiedenste technische und organisatorische Methoden zur Verminderung von Gefahren (vgl. etwa Abschnitt 12.2 oder Abschnitt "Datensicherung" in [Bauknecht, Zehnder 89]), absolute Sicherheit existiert aber nicht. Also müssen wir uns auf Pannen *vorbereiten*.

Wichtige mögliche *Pannen* kann man im voraus überdenken, Gegenmassnahmen planen und diese im sog. *Katastrophenhandbuch* (vgl. Fig. 7.2) festlegen. Wer macht was im Fall der Fälle? Ausserdem sollte man Krisenlagen auch im Rahmen der Einführungsausbildung *einüben*. Pannen verlieren sehr viel von ihrem Schrecken, wenn man die Gegenmassnahme schon einmal durchexerziert hat!

7.4 Systemablösung und -übergabe

Der Problematik des Systemwechsels sind wir bereits mehrmals bei unserem Gang durch die Projektphasen begegnet; in Fig. 5.5 ist sie dargestellt worden. In besonders kritischen Fällen muss während einer Übergangszeit sogar ein *Parallelbetrieb* der alten mit der neuen Lösung vorgesehen werden.

Aber auch in einfacheren Fällen ohne Parallelbetrieb schafft die Systemablösung besondere Konflikherde. Wir betrachten dazu etwa die Frage der *Verantwortung* (Fig. 7.1).

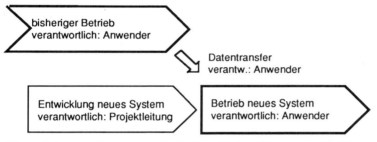

Figur 7.1:   Verantwortlichkeiten beim Systemwechsel

Wenn der Betrieb reibungslos weiterlaufen muss, kann die *betriebliche Verantwortung* dem *Anwender* sicher nicht abgenommen werden. Auch der Datentransfer alt/neu steht normalerweise in *seiner* Verantwortung, obwohl die Projektorganisation gerade dafür besondere Vorbereitungen treffen und evtl. zusätzliche Mittel und Personen einsetzen muss (vgl. 5.4.3, "Datenbereitstellung"). Just im Höhepunkt dieser Arbeiten sollte zusätzlich die Verantwortungsübergabe beim System selber erfolgen: Aus dem *Entwicklungsprojekt* wird die *Anwendung*, der *Anwenderbetrieb*. Das ist gleichzeitig ein Belastungshöhepunkt und ein langerwarteter Endpunkt: Projektende!

Wenn ein Bauherr sein neues Einfamilienhaus übernimmt, übergibt ihm der Architekt symbolisch den Hausschlüssel, bei einer Brückeneinweihung wird ein Band durchschnitten: Die Arbeit ist fertig, die Beteiligten feiern. Idealerweise ist das auch bei der Betriebsaufnahme von Computerlösungen der Fall. Bei

Routinelösungen, also etwa beim wiederholten Einsatz von Standardsoftware, können wir heute solche reibungslosen Übergänge erwarten, ja verlangen.

Anders steht es gelegentlich beim Einlaufen von Neuentwicklungen. Da ist der Übergang auf die neue Automation leider noch allzuoft mit Pannen behaftet. Vielleicht geht es nur um "Kleinigkeiten", vom falschen Stecker bis zur unverständlichen Gebrauchsanweisung. Der Auftraggeber und neue Anwender weigert sich jedoch, "die Verantwortung zu übernehmen", die Projektleute sind vom Endspurt übermüdet und kurz angebunden, das Betriebspersonal ist unsicher und skeptisch. Somit ist dann einmal mehr "der Computer schuld", wenn eine Computerlösung nicht funktioniert.

Abhilfe lässt sich schaffen, wenn die Systemübergabe sauber vorbereitet wird (System ausgetestet und eingeführt) und wenn die Übergabepartner ihre Fähigkeiten und Grenzen kennen und respektieren. So sollte im voraus abgesprochen sein, welche Art von Dokumentation und Schulungsunterstützung mitzuliefern ist, und der künftige Anwender muss frühzeitig seinen Systemverantwortlichen bezeichnen und für die Kontaktnahme mit dem Projektteam freistellen.

7.5 Beispiel

Auf der Stufe der VVV-Freunde bildet die Einführung kein allzugrosses Problem, weil alle Beteiligten, inklusive der künftige Anwender Simon, in der Datenbereitstellungs- und Systemtestphase bereits aktiv mit dem neuen System gearbeitet haben und weil der Systemwechsel *nicht unter Zeitdruck* steht.

So können wir uns in unserer Beispielbeschreibung auf die Schilderung zweier Details beschränken. Sekretär Simon hat in der Einführungsphase endlich auch personelle Unterstützung, nämlich den Helfer Hans, erhalten. Hans lernt unter Anleitung von Peter die Datenerfassung kennen und tippt alle nicht bereits als Testdaten benützten Mitgliederdaten ins System ein (Datenübernahme).

Und die zweite Einzelheit: Projektbearbeiter Peter bringt am 3. November anlässlich des Transports des neuen ABC-Computers zu Simon nicht nur eine schriftliche Gebrauchsanweisung mit, sondern auch ein kurzes "Katastrophenhandbuch". Lesen wir darin einen sehr beherzigenswerten Absatz (Fig. 7.2).

Peter lässt Simon zum Einüben selber eine Diskette kopieren und beginnt so mit der Archivtradition. Das "Archiv" ist in diesem Falle allerdings kein feuersiche-

Einführung der neuen Lösung

rer Panzerschrank, sondern eine alte Pralinen-Blechschachtel in der untersten Schreibtischschublade.

Damit ist das *Projekt* VVV-Büroblitz abgeschlossen. Lassen wir die Beteiligten jetzt zum verdienten Stammtisch gehen. Dem *Betrieb* werden wir im Abschnitt 8.5 nochmals begegnen.

```
VVV-Büroblitz                                           Datum
Katastrophenhandbuch

  Fehler:                    Reaktion:

  ...                        ...

  Ein Datenträger (Diskette) Die entsprechende Sicherheitskopie
  geht verloren oder ist     wird aus dem "Archiv" geholt. Bevor
  defekt.                    aber mit dieser Sicherheitskopie
                             irgendeine andere Arbeit begonnen wer-
                             den darf, muss die Sicherheitskopie
                             vorerst selber kopiert und ins Archiv
                             zurückgestellt werden. Es darf nur
                             mit der neuen Kopie weitergearbeitet
                             werden. Auf der neuen Kopie sind die
                             Arbeiten seit der letzten Absicherung
                             vorerst zu wiederholen.

  ...                        ...
```

Figur 7.2:   Auszug aus dem Katastrophenhandbuch

8 Betrieb (nicht Projektbestandteil)

8.1 Kurzfassung

Aufgabe: Betrieb des neuen Anwendersystems mit notwendigen Unterhalts- und Überwachungsarbeiten

Grundlagen: System und Systembeschreibung
Betriebsdokumentation (inkl. Fehlermassnahmen)
Ausbildungsunterlagen

Ziel: Optimale Nutzung des neuen Anwendersystems

Zu erstellende Dokumente (ohne Produkte des Anwendersystems):
Betriebsstatistiken und Bewertungsunterlagen

8.2 Betrieb einer Anwendung

Informatiklösungen im Betrieb sind grundsätzlich mit jedem anderen technischen Produkt vergleichbar, indem auch eine Computeranwendung ein Maximum an Nutzen mit möglichst wenig Aufwand erbringen soll. Nicht mehr die Lösung an sich ist im Betrieb interessant, sondern ihr nützlicher Einsatz. Die Technik soll neben ihrem Nutzen in den Hintergrund treten.

Reibungsloser Betrieb einer technischen Lösung – vor allem einer automatischen – erfordert sauberes Einhalten der *gegebenen Randbedingungen.* Ein normales Auto auf unseren Strassen ist weder für eine Sahara-Expedition noch für einen Grand Prix eingerichtet; ein entsprechender Umbau ist vielleicht denkbar, aber kaum billig. Analoges gilt für Computerlösungen. Je besser Anforderungsprofil und technische Lösung zusammenpassen und je weniger daran nachträglich geändert wird, desto günstiger und problemloser ist der Betrieb.

In diesem Sinne müssen heute insbesondere Klein- und Standardlösungen behandelt werden. Wer etwa ein Buchhaltungssystem für einen Kleinrechner beschafft, kauft damit gleichzeitig sowohl eine Buchhaltungsmethode als auch das zugehörige Instrument mit der Absicht, diese beiden *etliche Jahre unverändert zu nutzen.* Soll nach einigen Jahren auf eine andere Buchhaltungsmethode gewechselt werden, so wäre eine Umprogrammierung der vorhandenen Computerlösung wirtschaftlich kaum rationell. Dann wird ein neues System nach neuen

Konditionen beschafft und die alte und inzwischen abgeschriebene Lösung (vgl. Kap. 14) ersetzt. Bis dahin soll das im Betrieb stehende System möglichst *ohne Änderungen* benützt werden.

Auch die Anwenderseite ist an einem *stabilen Betrieb* interessiert. Personal, technische Einrichtungen und auch Kunden und Lieferanten sind nach der aufregenden Umstellungsphase froh, wenn wieder Ruhe und Ordnung einkehren. Nochmals das Buchhaltungsbeispiel: keine Firma wird ihr Buchhaltungssystem nach wenigen Jahren ändern, weil das mehr Aufwand als Nutzen bringt. *Stabilität* nützt somit *beiden*, dem Betrieb und dem Informatikverantwortlichen. Die dennoch nötigen Unterhalts- und Wartungsarbeiten werden in Abschnitt 8.3 behandelt.

Trotz diesem Bekenntnis zur Stabilität darf aber eine Computeranwendung als technische Lösung eines betrieblichen Problems nicht als absolut starre Angelegenheit betrachtet werden. Wer eine Computerlösung *einige Zeit nach Betriebsaufnahme* wieder beobachtet, wird Entwicklungen in Benützung und Rahmenbedingungen entdecken.

– Die direkten *Benutzer*, vor allem bei Dialoglösungen am Bildschirm, entwickeln oft eine sehr grosse Fertigkeit im Umgang mit dem Computer. Sie sind imstande, sehr schnell auch komplizierte Auskünfte abzurufen und Verbindungen herzustellen (Beispiele: Schalterangestellte bei Fluggesellschaften oder Banken). Für diese Funktionen stehen dem erfahrenen Benutzer oft besondere "Direktpfade" zur Verfügung.
– Die Computerlösung wird *in den Alltag integriert* . Während sich bei Betriebsaufnahme die neuen Bildschirme etwas steril auf neuem Mobiliar präsentieren, wachsen mit der Zeit verschiedene Arbeitsformen wieder besser zusammen (Beispiele: Telefonnummernzettel werden am Bildschirmrand aufgeklebt, Drucker in eine Poststrasse integriert).

Eine solche positive Anpassung ist für Effizienz und Akzeptanz einer automatischen Lösung wesentlich. Aber es sei nicht bestritten, dass es auch missglückte Computerlösungen gibt, die mehr Störungen als Hilfe gebracht haben (Beispiele werden in Abschnitt 19.1 vorgestellt). In den meisten Fällen überwiegt jedoch das Positive. Aber um wieviel? Daher sollte einige Zeit *nach* Betriebsaufnahme die Frage der Rechtfertigung einer Umstellung objektiv überprüft werden (Abschnitt 8.4).

Während des Betriebs einer Informatiklösung, also während eines Zeitraums von meist vielen Jahren, treten die Informatikfachleute und -verantwortlichen

140   Betrieb

normalerweise in den Hintergrund. Idealerweise kann in modernen Anwendungen der Benutzer seine Systeme weitgehend selbständig einsetzen, ja sogar in Betrieb setzen und über bestimmte Parameter der Betriebsentwicklung anpassen. Den Fachleuten verbleiben im Betrieb drei laufende Hauptaufgaben:

- Der Betrieb von *grösseren Informatik-Dienstleistungszentren ("Rechenzentren")* mit besonderen Funktionen (von der Daten-Ein- und -Ausgabe mit Spezialgeräten über Hochleistungsrechner und -speicher bis zur Datenarchivierung).

- Die Sicherstellung des *Unterhalts* der Systeme für Hard- und Software.

- Die *Beratung*, damit kurzfristig Probleme abgebaut, langfristig aber die Weiterentwicklung der Informatik im Unternehmen geeignet unterstützt werden kann. Diese Funktion der sog. *"Informationszentren"* erhält mit der Verbreitung der Informatik in immer mehr Anwendungsgebieten eine laufend zunehmende Bedeutung (vgl. auch Abschnitt 10.4).

Bei kleineren Informatikanwendungen werden für diese *laufenden* Aufgaben keine firmeninternen Spezialisten eingesetzt, weil dazu auf den Lieferanten der Informatiklösung oder andere externe Berater und Dienstleistungen zurückgegriffen werden kann. Bei grösseren Anwendungen oder in Grossbetrieben lohnt sich im allgemeinen der Aufbau einer internen Fachorganisation, der sog. *Informatikdienste*, zur Übernahme der entsprechenden Aufgaben.

Zur besonderen Beachtung: Informatiklösungen sind leistungsfähige, komplexe, aber doch unpersönliche Werkzeuge. Anwender müssen daher auf Dauer eine personelle Anlaufstelle kennen, welche sie im Bedarfsfall (Notsituation, Unzufriedenheit) angehen können.

8.3   Unterhalt, Wartung

Unterhalt (= Wartung, maintenance) bedeutet die Sicherstellung der ständigen Einsatzbereitschaft eines technischen Produkts. Im Informatikbereich leuchtet die Notwendigkeit von Unterhaltsarbeiten bei *Hardwarekomponenten* unmittelbar ein. Drucker müssen regelmässig gereinigt und eingestellt werden. Sogar elektronische Komponenten können altern und bestimmten Anforderungen nicht mehr genügen; sie werden daher im Normalfall einfach blockweise ausgewechselt. Die Hardwarewartung wird bei grösseren und wichtigeren Anwendungen üblicherweise regelmässig ausgeführt, nach Möglichkeit periodisch *präventiv*, also bevor überhaupt Fehleranzeigen des Computers auftreten, bei Bedarf natürlich auch nach einem Defekt (vgl. Abschnitt 12.2).

Weniger einsichtig ist es für den Aussenstehenden, dass auch *Software* unterhaltsbedürftig ist, da es sich doch bei der Software um immaterielle und daher nicht alternde Systemkomponenten handelt. Daraus aber Wartungsfreiheit abzuleiten, ist ein – oft kostspieliger – Trugschluss. Jede Computerlösung, und sei sie im Moment noch so ideal, steht unter einem dauernden Änderungsdruck (Fig. 8.1).

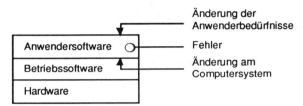

Figur 8.1:   Anwendersoftware steht unter Änderungsdruck

Wir betrachten in Fig. 8.1 die Anwendersoftware (für andere Softwarekomponenten gelten analoge Überlegungen). Die Änderungsbedürfnisse an in Betrieb stehenden Systemkomponenten haben drei Hauptquellen:

– Nachträglich entdeckte *Fehler* müssen behoben werden.

– Das *zugrundeliegende Computersystem* (Hardware, Betriebssystem) wird gelegentlich erneuert oder ergänzt.

– *Anwenderbedürfnisse* ändern sich (z.B. wegen moderneren Computerlösungen bei der Konkurrenz, wegen neuen rechtlichen Vorschriften usw.).

Zu Beginn der Betriebsdauer eines Systems stehen im allgemeinen die Fehlerkorrekturen sowie noch notwendig gewordene Anpassungsarbeiten im Vordergrund; mit zunehmendem Alter einer Anwendung steigen aber die echten Änderungsbedürfnisse.

Die Softwareunterhaltskurve (Fig. 8.2) setzt sich aus dem Fehlerbehebungs- und dem Änderungsanteil zusammen. Bereits beim Systemtest (Kap. 6) haben wir die Bedeutung der *frühzeitigen* Fehlerentdeckung angesprochen und gesehen, wie eine energische Projektführung die Fehlerbehebungskosten massiv reduzieren kann. Ähnlich hängen auch die übrigen Softwareunterhaltskosten, also die auf Änderungsbedürfnissen beruhenden Aufwendungen, ganz wesentlich von der Informatikführung ab. Änderungsbedürfnisse können nämlich nicht gänzlich verneint, aber oft doch eingegrenzt und zweckmässig zusammengefasst werden.

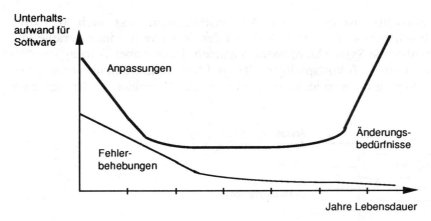

Figur 8.2: Softwareunterhaltskurve ("Badewannenkurve")

Die Änderungsbedürfnisse "von unten", also aufgrund von Änderungen der Geräte und des Betriebssystems, sind in den letzten Jahren durch standardnahe Betriebssystemkonzepte – wenigstens innerhalb ihrer eigenen Produktefamilien und -freigaben (releases) – wesentlich entschärft, wenn auch nicht vollständig aufgehoben worden. Für den Unterhaltsverantwortlichen stellt sich daher immer wieder die Frage, ob ein einmal laufendes System dauernd modernisiert oder besser "eingefroren" werden soll:

- *Für das laufende Modernisieren* sprechen die grösseren oder kleineren "Verbesserungen", die der Lieferant damit verbindet. Man "kann" dauernd das Modernste benützen. Der Lieferant unterstützt zwar auch ältere Versionen, aber nur beschränkt und nicht beliebig lang.
- *Für das Einfrieren* sprechen der Unterhaltsaufwand und auch Sicherheitsüberlegungen.

Das laufende Modernisieren drängt sich im allgemeinen bloss auf, wenn ein Anwendungssystem aus *Gründen der Anwendung* sowieso immer wieder im Laufe seiner Betriebsdauer ergänzt und geändert werden muss.

Damit kommen wir zu den Änderungsgründen von *Anwenderseite*. Auch im Informatikbereich kommt der Appetit mit dem Essen. Eine attraktive Computerlösung veranlasst gerade aktive und interessierte Mitarbeiter, gelegentlich zu fragen, "ob nicht auch das und jenes ... mit dem Computer gemacht werden könnte". Wer wollte nicht solch motivierten Anwendern entgegenkommen und damit gleichzeitig die Zuvorkommenheit der Informatiker beweisen!

Gerade hier trennen sich die Wege entweder zur wirtschaftlichen oder aber zur kaum mehr verantwortbaren, weil extrem teuren Informatik. Häufig beruhen Wünsche zur Computerisierung von Arbeitsvorgängen nämlich darauf, dass man auch *relativ seltene Fälle oder Sonderfälle* (teil-)automatisieren möchte. Wir haben bei der 80-20-Regel (Abschnitt 3.3) bewusst Grenzen gesetzt. Diese jetzt wieder zu sprengen, wäre teurer als beim Projektumriss!

Hauptgrund für diese hohen Kosten ist nicht die einzelne Programmergänzung oder -korrektur, sondern die Tatsache des Eingriffs überhaupt. Wer ein *abgeschlossenes* Programmpaket *ändern* möchte, muss sich darin einarbeiten, Zusammenhänge abklären, an verschiedenen Orten eingreifen, "flicken". Mit den "Verbesserungen" gelangen häufig *neue Fehler* in das vorher oft zufriedenstellend laufende System, die nachher wiederum gefunden und eliminiert werden müssen. Das Unterhaltskarussell dreht sich von neuem. (Moderne modulare Sprachen wie Ada oder Modula-2 bieten hier gewisse, aber keine vollständige Entlastung, und es ist bei derartigen Programmergänzungen wichtig, auf die ursprünglichen Testdaten zurückgreifen zu können, um so die *bisherigen* Funktionen wiederum überprüfen zu können.)

Dennoch: Es gibt immer wieder wichtige *Gründe* für anwendungsbedingte Systemanpassungen. Wenn ein Steuergesetz ändert, darf ein Steuerberechnungsprogramm nicht einfach die alten Regeln weiterbenützen. Wenn gewerkschaftliche Verhandlungen eine neue Lohnzulage bewirken, muss diese ins Lohnsystem eingebaut werden. Solche *wesentlichen Änderungen* müssen eingebaut, aber ihrerseits richtig geführt werden, nämlich wiederum als *Projekt*.

Grössere Änderungen an bestehenden Softwarepaketen sind als vollständiges Projekt mit seinem ganzen Phasenablauf durchzuführen.

Das bedeutet insbesondere, dass der *Projektumriss* die 80-20-Regel berücksichtigt und dass vor der Inbetriebnahme mit *Systemtest* und *Einführung* eine klare *Abgrenzung* zwischen Betrieb (des bisherigen Systems) und Entwicklung (des neuen Systems) erfolgt.

Auf diese Weise bleiben die Projekte überblickbar, und es kann vermieden werden, dass die Informatikentwicklungsabteilung nach einigen Jahren kaum mehr neue Arbeiten in Angriff nehmen kann, weil sie vom Unterhalt der bereits in Betrieb stehenden Anwendungen aufgefressen wird.

Zum Schluss sollen noch zwei Zahlenpaare zeigen, wie sich unterschiedliche *Erneuerungsstrategien* für die Software auf deren Unterhaltskosten auswirken.

- *Konservative* Erneuerungsstrategie in Europa: Lange Verwendung und Anpassung vorhandener Systeme.
- *Aggressive* Erneuerungsstrategie in Japan: Rascher Ersatz vorhandener Systeme durch marktgängige Standardsoftware.

Entsprechend unterscheiden sich die Kostenverhältnisse gemäss einer Schätzung von 1985:

Software-Aufwand in:	Europa	Japan
– Anteil für Software-Neuentwicklungen	30%	70%
– Anteil für Software-Unterhalt	70%	30%

Diese Zahlen sind sicher nur eine grobe Annahme; sie zeigen aber wichtige Grössenordnungen und Tendenzen.

8.4 Nachkontrolle

Im Laufe der Projektentwicklung gibt es verschiedene Zeitpunkte (wichtige Meilensteine), wo Weiterführung oder *Abbruch* der Projektarbeiten bewusst als Alternativen betrachtet werden, schon im *Projektumriss*, am deutlichsten aber beim *Projektentscheid*. Auch später, etwa bei ungenügenden Ergebnissen des Systemtests, ist ein Abbruch unter Umständen die letzte Rettung vor einer Katastrophe. Leider sind in der Praxis immer wieder schlechte Informatikprojekte – aus Prestige- oder anderen Gründen – bis zum bitteren Ende durchgezogen und in Betrieb genommen worden, obwohl ein Abbruch Geld und Nerven aller Beteiligten geschont hätte. Auch wenn bei Projektende oft schon bedeutende Investitionen erfolgt sind (insbesondere der bei Abbruch kaum wiederverwertbare *Entwicklungsaufwand*), kann es noch immer günstiger sein, ein System gar nicht in Betrieb zu nehmen, sei es, weil die bisherige Lösung billiger ist oder weil eine neu aufgetauchte Alternative, meistens eine "ab Stange" käufliche neue Lösung, klar günstiger wäre.

Neben diesen offensichtlichen Fällen von schlechten Lösungen gibt es aber ein ganzes Spektrum von "nur" problematischen Informatiklösungen. Genau so, wie ein Fabrikationsbetrieb, der Kundenaufträge ausführt, eine *Nachkalkulation* kennt und aufgrund des effektiven Aufwands (Personalaufwand, Maschinenstunden, Material usw.) und des erzielten Preises feststellt, ob ein Auftrag eigentlich rentiert habe, genau so muss auch in der Informatik eine *Projektnachkontrolle* erfolgen. Auf diese Weise lassen sich Fehler im Projektablauf besser erkennen und zukünftig hoffentlich vermeiden.

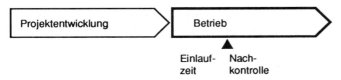

Figur 8.3:   Nachkontrolle und Einlaufzeit

Die Nachkontrolle erfolgt nicht unmittelbar nach der Betriebsaufnahme (Fig. 8.3), sondern nach einer gewissen *Einlaufzeit von 6 bis 12 Monaten*. Dann sind die Aufwendungen für das Projekt und die meisten Fehlerbehebungen und Anpassungen bekannt, die neue Lösung ist eingespielt, und es lassen sich *effektive Leistungszahlen* angeben, etwa für die Bearbeitungszeit einer bestimmten Aufgabe am Bildschirm. Diese Zahlen lassen sich jetzt den *Schätzungen aus der Konzeptphase* und damit natürlich auch dem *früheren Ist-Zustand* gegenüberstellen.

Ähnliche Vergleiche ergeben sich beim *Aufwand*, und zwar sowohl bei den Entwicklungs- und Fehlerbehebungsarbeiten wie auch bei zusätzlich nötig gewordenen anderen Ausgaben, wie zusätzlichen Geräten, Ausbildungsmassnahmen usw. (Bsp.: Fig. 8.4). Das Ergebnis dürfte dabei in den seltensten Fällen so schlecht sein, dass der laufende Betriebsaufwand des neuen Systems seinen Nutzen insgesamt übertrifft. Aber häufig führen die schlecht kontrollierten und daher wesentlich höheren Entwicklungskosten dazu, dass die ursprünglich geschätzte Pay-back-Zeit bedeutend überschritten wird ("Pay-back": Abschnitt 14.4).

Die Nachkontrolle eines Projekts bewirkt selber nicht viel zusätzlichen Aufwand, weil ja die meisten dafür benötigten Unterlagen (etwa Arbeitszeiten aus Projekt und Betrieb) in einem Betrieb sowieso vorhanden sind. Wichtig für den Nutzen der Nachkontrolle ist es aber, dass *Schwachstellen* sowohl der Lösung wie auch der Projektentwicklung *ehrlich* aufgedeckt werden. Nur so ist für zukünftige Projekte ein besseres Ergebnis zu erhoffen.

8.5 Beispiel

Nochmals beschäftigen wir uns mit unseren Freunden vom VVV. Sekretär Simon und Helfer Hans benützen das neue System "Büroblitz"; Projektentwickler Peter hat seine Einführungshilfe abgeschlossen, Berater Bernhard wird nur noch selten auf seine Geburtshelferdienste angesprochen. Ende gut, alles gut! möchte man sagen.

Im Sommer nach der Einführung des neuen Systems setzen sich die Beteiligten nochmals zusammen. Manöverkritik nennen es die einen, Projektnachkontrolle die andern. Wir wollen einige der dabei aufgetretenen Fragen mitverfolgen.

Hauptfrage des Anwenders (Simon): Habe ich eine echte Entlastung gefunden (so dass ich die Aufgabe weiter erfüllen oder aber einen Nachfolger finden kann)? Die Antwort ist ein bedingtes Ja: Durch den Einsatz des neuen Systems lässt sich ein Teil der Sekretariatsarbeit besser an Hilfspersonen delegieren (hier: Helfer Hans). Damit verbleibt dem eigentlichen VVV-Sekretär tatsächlich weniger Arbeit, er wird seine Arbeit weiterführen.

Hauptfrage der Informatiker (Peter, Bernhard): Haben sich unsere Schätzungen bewahrheitet? Sie ergänzen dazu ihre Abschätzungen aus dem Variantenvergleich der Konzeptphase (Fig. 4.6/4.7/4.8) mit dem realen Ergebnis (Fig. 8.4).

Das Ergebnis darf sich sehen lassen. Die Mehraufwendungen bei Entwicklung und Betrieb konnten dank günstigem Beschaffungspreis beim gekauften ABC-System wesentlich reduziert werden. Ein Vergleich mit dem seinerzeitigen Variantenentscheid (Fig. 4.8) erlaubt den Schluss, dass der damalige Projektentscheid mit realen statt geschätzten Zahlen gleich ausgefallen wäre. Das ist für Bernhard und Peter ein schönes Ergebnis.

Sie fragen sich trotzdem, woher die Mehrkosten kommen. Zwei Gründe wird Peter in künftigen Entwicklungen besser berücksichtigen:

- Bei der *Routinearbeit* (Betriebskosten) darf nicht bloss die Arbeit am Bildschirm einbezogen werden. Es kommen Ergänzungsarbeiten (Drucken, Warten usw.) dazu.
- Der *Materialverbrauch* (Betriebskosten) umfasst nicht nur saubere Ausdrucke, sondern auch Testdrucke und Abfall.

PROFI	Nachkontrolle	Datum 15.5.		Seite 1
	Projekt Nr / Progr. Nr VVV1	Ersetzt Ausgabe vom		von 1
Projektname Büroblitz		Ersteller Peter		

1. <u>Nutzen:</u>   Arbeitserledigung im VVV-Sekretariat im wesentlichen
                   gemäss Konzept.
                   Arbeitsteilung möglich.

2. <u>Kosten:</u>   gemäss   reales   alte
                                               Konzept   Ergebnis   Lösung

   <u>Einmalige Kosten</u>
   - externe Beschaffung   8'000   6'500
   - interne Entwicklungsarbeit   *)   <u>4'000</u>   <u>4'800</u>
   total einmalige Kosten   12'000   11'300
        verteilt auf 5 Jahre   2'400   2'260   0

   <u>Betriebskosten pro Jahr (heute)</u>
        Routinearbeit (Stunden)   <u>30h</u>   <u>35h</u>   <u>120h</u>
        umgerechnet (Geld) *)   300   350   1'200
        Material, Unterhalt   600   800   300
        Abschreibung einmalige Kosten   <u>2'400</u>   <u>2'260</u>   <u>   0</u>
   <u>Jahreskosten heute</u>   3'300   3'410   1'500

   <u>Betriebskosten pro Jahr (Zukunft)</u>
        Routinearbeit (Stunden)   <u>75h</u>   <u>80h</u>   <u>500h</u>
        umgerechnet (Geld) *)   750   800   5'000
        Material, Unterhalt   1'250   1'500   600
        Abschreibung einmalige Kosten   <u>2'400</u>   <u>2'260</u>   <u>   0</u>
   <u>Jahreskosten Zukunft</u>   4'400   4'560   5'600

   *) Stark reduzierter Stundenansatz (10.-)

Figur 8.4:   Vergleich Konzept und Ergebnis bei der Nachkontrolle

Damit verlassen wir das VVV-Sekretariat und wünschen dem VVV das geplante und informatikmässig auch vorbereitete *Wachstum*. Dieses Wachstum war ja mitentscheidend für die Variantenwahl B im Projekt Büroblitz.

Zweiter Teil:

Kapitel 9 - 19

Ergänzungen, Vertiefungen, Praxis

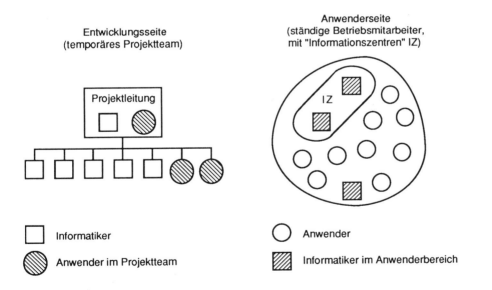

Projektteam und Anwender (Fig. 10.4)

Vorwort 2: Ein Spezialvorwort für Manager (und ein Zwischeneinstieg)

Führungsverantwortliche fast jedes Bereichs - von klassischen Produktionsbetrieben über Dienstleistungsunternehmen bis zur staatlichen Verwaltung - haben heute direkt und indirekt auch mit Informatikfragen zu tun. Solange sie dafür stets auf einen qualifizierten Informatikverantwortlichen zurückgreifen können, haben sie erstens Glück und zweitens eine echte Chance, die gewaltige Informatisierungswelle der Gegenwart mit vertretbarem Aufwand im Betrieb nutzbringend zum Einsatz zu bringen.

Nicht selten tritt aber heute der Fall auf, wo auch Chefs selber direkt mit Informatikfragen konfrontiert werden, sei es, weil neue *Informatikinvestitionen* Grössenordnungen von Neubauten und Firmenzukäufen erreichen und daher der obersten Führungsebene vorgelegt werden müssen, sei es, weil *Probleme* oder *Strategieentscheide* auftauchen, denen sich der Chef stellen muss.

Niemand erwartet von einem Chef, dass er nun angesichts des Informationszeitalters auch noch Informatikspezialist sein müsste, im Gegenteil. Der Führungsverantwortliche soll als Generalist den Überblick bewahren. Dazu muss er aber fähig sein, angesichts der hektischen Entwicklung im Informatikbereich, namentlich auch auf dem Informatikmarkt, die wesentlichen Fragen zu stellen. Ein Beispiel aus der Praxis soll das belegen.

In einem spezialisierten Dienstleistungsbetrieb (grosse technische Hochschulbibliothek) musste in den achtziger Jahren eine Informatiklösung auf Datenbankbasis für die zentrale Bereitstellung aller Betriebsdaten (also namentlich des Bibliothekskatalogs und der Kundendaten) neu entwickelt werden. Diese neue Informatiklösung besteht im wesentlichen aus drei Hauptkomponenten:

A. *Käufliche, allgemein nutzbare Informatikmittel:* Dazu gehören die notwendigen Rechner, Speicher, Terminals (Geräte, Hardware) sowie die grundlegenden Dienstprogramme (Betriebssystem, Datenbankverwaltungssystem; beides sind Programme, Software); Hardware plus Betriebssystem heissen auch Computersystem. Diese Komponenten werden für eine bestimmte Anwendung - gemäss einem Pflichtenheft - beschafft, sind aber in keiner

Weise für diese Anwendung bereits spezialisiert; es sind käufliche Standardkomponenten.

B. *Anwenderprogramme für eine ganz bestimmte Informatikanwendung:* Diese Anwenderprogramme (Anwendersoftware, Applikationssoftware) machen aus den allgemein nutzbaren Informatikmitteln A ein Instrument zur Lösung spezifischer Probleme. Bei häufig auftretenden Problemen sind entsprechende Programme ("Standardprogramme") heute auf dem Markt erhältlich, für speziellere Probleme müssen sie neu entwickelt oder allenfalls aus vorhandenen Teillösungen übernommen und ergänzt werden. Der Anwender verkehrt mit dem Computer über die spezialisierten Anwenderprogramme B.

C. *Daten*: Im Zentrum der Datentechnik stehen natürlich die Daten selber. Diese werden entweder durch die eigenen Mitarbeiter aufbereitet und mithilfe der Anwenderprogramme B ins Informatiksystem eingetastet oder extern beschafft (gekauft, vermittelt usw.).

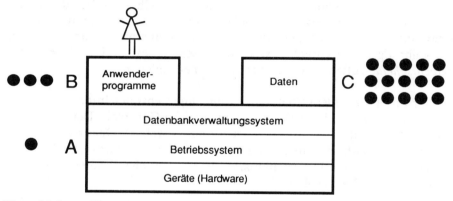

Figur M.1: Komponenten und deren Gewicht bei einer grösseren Informatiklösung im Dienstleistungsbereich.

Im erwähnten Beispiel (Fig. M.1) zeigte nun die Gegenüberstellung der drei Hauptkomponenten A, B, C folgende Verhältnisse der *Beschaffungskosten*:

– *Anwenderprogramme (B) zu Computer- und Datenbanksystem (A):* Im konkreten Fall einer sehr spezialisierten Lösung mit Eigenprogrammierung der Anwenderprogramme betrug der Preis von B dreimal den Preis von A, was die bekannt hohen "Softwarekosten", vor allem bei Eigenentwicklungen, bestätigt.

Genau hier hören aber leider viele Top-Verantwortliche mit der Analyse der Kosten im Informatikbereich bereits auf. Sie sehen sich bestätigt in der Erkenntnis der hohen Software-Kosten - Punktum! Gehen wir doch aber einen Schritt weiter - zu den wirklich relevanten Kostenquellen:

- *Information (C) zu Informatik (A+B)*: Die Daten stehen im Zentrum der Bereitstellung von Information, während die Informationstechnik (= Informatik) nur das Instrument dazu bildet. In unserem Beispiel arbeiten mehrere Dutzend Personen jahrein und jahraus an der Datenerfassung und -pflege; dieser Aufwand macht (kapitalisiert über die Nutzungsdauer) fünfzehnmal die Kosten von A aus. Die Kosten der Information (C) zu jenen der *gesamten* Informatik (A+B) verhalten sich wie 15 : 4!

Erste Folgerung für Manager:

> Kümmern Sie sich in Ihrem Betrieb primär um Information und Informationsabläufe, erst sekundär um Informatik!

Auch wenn die Informatikkosten hoch sind und der Informatikmarkt mit seinen wilden Produkt- und Preisentwicklungen zu Preiskämpfen und Sonderabkommen reizen mag: Hier wurzeln die grössten Kosten *nicht*! Wer meint, bei der Hardware einige Prozente herausholen zu können, und dabei die Effizienz bei der Bereitstellung und Pflege der Daten oder deren Qualität nur geringfügig gefährdet, zäumt das Pferd am Schwanz auf. Im genannten Beispiel bringt eine Einsparung bei der Datenpflege um 10% mehr ein, als die *ganze* Hardware kostet!

Mit der Frage nach den Beschaffungskosten sind aber noch nicht alle grundsätzlichen Fragen aus Fig. M.1 erledigt. Als zweites fragen wir nach der *Lebensdauer* der Komponenten einer Informatiklösung.

Komponente:	Lebensdauer:
A. Käufliche allg. Informatikmittel (Computersystem, Datenbanksystem)	(3 -) 5 - 10 Jahre
B. Anwenderprogramme	(5 -) 10 - 20 Jahre
C. Daten	länger!

Figur M.2: Lebensdauer der Komponenten einer Informatiklösung

Wer die Angebotshektik des heutigen Informatikmarktes kennt, wird mit Erstaunen die Zahlen in Fig. M.2 zur Kenntnis nehmen, besonders wohl die dort angegebene Lebensdauer von Anwenderprogrammen von (5 -) 10 - 20 Jahren! Widerspricht das nicht jeder Erfahrung des Informatikmarktes?

Wer Informatikverantwortliche aus Betrieben mit starker Integration und Vernetzung (also etwa aus Banken oder Fluggesellschaften) um eine Schätzung der Lebensdauer grosser Anwendungen (etwa eines Flugreservationssystems) bittet, erhält Antworten von 15 - 20 Jahren. In etwas schwächer integrierten Industrien (Maschinenbau, Chemie usw.) werden 10 - 15 Jahre genannt. Selbstverständlich werden in dieser Zeit viele Einzelprogramme des entsprechenden Programmpakets neu geschrieben oder abgelöst. Die Gesamtlösung bleibt aber im wesentlichen die alte, sie bestimmt die Arbeitsweise im Betrieb und sie verhindert auch - angesichts der darin gebundenen Investitionen - eine kurzfristige Ablösung (vgl. auch die Zahlen aus Japan in Abschnitt 8.3). Noch viel langlebiger sind manche Datenbestände: Personal- und Versicherungsdaten, Konstruktionsunterlagen (für späte Reparaturen) und selbstverständlich die Daten in Archiv- und Registersystemen müssen in Teilen 30, 50 und noch mehr Jahre überdauern.

Wenn aber diese Zeitverhältnisse stimmen und die teuren Anwendersysteme (B) und die noch viel teureren Daten (C) wesentlich länger als die käuflichen Grundinformatikmittel (A) leben müssen, so verlieren deren Kosten noch mehr an Bedeutung:

Zweite Folgerung für Manager:

> Die massgebende Frage bei der Auswahl von Computern und Grundsoftware lautet nicht: "Welches ist das (momentan) günstigste Angebot?", sondern "Mit welchem Angebot habe ich in einigen Jahren die beste Chance, meine wertvollen Anwenderprogramme und noch wertvolleren Daten unbeschadet auf das Nachfolgesystem zu retten?"

Nun haben wohl einige Manager, welche diesen Text lesen, bereits unangenehmen Kontakt mit hohen Informatikrechnungen aus dem Bereich Grundausstattung (A) oder Anwenderprogramme (B) gemacht und empfinden es als blanken Hohn, wenn ihnen hier in der "Ersten" und der "Zweiten Folgerung für Manager" gesagt wird, dass es auf die Kosten der Informatik primär gar nicht ankomme! Es stimmt trotzdem! Wer aber lieber eine "sparsamere" Formulierung hat, kann sie sofort bekommen (sie geht sogar indirekt aus Eins und Zwei hervor):

Dritte Folgerung für Manager:

Seien Sie zurückhaltend bei Ihren Zielvorgaben für die Informatik; verzichten Sie auf Superlösungen und Sonderwünsche. (Sie würden damit Ihren Betrieb allenfalls auf Dauer belasten!)

Eine direkte Begründung für diese Folgerung finden Sie in der sog. *80-20-Regel* (Abschnitt 3.3), welche besagt, dass bei einem Automatisierungsprojekt 80% aller Fälle - nämlich die einfacheren - nur 20% des Automatisierungsaufwands benötigen, während der kompliziertere 20%-Rest 80% des Aufwands auslöst. So, und damit wären wir beim nächsten Thema dieses Vorworts für Manager, bei der Frage nämlich, worauf wir uns mit irgendeiner *Automatisierung* überhaupt einlassen. (Informatisierung ist nämlich Automatisierung bestimmter Informationsflüsse.)

Wir betrachten dazu ein ganz simples Beispiel, etwa die administrative Betreuung einer neuen Arbeitsgruppe oder eines kleinen Vereins. Wird dies manuell gemacht, so passiert am Anfang *administrativ* wenig: Die Akten sind noch wenig zahlreich, ein paar Mäppchen genügen für die Ablage. Wenn es mehr wird, kommen weitere Mäppchen dazu; vielleicht muss man gelegentlich etwas umorganisieren, umordnen. Mit der Zeit hat sich das Ganze eingespielt; der Aufwand steigt mit dem Aktenberg (Fig. M.3, oben).

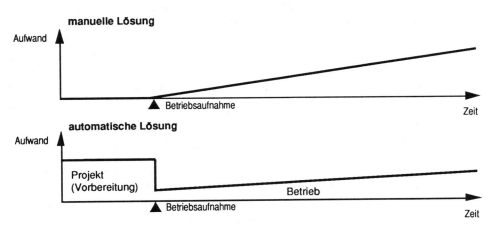

Figur M.3: Aufwandvergleich manuell/automatisch

Ganz anders verläuft die Aufwandkurve bei einer *computergestützten* Administrativlösung (Fig. M.3, unten). Die Automatisierung - sei es der Ablage, sei es der Mitgliederverwaltung - erfordert vorerst eine grössere Investition an *Vorbereitung*, das sog. *Projekt*. Nach Abschluss des Projekts kann es dafür umso rationeller vorwärts gehen; der Betrieb sollte weniger aufwendig ablaufen (sofern wir eine *gute* Informatiklösung gewählt haben!).

Dieser extrem andersartige Aufwandverlauf beim Einsatz automatischer Lösungen gegenüber manuellen Lösungen wird dabei noch akzentuiert durch den gleichzeitigen Verlust an *Flexibilität*. Die manuelle Bürolösung ist - vor allem am Anfang - so übersichtlich, dass jeder Sachbearbeiter imstande sein sollte, geeignete Verbesserungen selbst zu sehen und einzuführen (Umordnen der Ablage usw.). Nicht so bei der Informatiklösung. Da wird systematisch *im voraus* geplant und dann die Lösung festgelegt; nach Betriebsaufnahme entspricht die Flexibilität der Lösung etwa jener eines Neubaus, *nachdem* der Beton erhärtet ist!

Vierte Folgerung für Manager:

> Seien Sie sich bewusst, dass jeder Computereinsatz im Betrieb eine Automatisierung bestimmter Informationsprozesse bedeutet und dass damit deren Flexibilität sinkt; entsprechend gross sind die Ansprüche an die Vorbereitung (Projektarbeit).

Selbstverständlich haben die Informatiker das Problem der mangelnden Flexibilität üblicher Informatiklösungen auch erkannt und servieren Ihnen als Gegenmittel, was das Herz begehrt, von benutzerfreundlichen 4.-Generationssprachen über Expertensysteme bis zur "künstlichen Intelligenz" (vgl. auch etwa die Abschnitte 9.4 und 9.5 mit heute schon praktikablen Ansätzen zur Erhöhung der Flexibilität bei der Projektentwicklung). Aber seien Sie sehr vorsichtig mit diesen Angeboten. Sie alle sind bestenfalls Ergänzungen und Korrekturen einer Situation, die vorerst ganz simpel "Verlust der Flexibilität" bedeutet. Wie sich diese abhandengekommene Flexibilität in der betrieblichen Praxis etwa auswirkt, können Sie dort besichtigen, wo Mitarbeiter manuell das nachbessern müssen, was durch die Informatiklösung ungenügend verarbeitet wird. Wer kennt keine solchen Beispiele? Weit schlimmere Folgen hat aber eine fehlorientierte Informatik dann, wenn ganze Betriebe davon betroffen werden (zum Beispiel nicht mehr auftragsgerecht ausliefern können) und dadurch auf die schiefe Bahn geraten, allenfalls in ihrer Existenz gefährdet werden. Daher der Rat zur Vorsicht.

Der langen Rede kurzer Sinn: Es geht bei der Informatik-Projektentwicklung in erster Linie darum, sorgfältig und systematisch *all das* zu tun, was zur Vorbereitung der späteren Informatikanwendung *nötig* ist. Genau das ist ein Informatik-*projekt*. In der ersten Hälfte dieses Buches wurde an einem einfachen Beispiel (aus der Verwaltung des Vereins "VVV") gezeigt, was dazu gehört, aufgeteilt in eine Folge klassischer Vorgehens*phasen*.

Für Manager haben wir mit diesem "Vorwort mitten drin" diese Einzelheiten übersprungen und nur einige "Folgerungen für Manager" formuliert. Nicht dass damit bereits alles gesagt wäre, das primär die Chefetage angeht. In der zweiten Hälfte dieses Buches stecken noch einige weitere "Managerregeln". Die wohl wichtigste wird im Kapitel 18 unter dem Begriff "Föderalismus" aufgegriffen.

Chefs sind grundsätzlich "Informationsarbeiter". Sie formulieren Ziele, sprechen mit Menschen, kontrollieren Resultate. Die Informationstechnik - die *Informatik* - betrifft somit ihre ureigenste Domäne. Warum sollen sie sich nicht einmal etwas vertieft damit auseinandersetzen? Genau dazu kann das vorliegende Buch dienen.

9 Projekte mit angepasstem Phasenablauf

9.1 Der Lebenszyklus von Informatiklösungen

Im ersten Teil dieses Buches (Kap. 1 bis 8) wurde das Vorgehen bei der *Entwicklung* einer neuen Informatiklösung - ein *Projekt* - in Phasen gegliedert, phasenweise beschrieben und mit einem übersichtlichen Beispiel (Vereinsadministration "VVV") illustriert. Nun ist aber die dort gezeigte Situation, bei der ein kleiner Betrieb (das Sekretariat des Vereins VVV) aus einem Zustand mit rein manuellen Büroabläufen in einen Zustand mit Informatikunterstützung hinüberwechseln will, in der Praxis längst nicht mehr immer der Normalfall.

Heute wird häufig

- eine bisherige Informatiklösung durch eine neue abgelöst (welche gegenüber der alten gleichartig/ähnlich/andersartig sein kann),
- eine bisherige Informatiklösung erweitert/ergänzt/abgeändert,
- eine fremde Informatiklösung übernommen,
- eine existierende Informatiklösung mit einer anderen gekoppelt.

Informatiklösungen - und diese stützen sich im wesentlichen immer auf *Pakete von Anwenderprogrammen* - sind somit technische Individuen mit einem konkreten Lebenslauf; man spricht auch vom "Lebenszyklus von Programmen" ("Software life cycle", vgl. auch Fig. 9.2). Jede Informatiklösung hat einen Anfang und wird konstruiert (Projekt), wird betrieben (Anwendung) und später wieder einmal aufgegeben (meist abgelöst).

In Fig. 9.1 werden einige typische Lebensläufe grafisch dargestellt. Neben der klassischen Neuentwicklung betrachten wir die Erweiterung und die Ablösung.

Zur *Neuentwicklung,* die wir im Projekt VVV ausführlich kennengelernt haben, ist anzumerken, dass die Nutzungsdauer der Anwendung (Länge des dickumrandeten Pfeils) normalerweise deren Projektdauer (Länge des dünnumrandeten Pfeils) wesentlich übertrifft.

Eine *Erweiterung* (und ganz ähnlich eine grössere *Änderung*) einer Informatiklösung erfordert ein *eigenes Projekt!* Nur so wird sichergestellt, dass keine fehleranfällige Flickarbeit geleistet wird. Erweiterungen sollten - aus Gründen des Kosten-Nutzen-Verhältnisses - nicht mehr *kurz vor dem Ende* der Nutzung einer Informatiklösung vorgenommen werden; dann ist meist eine Gesamtablösung zweckmässiger.

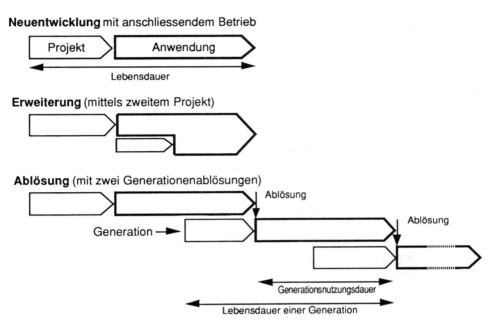

Figur 9.1: Typische Lebensläufe von Informatiklösungen

Bei *Ablösungen* von Informatiklösungen durch neue (allenfalls erweiterte oder geänderte) Lösungen spricht man - wiederum in Anlehnung an Lebewesen - von Generationen. Dabei ist zu beachten (Fig. 9.1), dass die *Lebensdauer einer Generation* auch deren Projektdauer umfasst, während für die eigentliche Generationenfolge nur die Nutzungsdauer *(Generationsnutzungsdauer)* zählt. Jede Ablösung muss daher früh genug geplant werden, möglichst unter Mitverwendung und Analyse der Erfahrungen aus der laufenden Generation. Schon früh wurde das Zyklische an der Generationenfolge von Informatiklösungen erkannt, worauf auch der Begriff des *Lebenszyklus* (life cycle) zurückgeht (Fig. 9.2).

Ein informatisch heikler Prozess ist dabei der eigentliche Schritt des Überganges von der alten zur neuen Lösung (Pfeil *"Ablösung"*). Bei der Informatik-Einführungsplanung (5.2.5, Fig. 5.5) und im Abschnitt 7.4 über Systemablösung und -übergabe (Fig.7.1) wurde die Ablösung angesprochen. In besonders empfind-

160 Projekte mit angepasstem Phasenablauf

lichen Fällen kann sogar während beschränkter Dauer ein *Parallelbetrieb* nötig sein.

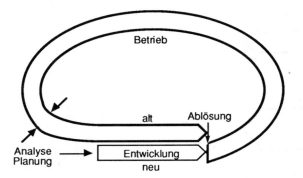

Figur 9.2:   Der Lebenszyklus von Software (software life cycle)

Im Rahmen von Informatik-Projektentwicklungen sind immer wieder grundsätzliche Überlegungen nötig, um verschiedene Informatiklösungen (alt/neu, Basis/Ergänzung, Insellösungen, Netzpartner usw.) und deren Lebensalter und -erwartung zweckmässig koordinieren zu können. Beispiele sind im vorliegenden Kap. 9, aber auch in den Kap. 16 (Datenbanken) und 17 (Grosse Projekte) zu finden.

9.2   Anpassung von Projektphasen

Bei der detaillierten Einführung unseres Phasenmodells für die Entwicklung von Informatiklösungen in den Kap. 2 bis 8 haben wir uns ausschliesslich auf den Idealfall einer *Neuentwicklung* (Fig. 9.1) ausgerichtet. Dabei wurden die Phasen einer Informatik-Projektentwicklung Schritt für Schritt beschrieben und an einem übersichtlichen, einfachen Beispiel (Vereinsadministration VVV) dargestellt. Dieser *Idealfall* vermittelt den Überblick über alle wichtigen Projektführungsaspekte, die im Zusammenhang mit Entwicklung und Einführung einer administrativen Datenverarbeitungslösung typischerweise auftreten. Dieser Idealfall muss aber keineswegs überall stur durchgespielt werden. Aus vielen Gründen können sich *Vereinfachungen* anbieten, oder es sind Anpassungen nötig. Im vorliegenden Kap. 9 werden einige besonders wichtige derartige Fälle kurz vorgestellt.

Dazu ein Beispiel: Informatiklösungen sind heute bereits derart verbreitet, dass wenn immer möglich Eigenentwicklungen vermieden und ganz oder teilweise bewährte *Fremdlösungen* übernommen werden sollten. Wenn ein Krankenhaus eine gute Informatiklösung eingeführt hat, kann ein anderes Spital, das sich eben nach einer neuen Lösung umsieht, davon profitieren. Auch wenn dieses vielleicht ein oder zwei Abteilungen mehr oder weniger aufweist und im Gegensatz zum städtischen Krankenhaus einer privaten Stiftung untersteht, arbeitet es jedenfalls auch mit Patienten, medizinischen Leistungen, Verpflegungstagen und Zimmernummern. Darin sind sich alle Spitallösungen ähnlich. Daher kann in einem solchen Fall unter Umständen statt mit einer breit angelegten Abklärung aller Möglichkeiten (breites Pflichtenheft) relativ rasch mit der Realisierung einer einzigen konkreten Lösung begonnen werden. Diese Beschränkung bringt *Vorteile:*

– Keine unnötigen Abklärungen und Evaluationen von später nicht benützten Varianten (keine "unnötigen" Offerten und Offertenbearbeitungen).

– Weniger Risiko, da Lösung bekannt und erprobt.

– Rasche Realisierung.

Die Übernahme einer Fremdlösung hat aber auch *Nachteile:*

– Abhängigkeit von einem einzigen Lieferanten (keine Konkurrenz).

– Keine Möglichkeit, neueste Entwicklungen einzubeziehen.

– Notwendige Kompromisse bei der Einpassung in die eigene Organisation.

Diese Nachteile dürfen in der Praxis gegenüber den Vorteilen jedoch meist völlig vernachlässigt werden. Die "fehlende Konkurrenz" etwa spielt bei Informatikanwendungen für ein *Spezialgebiet* eine viel geringere Rolle als bei der Lieferung von Betonkies oder Strassenbelägen im Baugewerbe. Während hier relativ einfach zu beschreibende Produkte zu liefern sind, ist eine Informatikanwendung etwas viel Komplexeres. "Konkurrenzofferten" bei Informatiklösungen bringen meist schwierig zu Vergleichendes, so dass die Wahl des Sperlings in der Hand (= bewährte Lösung) meist der Taube auf dem Dach (evtl. billigere und/oder bessere Lösung) vorzuziehen ist.

Wenn sich in diesem oder einem ähnlichen Fall der Projektumriss auf den Hinweis auf einen ähnlichen Betrieb und allfällige Unterschiede reduziert, wenn damit in der Konzeptphase nur noch zwei Varianten (neue Fremdlösung und bisherige eigene Lösung) vorliegen und wenn allenfalls noch andere Vereinfachungen möglich sind, dann wäre es natürlich unsinnig, den Aufgabenkatalog jeder Projektphase unbekümmert voll abzurollen. Wie soll und darf nun vereinfacht werden?

Projektvereinfachungen dürfen *innerhalb* jeder Hauptphase nach Möglichkeit vorgenommen werden. Die Hauptphasen selber müssen aber, wenn auch in reduzierter Form, *alle* durchlaufen werden.

Das bedeutet beim obigen Krankenhausbeispiel etwa für die Phase Projektumriss, dass das Pflichtenheft weitgehend oder vollständig übernommen werden kann, aber dass keinesfalls ohne jegliche Abgrenzung des Problemrahmens in die Realisierung eingestiegen werden darf. Allerdings können sowohl Abgrenzung als auch Konzept unter Umständen sehr knapp ausfallen und auf Varianten verzichten. Entsprechend reduzieren sich die Projektdokumente.

In den folgenden Abschnitten werden jeweils nur einige besonders wichtige Konsequenzen der betrachteten Fälle aufgezeigt. Jeder Projektleiter muss sich selber um eine sinngemässe Anpassung des Phasenmodells an die aktuelle Situation bemühen.

9.3 Verwendung vorhandener Lösungen (Fremdlösungen)

Situation: Für eine bestimmte Problemstellung kann eine vorhandene Lösung, sei es Standard-Software oder das Ergebnis einer speziellen Software-Entwicklung, übernommen werden.

Vorgehen: Verzicht auf Variantenbearbeitung und -vergleiche oder reduzierter Vergleich. Keine eigene Software-Entwicklung. Diese wird durch die Festlegung geeigneter Systemparameter im vorhandenen Software-Paket ersetzt.

Vorteile: Keine unnötigen Abklärungen. Minimales Risiko. Schnellere Realisierung. Zusammenarbeit mit den Betreibern von gleichartigen Lösungen für Personalausbildung und -aushilfe, bei Maschinenausfall, bei Engpässen. Gemeinsames Auftreten gegenüber dem Systemlieferanten bei Fehlern, allfälligen Systemänderungen/-weiterentwicklungen, Lizenzfragen.

Nachteile: Abhängigkeit vom Anbieter. Einengung auf die Funktionen der gegebenen Lösung.

Die zwei wichtigsten Quellen für "vorhandene Lösungen" wurden schon angedeutet:
- *Lieferanten von Standard-Lösungen (Standard-Software), also Computer-Hersteller und Software-Häuser.* Standard-Software ist deren Produkt. Sie wird für häufig benötigte Problemlösungen gegen einmalige oder wiederkehrende Lizenzgebühren angeboten und entspricht im allgemeinen marktüblichen Qualitätskriterien. Zu den Standardprogrammpaketen gehören die wichtigsten Bürocomputerprogramme für Textverarbeitung, Tabellenkalkulation (spreadsheets) und Tabellenverwaltung, aber auch grössere Lösungen von Offert- und Kalkulationssystemen über die Finanzbuchhaltung bis zur Lagerverwaltung.
- *Betriebe mit ähnlich gelagerten Informationsstrukturen, meist Branchenkollegen (Konkurrenten).* Eigenentwickelte Fremdsoftware wird (oft sogar der Konkurrenz) gegen Lizenzen angeboten, um die eigenen hohen Entwicklungskosten besser decken zu können. (Nur in sehr stark informatikorientierten Branchen, etwa bei Banken, wird die Konkurrenz nicht bedient.)

Zwischen diesen beiden Hauptquellen gibt es Mischformen. So kann ein Computer-Hersteller von einem seiner "Pionier-Kunden" gute und attraktive Software-Pakete, die dieser Kunde selber oder mit Hilfe des Herstellers entwickelt hat, übernehmen und später an Dritte als "Branchenlösung" wie seine Standard-Software direkt verteilen. Eine ähnliche Funktion üben oft *Branchenverbände* aus. Branchenverbände, insbesondere deren Sekretariate, sind auch meist am besten über verfügbare Branchensoftware im Bild.

Beim Vorhandensein *mehrerer Branchenlösungen* kann die Konzeptphase oft rasch auf einen Vergleich von 2 oder 3 solcher Angebote reduziert werden. Es lohnt sich in den meisten Fällen, vor einem Entscheid einige konkrete, voneinander in der Realisierung abweichende Lösungsvarianten genau anzuschauen und vorhandene Kunden (gemäss Referenz-Liste) über ihre guten und schlechten Erfahrungen zu befragen. Erst anschliessend sind die Varianten zu vergleichen und auszuwählen. Ist die Auswahl getroffen, folgen die restlichen Phasen nach Schema:
- *Realisierung:* Detailspezifikation für lokale Situation (Parameterfestlegung), aber keine Programmierung, Datenbereitstellung mit neuem System, Rahmenorganisation für eigenen Betrieb.
- *Systemtest:* Dieser bildet häufig direkt einen Teil der Abnahmebedingungen für das neue System; Durchführung durch den Lieferanten unter Aufsicht des Anwenders.

164 Projekte mit angepasstem Phasenablauf

- *Einführung* gemäss lokalen Gegebenheiten durch Anwender, aber mit Führungs- und Ausbildungshilfe des Lieferanten.
- *Betrieb:* Für den Systemunterhalt werden üblicherweise Verträge abgeschlossen.

Erfahrene Lieferanten bieten für Standardsoftware häufig eine umfassende Einführungsunterstützung, die aber – je nach Vertragsbestimmungen – auch bezahlt werden muss.

Die Übernahme vorhandener Lösungen stellt unbestrittenermassen das wirksamste Mittel zur Bekämpfung wachsender Softwarekosten dar. Diese Übernahme setzt aber voraus, dass der künftige Anwender, der Software-Kunde, sich *auf das vorhandene Angebot möglichst positiv einstellt* und die angebotenen Funktionen, Formulare usw. so benützt, wie sie vorgesehen sind. Man kann allerdings nicht jedes Programm für alles brauchen. Gewisse Variationen (etwa in der Formulargestaltung) sind durchaus noch möglich, aber Grundsätzliches (so etwa Art und Struktur der aufzunehmenden Daten) lässt sich kaum mehr beeinflussen. Der Anwender tut deshalb gut daran, sich auf die *80-20-Regel* zu besinnen und auf Sonderwünsche zu verzichten. Wenn ihm dies gelingt, wird er mit Fremdsoftware kaum finanzielle Abenteuer erleben und die Informatik als erprobtes technisches Hilfsmittel erfahren.

Auch bei viel gutem Willen ist aber die Übernahme von Fremdsoftware nicht immer ohne Anpassung möglich. Dann gelten folgende Regeln:

Ergänzung oder Anpassung vorhandener Lösungen

Situation: Für *wichtige Teile* einer bestimmten Problemstellung, aber nicht für alles, kann eine vorhandene Lösung, sei es Standard-Software oder das Ergebnis einer speziellen Eigenentwicklung, übernommen werden.

Vorgehen: Verwendung der Komponenten der vorhandenen Lösung als *Module* der neuen Lösung aufgrund einer präzisen Strukturierung des neuen Systems. (Module sind an ihren Schnittstellen mit anderen Systemkomponenten exakt definierte Funktionseinheiten.)

Vorteile: Reduktion des Entwicklungsaufwands für die neue Lösung.
Evtl. geringeres Risiko.

Nachteile: Abhängigkeit vom Lieferanten.
Evtl. Einengung in der Systemarchitektur.
Evtl. (trotz allem) Anpassungsaufwand.

Projekte mit angepasstem Phasenablauf 165

Ergänzungen können natürlich völlig unterschiedliche Proportionen aufweisen. In Fig. 9.3 wird *links* ein Beispiel angedeutet, wo die Ergänzung darin besteht, ein vorhandenes Programmpaket um *kleine Programme* an vorbereiteten, klaren Anschlussstellen zu erweitern. Auf diese Weise könnte etwa in einem Buchhaltungssystem ein spezieller Kostenrechnungsteil eingefügt werden.

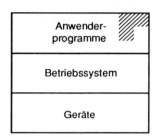
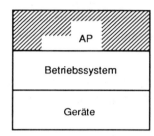

Figur 9.3:   Kleine und grosse "Ergänzungen"

Umgekehrt zeigt Fig. 9.3 *rechts* eine Situation, wo die eigentliche Problemstrukturierung im Rahmen der Projektarbeiten neu zu erfolgen hat, weil nur gewisse Bausteine (meist für besonders anspruchsvolle Funktionen, etwa numerische Rechenprozesse, Graphik oder Datenstrukturierung) bereits vorhanden sind. So werden etwa Ingenieuranwendungen auf Programmbibliotheken abgestützt. Selbstverständlich gibt es zwischen den Extremfällen in Fig. 9.3 auch alle Zwischenlösungen.

Die eigene Entwicklungsarbeit und die zugehörige Verantwortung sind in diesen Fällen recht unterschiedlich. Aber in beiden Fällen ist für den *eigenen Entwicklungsteil* das klassische Vorgehen über Detailspezifikation und Programmierung notwendig. Der Restbereich, also das Einbeziehen von Fremdprogrammen, erlaubt abgekürzte Verfahren:

- *Konzept:* Suche nach verfügbaren Programmen oder Programmpaketen, Verzicht auf eigene Entwicklungsvarianten für diesen Funktionsbereich.

- *Detailspezifikation:* Systemgliederung so, dass die Fremdprogramme über saubere Schnittstellen und *zweckentsprechend* mit der Eigenentwicklung verbunden werden können.

- *Programmierung:* Durch Einbezug von Fremdprogrammen soll meist gerade für anspruchsvolle Problembereiche auf die Programmierung verzichtet werden können.

- *Systemtest:* Die Zusammenbauphase spielt bei gemischter Software aus Eigenprogrammierung und Fremdbezug eine besonders wichtige Rolle.

Die Ergänzung von vorhandener Software durch grössere oder kleinere Eigenentwicklungen ist eine wichtige Beschaffungsmethode für Anwenderlösungen. Sie erlaubt nicht bloss die Einsparung eines Teils der Programmierarbeit; sie hilft auch bei der Gesamtgliederung der neuen Lösung. Durch die bei vorhandenen Programmteilen *vorgegebenen Schnittstellen* werden zwar die Rahmenbedingungen für die Eigenprogrammierung enger gesteckt, gleichzeitig kann aber die eigene Entwicklungsarbeit von den vorhandenen Konzepten und Lösungsmethoden profitieren und so grössere Risiken vermeiden.

9.4 Sporadische Zugriffe auf Datenbanken (mit sog. 4.-Generationssprachen)

Situation: Grössere administrative Informatiklösungen basieren heute meist auf einer Datenbank. Diese stellt zentral Daten für verschiedene Zwecke und Programme zur Verfügung. Die Entwicklung der Datenbank und ihrer Hauptanwendungen (Routineanwendungen) erfolgt innerhalb normaler Projektentwicklungen. Nach der Betriebsaufnahme der Datenbank treten häufig zusätzliche, sporadische Datenabfragebedürfnisse auf. Moderne Datenbankverwaltungssysteme erlauben nun den Zugriff auf die Daten nicht bloss über klassisch erstellte Anwenderprogramme, sondern auch direkt mittels freier Datenbanksprachen (auch Sprachen der 4. Generation, 4th-generation languages, 4GL, genannt).

Vorgehen: Für sporadische Abfragen einer Datenbank, in seltenen Fällen auch für die Nachführung (also für Änderungen des Inhalts der Datenbank) kann der Anwender seine Datenbedürfnisse und -manipulationen direkt selbst formulieren.

Vorteile: Hohe Flexibilität bei besonderen Datenbedürfnissen.
Unabhängigkeit von Programmierern und klassischen Programmiersprachen.
Keine klassische Projektorganisation nötig; sehr schnell realisierbar.

Nachteile: Aufwand für Formulierung der sporadischen Abfrage gross im Vergleich zur Verwendung einer allenfalls vorhandenen Routinefunktion.
Gefahr der unzweckmässigen Datenmanipulation und des ineffizienten Betriebs.
Zusätzlicher Ausbildungsaufwand (zum Erlernen der freien Datenbanksprache).

Projekte mit angepasstem Phasenablauf 167

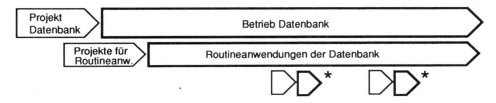

Figur 9.4: Sporadische Zugriffe auf eine Datenbank (*)

Eine heute sehr wichtige Form der Datenverarbeitung basiert auf sog. *Datenbanken*, wo verschiedene Benutzer auf gemeinsame Datenbestände (Datenbasis) zugreifen; die Datenbasis wird durch spezialisierte Software, das Datenbankverwaltungssystem (DBMS = database management system), zentral verwaltet (vgl. Kap. 16). Die Anwenderprogramme können *nur über das DBMS* auf die Datenbasis zugreifen (Fig. 9.5). Die Datenbank besteht aus Datenbasis *und* Datenverwaltung.

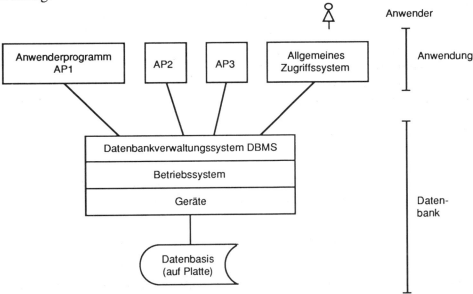

Figur 9.5: Datenbanksystem (links vorbereitete Anwenderprogramme, rechts allgemeines Zugriffssystem mit Abfragesprache 4. Generation)

Betrachten wir ein *Beispiel:* In einer Gemeindeverwaltung benützen Steueramt, Wahlbüro und Elektrizitätswerk nebeneinander *gleiche* Daten über die einzelnen Bürger, z.B. deren Namen und Adressen. Daher werden solche Daten oft in einer *gemeinsamen Datenbank* zusammengelegt und verwaltet. (Die damit verbundenen Probleme, etwa der Datenschutz, müssen selbstverständlich beachtet werden.) Danach sind für alle Routineanwendungen, also für Steueramt, Wahlbüro usw. die zum Betrieb der Informatiklösung notwendigen Anwenderprogramme (AP1, AP2, ... in Fig. 9.5) zu entwickeln. Für diese Arbeiten gelten – wie schon für den Entwurf der Datenbank selber – alle Regeln einer vollständigen Projektentwicklung (Phasenmodell); wir werden den Datenbanken übrigens in den Kap. 15, 16 und 17 nochmals begegnen.

Aber jetzt zurück zu unserem *vereinfachbaren* Sonderfall der sporadischen Datenbankzugriffe: Wir nehmen an, unsere Gemeindedatenbank sei eingerichtet und das Gemeindeverwaltungssystem stehe in Betrieb. Da wird ein Schulhausbau aktuell; die Schulbehörde verlangt eine *Statistik* über die 0- bis 6-Jährigen bestimmter Wohnbezirke. Beim Einsatz klassischer Programmiermethoden müsste jetzt ein eigentliches Projekt mit entsprechender Programmierphase initialisiert werden; ist aber ein Datenbanksystem mit einem selbständigen allgemeinen Zugriffssystem (Fig. 9.5) mit einer freien Abfragesprache vorhanden, reduziert sich die Arbeit auf Formulierung und Durchführung einiger geeigneter *Abfragen.* (Solche Abfragesprachen, welche das Abfrage*ergebnis* und nicht den Weg dazu beschreiben, und daher keine klassischen Programmierkenntnisse benötigen, existieren inzwischen für viele Datenbanksysteme. Zu den wichtigsten gehört heute die Sprache SQL [Zehnder 89], da sie auf *verschiedenen* Computersystemen angeboten wird.) Wie sieht nun eine solche sporadische Abfrage aus ?

Datenbanken enthalten typischerweise sehr viele gleichartige Datensätze, im Gemeindebeispiel Datensätze über Bürger, Steuerkonten usw. *Datenbankabfragen* müssen daher

- die für die Abfrage nötigen Datensätze abgrenzen (Auswahl) sowie
- die daraus zu bestimmenden Ergebnisse formulieren (Darstellung).

Eine Abfrage für die verlangte "Schülerstatistik" könnte etwa wie folgt aussehen:

```
Tabelle(Anzahl PERSONEN  (Alter: 0 .. 6;
                         Wohnbezirke: 135, 243, 712, 713, 870;
                         Gruppierung: Wohnbezirk))
```

Der geneigte Leser erkennt sofort, dass es sich hier mathematisch um die Bestimmung der Zahl der Elemente (Kardinalität) in Mengen handelt. Datenbankabfragesprachen sehen daher Formulierungen aus der Mengenlehre oft recht ähnlich. Wer mit Mengen umgehen kann, ist auch rasch imstande, solche Sprachen der 4. Generation zu benützen.

Nach diesem Beispiel zur Schilderung der Abfragemöglichkeiten in modernen Datenbanksystemen soll zum Abschluss abgegrenzt werden, wozu sich welche Verfahren eignen, bzw. nicht eignen:

– *Einmalig* oder *nur sporadisch* auftretende Datenbankabfragen, etwa für Planung, Rechnungsprüfung, Forschung, können spontan in einer mengenorientierten modernen Datenbanksprache (wie "SQL", "Mapper") durch den Fragesteller selbst oder einen Informationsberater (vgl. Abschnitt 10.4, Informationszentrum) formuliert und vom System beantwortet werden. Wer diese Abfragesprache beherrscht, kann sein Problem direkt in die Lösung überführen. Der Projektablauf reduziert sich praktisch auf eine Problemspezifikation (wenige Zeilen Abfragesprache).

– *Routinemässig* auftretende Datenbankoperationen können nicht jedesmal in einer freien Abfragesprache neu formuliert werden. Für sie müssen Anwenderprogramme zur Verfügung stehen, welche optimal auf Benutzerarbeit und Laufzeiteffizienz ausgerichtet worden sind (klassische Projektarbeit).

Die Verfügbarkeit höherer Datenbanksprachen kann zum "Spielen" verleiten. Es lohnt sich daher im allgemeinen, deren Einsatz auf Spezialgebiete (Planung, Revision, Forschung und ähnliche) zu beschränken. (Über Datenbanksprachen gibt es eine breite Literatur, z.B. [Schlageter, Stucky 83]. [Wedekind 81], [Zehnder 89].)

9.5 Prototypen und Pilotprojekte

Situation: In einem Anwendungsbereich, der noch mit grösseren Unklarheiten behaftet ist, müssen vor der definitiven Inangriffnahme eines Projekts Vorabklärungen getroffen werden.

Vorgehen: Für diese Vorabklärungen werden eigene, aber in ihrem Umfang und ihren Auswirkungen bewusst reduzierte Kleinprojekte formuliert, durchgezogen und ausgewertet, damit die viel aufwendigeren Arbeiten am eigentlichen Projekt so wenig nachträgliche Korrekturen wie möglich erfahren müssen.

Vorteile: Abfragemöglichkeit zwischen Anwender und Projektverantwortlichen mit Hilfe eines funktionierenden Systems.
Motivation des Anwenders bei der Spezifikation.
Kostenersparnis, Risikobeschränkung, Ausbildungsmöglichkeiten.

Nachteile: Zeitliche Verzögerungen bis zur Inbetriebnahme der definitiven Lösung (aber oft nur gegenüber einem bei Weglassen der Prototypentwicklung allzu optimistischen Zeitplan).
Der Pilotprojekt-Anwender ist auch "Versuchskaninchen" (zugunsten anderer späterer Anwender).

Die Idee ist keineswegs neu und wurde auch nicht von den Informatikern erfunden: Statt auf dem Papier alle Wenn und Aber eines Projekts im voraus zu bedenken und zu bereinigen, wird vorerst ein einfacheres und daher weniger aufwendiges *Muster* oder *Modell* gemacht und ausprobiert. Erst im zweiten oder dritten Anlauf folgt dann die definitive Lösung. Alles andere wäre sowieso Wunschdenken:

> *"Plan to throw one away; you will, anyhow."*
> F.P. Brooks

Prototypenbildung (Prototyping) ist eine wichtige Methode zur Systementwicklung, bei der möglichst früh in einem *Pilotprojekt* eine erste vereinfachte Version *(Prototyp)* realisiert wird, um für wichtige, aber noch offene Fragen (z.B. Benutzerschnittstellen, Datenstrukturen) praktische Erkenntnisse zu sammeln [Hallmann 90].

Beim Umgang mit Prototypen lassen sich in der Informatik zwei grundsätzlich verschiedene Methoden unterscheiden, je nachdem, ob der Prototyp ausschliesslich für Experimente benützt und dann weggeworfen oder bereits auch für einen provisorischen Betrieb der künftigen Anwendung eingesetzt wird.

Wegwerf-Prototypen

Bei dieser Methode wird der Prototyp bewusst als billiges Wegwerfprodukt konzipiert, das ausschliesslich zum experimentellen Erarbeiten wichtiger Spezifikationen dient. Ein solcher Prototyp umfasst absichtlich nur Teile (nämlich die auszuprobierenden Teile) des künftigen Systems und erfüllt nicht alle Anforderungen an Softwarequalität und Dokumentation, ist aber viel billiger als ein definitives Produkt. Je unbestimmter die Vorgaben für eine Projektentwicklung sind, desto eher ist ein Pilotprojekt nötig.

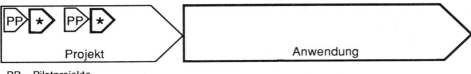

PP = Pilotprojekte
* = experimenteller Betrieb

Figur 9.6: Einsatz von Wegwerf-Prototypen zur experimentellen Bereinigung offener Spezifikationsfragen

An einem Informatik-Prototyp kann nicht nur das Systemverhalten punktuell erprobt werden, er lässt sich auch relativ leicht mehrmals umgestalten, ein typisches Experimentiermittel (Fig. 9.7).

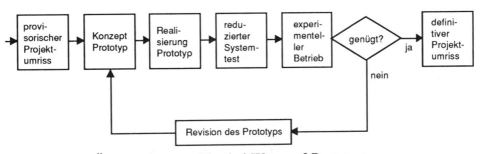

Figur 9.7: Überarbeitungszyklus bei Wegwerf-Prototypen

Für die rasche und kostengünstige Bereitstellung von Prototypen ist der Beizug von geeigneten *Softwarewerkzeugen* von grosser Bedeutung. Wir betrachten das Vorgehen wiederum an einem *Beispiel*. Da soll etwa ein Materiallager mit Paletten (Hochregallager) für eine Konservenfabrik eingerichtet werden, wobei die optimale Gestaltung des Bildschirmarbeitsplatzes des Lagerdisponenten noch offen ist. Bevor nun die neue Lagerlösung samt Computer überhaupt beschafft wird, erstellt das Projektteam des Softwarelieferanten einen Prototyp des künftigen Systems auf seinem eigenen mittelgrossen Entwicklungscomputer. Dort stehen Hilfen aller Art (Maskengeneratoren, Datenbankentwurfssystem, Testdatengeneratoren) zur Verfügung. So kann der Prototyp (ausschliesslich in Form von Software für die Simulation des Bildschirmarbeitsplatzes!) rasch erstellt und auch abgeändert werden. Erst aufgrund eingehender Tests und nach Absprache mit dem Kunden erfolgt später der Schritt zum definitiven Pflichtenheft und zur Systementwicklung für das vorgesehene Kleincomputersystem im Lagerbetrieb.

Prototypen reduzieren den Entwicklungsaufwand nur dann bedeutend, wenn bei ihrer eigenen Abgrenzung (Projektumriss des Pilotprojekts) *massive Vereinfachungen* vorgesehen werden. Solche Vereinfachungen sind etwa:

- Konzentration auf zentrale Funktionen (80-20-Regel extrem angewandt);
- Verzicht auf parallele Benutzer (nur 1-Benutzer-System);
- Verzicht auf Betriebseffizienz, hohe Datensicherheit und bestimmte Teile der Benutzerfreundlichkeit;
- Reduktion der Dokumentation, der Fehlertests usw.

Nicht reduziert werden dürfen hingegen jene Bereiche, denen das Abklärungsinteresse primär gilt, also etwa in obigem Beispiel die Bildschirmgestaltung und die Benutzerfreundlichkeit wichtiger Funktionen.

Das Arbeiten mit einem Prototyp kann das *Zusammenwirken von Entwickler und Anwender* gerade am Anfang ungemein erleichtern. Der Anwender sieht *rasch* erste Ergebnisse der Entwicklungsbemühungen; er kann umgehend reagieren, wenn ihm die Lösung nicht passt. Die sonst sehr teuren Fehler einer falschen oder unvollständigen Systemabgrenzung werden vermieden. Die Prototyptechnik hat aber auch ihre Nachteile. Insbesondere werden damit gelegentlich *zu hohe Erwartungen* an die Informatik geweckt. Während ein Wegwerf-Prototyp schon nach Tagen oder Wochen "fast wie die gewünschte Lösung" aussieht, erfordert das Vollsystem (samt Dokumentation, Ausbildung usw.) viel mehr an Zeit, Aufwand und auch Disziplin der Partner. Der Anwender verliert jedoch rasch die Begeisterung, wenn nach dem Experimentieren am Prototyp Monate oder Jahre verstreichen, bis er das definitive System in Betrieb nehmen kann. Um solche Frustrationen zu vermeiden, sind alle Projektbeteiligten von Anfang an über Zweck, Vor- und Nachteile einer Wegwerf-Prototypentwicklung aufzuklären.

Evolutionäre Prototypenbildung, Versionenentwicklung

Neben der soeben geschilderten altbewährten Methode mit Wegwerf-Prototypen wird seit einigen Jahren auch eine *evolutionäre Vorgehensweise* (Evolutionary Prototyping, Versioning) vorgeschlagen. Dabei bildet der Prototyp kein Wegwerfprodukt, sondern den Kern des neuen Produkts. Über mehrere Iterationsstufen (Versionen, Generationen) wird der Prototyp verfeinert und den Ansprüchen des Benutzers angepasst.

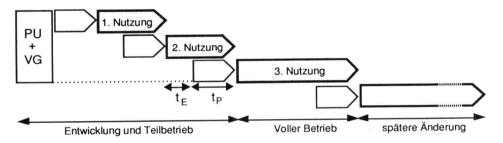

PU = Projektumriss   VG = Versionengliederung t_E = Erfahrungszeit t_P = Projektdauer

Figur 9.8: Evolutionäre Prototypenbildung mit schrittweise wachsendem Nutzbetrieb

Bei der evolutionären Prototypenbildung werden vorerst (Fig. 9.8) nur der Projektumriss und eine Versionengliederung (PU + VG) für das gesamte Projekt durchgeführt, anschliessend werden die Versionen einzeln bis zur Betriebsreife entwickelt. Dabei umfasst jede Version (oder auch "Generation" genannt) nur einen Teil der in der jeweils nächsten Version vorgesehenen Funktionen. Nach kurzer Erfahrungszeit (t_E) mit einer Version wird zur Projektentwicklung der nächsten Version (Projektdauer t_P) weitergeschritten. Im Beispiel der Fig. 9.8 ist die 3. Version vollständig.

Dieses Vorgehen bietet noch einen weiteren Vorteil. Müssen später neue Anforderungen in die Informatiklösung einbezogen werden, so lässt sich diese Erweiterung wie die Erstellung einer neuen Version durchführen (Abb. 9.8, rechts).

Die Erfahrung zeigt nämlich, dass die Anforderungen an eine Informatiklösung nur in den seltensten Fällen ein für allemal stabil festgelegt werden können. Einerseits ändert sich das organisatorische Umfeld, in das eine Lösung eingebettet ist, anderseits erzeugt jede neue Applikation bald nach ihrer Einführung neue Anwenderwünsche.

Im *Beispiel* unseres Materiallagers einer Konservenfabrik könnte das bedeuten, dass in einem ersten Schritt das neue System nur die Bewirtschaftung der Lagerfläche besorgt. In einem zweiten Schritt werden die festgestellten Mängel behoben und Verbesserungswünsche berücksichtigt, gleichzeitig kann die Bestandeskontrolle als neue Komponente eingeführt werden. Das Arbeiten mit der zweiten Version befriedigt den Lagerdisponenten nun schon viel mehr; nach einiger Zeit taucht aber der Wunsch nach einem Anschluss ans Bestellwesen auf. Gleichzeitig beschliesst die Konservenfabrik, ihre Artikelnumerierung aus der Steinzeit der EDV zu erneuern. Eine dritte Version des Systems deckt auch diese Wünsche ab.

Änderungen und Erweiterungen dieser Art sind in der Informatikpraxis heute schon an der Tagesordnung – nur bedeuten sie jedesmal die Durchführung eines eigenen Projekts; beträchtliche Teile der Software müssen neu geschrieben, Datenbestände reorganisiert werden. Die Kosten eines solchen Änderungsprojekts liegen oft in derselben Grössenordnung wie die einer Neuentwicklung. Die Idee der evolutionären Entwicklung liegt darin, dass alle notwendigen Modifikationen *auf einer hohen, konzeptionellen Ebene* gemacht werden können und die Umsetzung auf die Stufe von Programmen und physischen Datenbeschreibungen automatisch geschieht. Dieses Vorgehen erfordert nicht nur äusserst *leistungsfähige Softwarewerkzeuge,* sondern auch eine gut funktionierende Zusammenarbeit zwischen Anwender und Entwickler sowie Disziplin auf beiden Seiten. Sonst besteht die Gefahr, dass das Projekt nie abgeschlossen wird und sich nie stabilisiert. Die Kompetenz (und damit auch die Verantwortung) für das Erstellen einer neuen Version muss klar geregelt sein und bei einer Stelle liegen, die die Bedürfnisse und Wünsche von Anwender und Entwickler beurteilen und abwägen kann.

Das geschilderte Vorgehen entspricht weitgehend dem klassischen Phasenmodell, denn nach einer gemeinsamen Vorphase werden in jeder Version alle Phasen eines klassischen Projekts durchlaufen. Konzept und Detailspezifikation behalten ihre grosse Bedeutung, doch Realisierung und Test werden mit Softwarewerkzeugen drastisch beschleunigt. Nach wie vor stellt die Überführung jeder neuen Version in den Betrieb eine gewichtige Aufgabe dar. Beispiele aus der Praxis zeigen, dass der Zeitaufwand pro Version ($t_E + t_P$) auf wenige Monate reduziert werden kann, so dass die Gesamtdauer der Projektarbeiten bis zur Aufnahme des Vollbetriebs in der Grössenordnung einer Normalprojektentwicklung liegt, und dies bei wesentlich besserem Anwendereinbezug und geringerem Risiko, Spezifikationsfehler nicht oder erst spät zu erkennen.

Die heute kommerziell erhältlichen Entwicklungswerkzeuge unterstützen die evolutionäre Systementwicklung erst beschränkt, indem sie Bausteine dazu zur Verfügung stellen (integrierte Datenkataloge, Masken- und Programmgeneratoren). Die Forschung arbeitet jedoch an der umfassenden Unterstützung der evolutionären Entwicklung von Softwaresystemen [Ceri et al. 88], [Keller 88], und sogar der damit verbundenen Datenbanken [Oertly, Schiller 89].

9.6 Studentenprojekte (Ausbildung)

Situation: Zur Ausbildung in Projektführung sollen Studenten an praktischen Beispielen ganze Projektabläufe kennenlernen, wobei nur sehr beschränkte Vorkenntnisse aus Theorie und Praxis vorausgesetzt werden können.

Vorgehen: Der Student bearbeitet nach einer kurzen theoretischen Einführung im Rahmen seiner regulären Informatik-Ausbildungsaufgaben in höheren Semestern (Semesterarbeit, Studienarbeit, Diplomarbeit) geeignete vollständige Kleinprojekte für bestimmte Auftraggeber. Besonders geeignet sind dafür Pilotprojekte.

Vorteile: Direkte Kontakte des Studenten mit echten Anwendern.
Erste Erfahrung mit vollständigen Projekten und typischen damit verbundenen Risiken.
Erste Erfahrung mit Zeitplanung und eigener Leistungsfähigkeit.

Nachteile: Wirkliche Betriebserfahrungen (wie sie bei jahrelangem Betrieb von Anwendungen samt Unterhalt auftreten), echte Einführungsprobleme und andere Randbedingungen der Projektentwicklung lassen sich an Pilotprojekten weder erwerben noch demonstrieren.
Der Student kann durch rasch realisierte Pilotprojekte zu allzu optimistischen Aufwandschätzungen in späteren Projekten verführt werden.
Schlechte Arbeitsmotivation bei künstlichen Pilotprojekten ohne echten Anwenderbezug.

Projekte mit angepasstem Phasenablauf

Im Rahmen eines zeitlich straffen Informatikstudiums haben nur wenige *projektorientierte Arbeiten* Platz, die diesen Namen verdienen. Daher muss jede Gelegenheit voll ausgenützt werden, um dem Studenten das Wesen der Projektführung nicht nur theoretisch nahezubringen, sondern ihn diesen eminent *erfahrungsorientierten* Bereich selbst praktisch erleben zu lassen. Wie dies möglich ist, soll hier anhand des Informatik-Ausbildungsplans der ETH Zürich (8 Semester) gezeigt werden, an dessen Entwicklung der Verfasser während vieler Jahre beteiligt war ([Bürkler, Zehnder 81], [Bürkler 81]).

In diesem Ausbildungsplan stehen für den *theoretischen Unterricht* in Projektführung nur ca. 30 Stunden zur Verfügung. Anderseits verlangt der Ausbildungsplan aber nebst anderen Arbeiten eine ausdrücklich *projektorientierte Semesterarbeit* von total etwa 150 Stunden ungefähr im 7. Semester sowie eine *Diplomarbeit von 4 Monaten* (Vollzeit) nach 8 Semestern. Damit erhält jeder Student mindestens zweimal Gelegenheit, sich im Planen und Ausführen von kleineren Informatik-Projekten zu üben.

Der *theoretische Unterricht* in Projektführung wendet sich an Studenten im 5. Semester, die zu diesem Zeitpunkt bereits jahrelange Erfahrung im "nackten Programmieren" haben. Er vermittelt einen Überblick über den ganzen Projektablauf anhand eines *Musterprojekts*, wie es im ersten Teil dieses Buches enthalten ist, sowie methodische Hinweise vor allem zur *organisatorischen* und *zeitlichen* Gliederung und Führung von kleineren Projekten. Primäre Ziele dieses theoretischen Unterrichts sind,

– den Studenten zu befähigen, seine eigenen grösseren Arbeiten (Semesterarbeit, Diplomarbeit) erfolgreich durchführen und abschliessen zu können,

– dem Studenten einen ersten Einblick in die Projektarbeit der Praxis zu vermitteln sowie

– den Studenten darauf hinzuweisen, dass nach Abschluss des Studiums auf diesem Gebiet noch Wesentliches zu erlernen bleibt, besonders zu den *personellen* und *wirtschaftlichen* Aspekten der Projektführung und bei der Organisation grössere Projekte (wo ganze Projektteams mitarbeiten).

Nutzniesser studentischer Projekte können der betreuende Professor/Assistent selber, in anderen Fällen aber auch künftige Anwender des zu entwickelnden Systems sein. Die direkte Zusammenarbeit mit einem möglichen Nutzniesser macht auf jeden Fall die Arbeit für den Studenten viel attraktiver (Motivation!).

Studentische Projektarbeiten sind häufig Pilotprojekte für Wegwerf-Prototypen (vgl. Abschnitt 9.5); diese sind leichter abzugrenzen und haben im Falle eines

Misserfolgs bei künftigen Anwendern weniger negative Konsequenzen. Dennoch ergibt sich für den Studenten eine echte Projektsituation mit sehr vielen (nicht allen) typischen Problemen:

— *Projektumriss:* Der Student muss innerhalb der Aufgabenstellung meist selber gewisse Grenzen zweckmässig festlegen oder wenigstens präzisieren.

— *Konzept (Varianten):* Mancher Student, der bis dahin nur kleine Programmieraufgaben auf einem einzigen Lösungsweg bearbeitet und Prögrammchen "zum Laufen gebracht hat", muss erstmals in *Varianten* denken. Auch muss er beim *Projektentscheid* (vor seinem Assistenten und/oder Professor) allfällige Redimensionierungsanträge zu seinem Projekt begründen und Varianten vorschlagen, die zeitlich realisierbar sind (vgl. Fig. 9.9).

— *Realisierung:* Nicht nur Fragmente, sondern ein abgerundetes (wenn auch vereinfachtes) System ist gefordert; eine typische Pilotprojekt-Situation.

— *Systemtest:* Der Systemzusammenbau ist voll durchzuführen.

— *Einführung* und *Betrieb* werden typischerweise durch eine *Demonstration* ersetzt. Erste Anwendererfahrungen lassen sich aber auch mit Prototypen gewinnen.

— Von der *Dokumentation* können grössere oder kleinere Teile verlangt werden.

Ein besonders interessanter und für Student wie Assistent/Professor kritischer Punkt bei der studentischen Projektarbeit ist der entsprechend umfunktionierte *Projektentscheid*, besonders in der auf exakt vier Monate terminierten Diplomarbeit. Bei der *Aufgabenstellung* versuchen Diplomprofessor und Assistent selbstverständlich, den Arbeitsumfang auf die verfügbaren 4 Monate abzustimmen. Der Student erstellt darauf sofort nach Arbeitsbeginn Arbeits- und Zeitplan (vgl. Abschnitt 3.5). Im Laufe der nächsten Wochen kann er aber zur Erkenntnis kommen, dass diese Pläne für seine Aufgabe unrealistisch (meist zu optimistisch) sind (Fig. 9.9). In diesem Falle sollte der Student veranlasst werden, spätestens bei der Zwischenpräsentation seiner Arbeit (zur Halbzeit) selber gut *begründete* Anträge für *Anpassungen des Problemrahmens* zu stellen. Auch das sind *Varianten*, die der Student in seine Projektarbeit einzubeziehen lernen soll. Eine zur Halbzeit redimensionierte Arbeit kann durchaus *für* den Studenten als Projektleiter sprechen, ein beim Abgabetermin bloss als Torso dastehendes Produkt wird auf jeden Fall *gegen* ihn gewertet.

178 Projekte mit angepasstem Phasenablauf

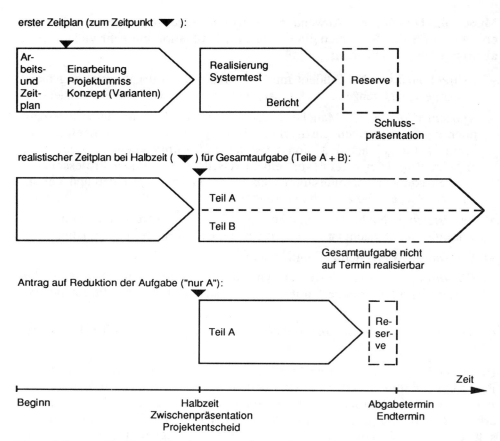

Figur 9.9: Redimensionierung eines Studentenprojekts bei festem Endtermin durch Antrag anlässlich der Zwischenpräsentation

Zum Schluss dieses Abschnitts über Studentenprojekte sei noch auf ein drittes Element im Ausbildungsplan der ETH Zürich verwiesen, das der Verbindung von Studium und Praxis dient. Jeder Absolvent eines ETH-Informatikingenieur-Studiums muss zwischen 5. und 8. Semester *drei Monate* als Mitarbeiter in der alltäglichen Praxis eines Informatikbetriebs ein *Industriepraktikum* absolvieren. Sehr häufig wird der – bereits fortgeschrittene – Student dort irgendwo in Projektarbeiten eingesetzt. Er sollte daher zu diesem Zeitpunkt aus dem Studium bereits über eine Gesamtsicht des typischen Projektablaufs verfügen und so seine eigene Tätigkeit im Praktikum sofort *lokalisieren* können. Umgekehrt bringt der Student aus dem Praktikum normalerweise ein viel selbstverständlicheres

Verhältnis zu Fragen der Zusammenarbeit, der Software-Qualität und der Dokumentation und zu wirtschaftlichen Zusammenhängen ins Studium zurück.

Dieses Buch enthält im *Anhang* eine Sammlung von weiteren Hinweisen, die dem Studenten bei seiner ersten projektorientierten Tätigkeit hilfreich sein können.

10 Menschen und Projektarbeit

10.1 Unterschiedliche Partner

Die Entwicklung von Informatiklösungen – oder sogar allgemeiner: von automatisierten Lösungen – für den Einsatz in einer betrieblichen Praxis muss immer zwei Arten von Menschen in die Überlegungen einbeziehen:

- *Anwender (Betriebsmitarbeiter)*, deren Hauptinteresse im reibungslosen Ablauf ihrer allgemeinen Arbeitstätigkeit besteht. Wenn die Informatik positiv dazu beträgt, wird dies mehr oder weniger dankbar anerkannt, mehr jedoch nicht. Hingegen wird von einer neuen, künftigen Computerlösung oft Mehrbelastung befürchtet. Anwender sind normalerweise *auf Dauer* in ihrer Funktion tätig.
- *Projektmitarbeiter*, welche eine allfällige neue Informatikanwendung vorbereiten und einführen. Die neue Lösung ist ihr Produkt, ihm gilt das primäre Interesse. Dabei erleben sie den Betrieb der neuen Lösung meist nicht mehr. Projektmitarbeiter werden *zeitlich befristet* eingesetzt.

Für die beiden Funktionen "Anwender" und "Projektmitarbeiter" stehen oft recht unterschiedliche Charaktereigenschaften im Vordergrund:

- Der *Anwender* schätzt am Arbeitsplatz Stabilität, Sicherheit, Komfort, klare Arbeitsverhältnisse (Beispiele: Bankangestellter, Schreibkraft im Sekretariat).
- Der *Projektmitarbeiter* kämpft um bessere Lösungen und lebt unter Termin- und Kostendruck, arbeitet manchmal spät nachts und in fremden Räumen, ist belastbar, er meidet aber "Fleissarbeiten".

Solch unterschiedliche Partner lassen sich nicht immer leicht koordinieren. Jede Seite belächelt oder bekämpft gar die andere. Es ist eine der wichtigsten Aufgaben der *Projektführung*, durch gezielte Massnahmen trotzdem ein gutes Ergebnis der Projektarbeit zugunsten der Anwender sicherzustellen. Von solchen Massnahmen und anderen menschenorientierten Überlegungen handelt das vorliegende Kapitel.

Jede Informatiklösung muss auf den künftigen *Anwender* ausgerichtet werden; das ist die oft genannte *"Benutzerfreundlichkeit"*. Dazu ist aber bei der Gestaltung der Benutzerschnittstelle nicht nach Schema F vorzugehen, sondern es sind Unterschiede zu machen, etwa, ob der Anwender später *häufig* am System arbeitet (Beispiel: Bankschalterbeamter) oder nur *sporadisch* (Beispiel: Bankkunde an Geldautomat). Bedürfnisse des Anwenders sind oft schwierig zu eruieren. Nicht jeder "Anwender" gibt bei einer Aussprache mit Projektleuten spontan klare und richtige Auskünfte, weil er vielleicht anfänglich gar nicht versteht, was diese Leute von ihm wissen möchten. Es ist auch ein Unterschied, ob die Auskünfte aus Anwenderseite von einem Mitarbeiter mit Routineaufgaben oder von dessen Chef stammen.

Es gibt aber auch auf der Seite der Informatik-Projektmitarbeiter Unterschiede. Der junge, technikbegeisterte Analytiker-Programmierer lässt sich vielleicht von einer technisch originellen Lösung blenden, während der erfahrene Projektleiter der Kontinuität eines Arbeitsverfahrens im Betrieb einen höheren Stellenwert zumisst.

Zusätzlich wird dieses Spannungsfeld Anwender - Projektmitarbeiter durch den *Auftraggeber* beeinflusst. Dessen Interessen gehen auf *gesamtbetriebliche* Optimierungen, wobei der einzelne betriebliche Arbeitsplatz darin nur ein Element darstellt.

Werden solche Unterschiede in der Ausgangs- und Motivationslage der verschiedenen Partner von Anfang an von allen Beteiligten erkannt und respektiert, lässt sich damit leben. Die Zusammenarbeit ist dann normalerweise weitgehend problemlos, sicher problemloser als ohne bewusste Rücksichtnahme. Dazu noch einige Leitsätze für den *Projektmitarbeiter:*

- Ziel jeder Projektentwicklung ist die gute, reibungslose, dauerhafte *Anwendung;* darin soll die Informatik *nicht auffallen.* Es gibt keine Denkmäler für Projekte.
- Der Betrieb hat auch schon vor dem neuen Informatikprojekt funktioniert.
- Der *Betriebsmitarbeiter (Anwender)* wird nicht für seine allfällige Computerbegeisterung bezahlt, sondern dafür, dass er seine *Hauptfunktion* möglichst gut ausübt.
- Der Betriebsmitarbeiter ist *ständig,* der Projektmitarbeiter nur temporär, also gleichsam *als Gast,* in einer bestimmten Abteilung tätig. Der Gast sollte sich auch als solcher benehmen.
- Der Betriebsmitarbeiter wird leicht "betriebsblind". Der *unbefangenere Blick* des Projektmitarbeiters ist daher wichtig; allfällige Änderungsvorschläge müssen aber *überlegt und vorsichtig* vorgebracht werden.

- Organisations- und Informatikprojekte brauchen Unterstützung von "oben", d.h. *vom Auftraggeber*, und sind auf dessen Bedürfnisse abzustimmen. Das heisst jedoch *nicht*, dass sie mitarbeiterfeindlich sein sollen!

Diese stark psychologisch orientierten Überlegungen zeigen die oft heikle Stellung des Informatikers in der Projektarbeit. Dabei steht dieser selber in einer Zwickmühle, denn er hat zwei Herren. Welchem soll er dienen, dem Informatikdienst (wo er für die Dauer des Projekts oder permanent angestellt ist) oder dem Anwender (der das Projekt bezahlt)? Diese Ausrichtung ist gar nicht so selbstverständlich, obwohl wir jetzt immer von der *Anwendungsorientierung* der Projekte gesprochen haben, denn:

- Wer kümmert sich um eine Lohnerhöhung des Projektmitarbeiters?
- Wer sorgt für dessen längerfristige Weiterbildung und Anstellung? (Niemand wird bis zur Pensionierung Programmierer bleiben wollen.)

Solche Fragen müssen in Ruhe und mit klaren Vorstellungen besprochen werden. Denn selbst der noch so computerbegeisterte Projektmitarbeiter bedarf seinerseits längerfristig klarer beruflicher Verhältnisse. Dabei sind – je nach Situation und Interessenlage der Beteiligten – verschiedene gute Lösungen möglich.

10.2 Personalaufwand in Projekten

Das *Projekt* wurde in Abschnitt 1.4 als "zeitlich begrenztes Entwicklungsvorhaben zum Lösen von Problemen innerhalb eines vorgegebenen Zielsystems" definiert. Auch wenn schliesslich zur Problemlösung verschiedenste technische Mittel, insbesondere Computer-Hard- und Software, eingesetzt werden, besteht das Projekt doch wesentlich aus *Entwicklungsarbeit*, die von entsprechenden Fachleuten zu erbringen ist. Es liegt daher nahe, die *Projektgrösse* mit einer Einheit zu messen, welche sich aus dem *zeitlichen Aufwand* der Projektmitarbeiter bestimmt. Diese Masseinheit ist ein *Personenmonat PM* oder ein *Personenjahr PJ*. (Häufig wird noch die aus dem Amerikanischen übernommene Form "Mannmonat" oder "Mannjahr" verwendet, wobei "man = Mensch" etwas allzu direkt in *"Mann"* übersetzt wurde. Zusammen mit meinen Studentinnen und Studenten bin ich überzeugt, dass diese Masseinheit heute geschlechtsneutral formuliert werden muss, also Personenmonat und Personenjahr.)

Projektgrösse (in Personenmonaten) und *Projektdauer* (in Monaten) müssen immer klar unterschieden werden und lassen sich nicht ohne weiteres ineinander umrechnen, weil sich die Zahl der Mitarbeiter im Laufe eines Projekts meistens ändert. Und Mitarbeiter können nur in beschränkter Zahl parallel eingesetzt werden, weil sonst ein nicht zu verantwortender Koordinationsaufwand entstehen würde. Meistens arbeiten an Projektumriss und Konzept relativ wenige Personen; erst während der Realisierung können aufgrund eines klaren Konzepts Aufgaben aufgeteilt und parallel ausgeführt werden. Für gewisse Tätigkeiten (Programmierung, Überprüfung) sind solche personellen Auftrennungen sogar vorteilhaft, weil damit die Qualitätssicherung der Projektarbeit verbessert werden kann (wir werden in Abschnitt 12.6 darauf eingehen). Fig. 10.1 zeigt einen typischen Verlauf des Mitarbeiterbestands in einem Informatikprojekt, bekannt als "Schildkrötenkurve". (Diese "Schildkrötenkurve" verschiebt übrigens ihren Buckel tendenziell nach links, wenn zukünftig mehr und bessere Software-Werkzeuge die Projektarbeit unterstützen.)

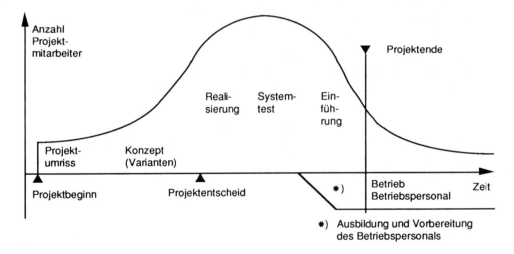

Figur 10.1: Personaleinsatz im zeitlichen Verlauf (Die Fläche unter der Schildkrötenkurve entspricht der Projektgrösse in PM.)

Wieviele Mitarbeiter können und sollen nun konkret in einem bestimmten Projekt eingesetzt werden? Sicher hängt diese Zahl von der zu lösenden Aufgabe ab. Eine einfache Problemstellung, wie etwa beim im ersten Teil dieses Buches geschilderten Projektbeispiel "Büroblitz", kommt sogar ohne Vollzeitmitarbeiter aus, während in Grossprojekten einer Fluggesellschaft oder Bank Dutzende oder Hunderte von Mitarbeitern eingesetzt werden. Daher ist es wichtig, dass wir an dieser Stelle eine Unterscheidung vornehmen:

- *Projekt* heisst (wie bis anhin auch) ein Entwicklungsvorhaben, das nach den klassischen Regeln des Phasenmodells geführt, innerhalb seines Zielsystems bewertet und der Nutzung zugeführt sowie in einem Zug durchgezogen werden kann.
- Wenn ein Entwicklungsvorhaben diesen Rahmen sprengt, soll es als *Superprojekt* bezeichnet werden; seine Führung erfordert spezielle Überlegungen (vgl. Kap. 17).

Während die *unteren Grenzen* für ein Projekt sehr tief liegen können (Beispiel: Studentenprojekt in Semesterarbeit: 1 Mitarbeiter, Projektgrösse ca. 150 Personenstunden, Projektdauer ca. 10 Wochen), sind die *oberen Grenzen* durch praktische Gegebenheiten vorgezeichnet:

- Die *Projektdauer* muss in einem vernünftigen Verhältnis zur künftigen Nutzungsdauer der Anwendung und auch zum noch immer raschen Entwicklungsrhythmus der Informatik stehen. Daher darf sie in der Regel *zwei Jahre* (in Sonderfällen drei Jahre) nicht überschreiten.
- *Anzahl Projektmitarbeiter:* Die Komplexität der Projektarbeit und die mit wachsender Gruppengrösse schwierigere Koordination begrenzen das Maximum einer Projektgruppe auf *zehn Mitarbeiter* (in Sonderfällen 15 Mitarbeiter).
- *Projektgrösse:* Aus den Grenzen für Projektdauer und Mitarbeiterzahl, zusammen mit den Gegebenheiten der Schildkrötenkurve (Fig. 10.1), ergibt sich eine maximale Projektgrösse von etwa *170 Personenmonaten* (in Sonderfällen 350 PM). Damit ist auch das Projektrisiko im wesentlichen auf die entsprechende Salärsumme begrenzt.

Zur Begrenzung der Anzahl Projektmitarbeiter auf zehn (ausnahmsweise 15) sind noch einige Bemerkungen nötig. In einem Projektteam lassen sich nicht alle Arbeiten beliebig aufteilen, und jeder zusätzliche Mitarbeiter schafft zusätzlichen Koordinationsaufwand. Das kann bei anderen Tätigkeiten anders sein. Fig. 10.2 zeigt unterschiedliche Beispiele von *Arbeitsteilungsmöglichkeiten*. Beim Äpfelpflücken (Fig. 10.2, oben links) können Hilfskräfte sofort helfen, da sie alle voneinander unabhängig arbeiten; mit zunehmender Zahl von Helfern verkürzt sich die Zeit der Fertigstellung. Anders beim Kinderkriegen (Fig. 10.2, oben rechts): Eine Arbeitsteilung ist nicht möglich, es dauert immer 9 Monate bis zur Geburt.

Bei Arbeiten, welche stark miteinander *vernetzt* sind - dazu gehören sicher alle Informatik-Projektarbeiten - kann der Fertigstellungstermin mit zunehmender

Mitarbeiterzahl sogar ansteigen, sobald der Koordinationsaufwand überhand nimmt (Fig. 10.2, unten rechts). Einen ähnlichen Effekt signalisiert die altbekannte Faustregel für die Abhängigkeit des Programmieraufwandes von der Programmgrösse [Nanus, Farr 64]:

$$\text{Aufwand} = \text{Konstante} * (\text{Anzahl Code-Zeilen})^{1.5}$$

Der Aufwand steigt mit der Programmgrösse überproportional; das gilt für alle Programmiersprachen in gleicher Weise. Die Anzahl Projektmitarbeiter und die Projektgrösse dürfen somit in Informatikprojekten bestimmte Grenzen keinesfalls überschreiten.

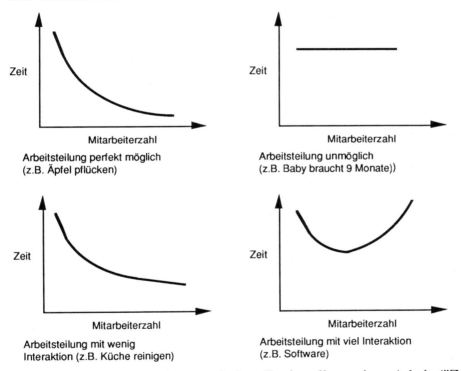

Figur 10.2: Zusammenhang zwischen Fertigstellung einer Arbeit ("Zeit") und Zahl der Mitarbeiter [Brooks 82]

10.3 Vom Umgang mit bösen Überraschungen

Die Projektgrösse wird bei Projektbeginn abgeschätzt und im Laufe der Projektarbeit immer wieder überwacht und verfeinert (Projektverlauf und

Projektbericht, vgl. 5.2.6 und Fig. 5.9). Trotz sorgfältiger Vorbereitung und Planung eines Projekts ergeben sich in der Realität der Projektdurchführung allerdings immer wieder Abweichungen und Überraschungen. Mancher Projektplaner unterschätzt nämlich zu Beginn den Aufwand, da er zu diesem Zeitpunkt noch nicht alle Probleme in ihrem vollen Umfang erkannt hat. Demzufolge werden auch Projekte in die Welt gesetzt, die in ihrem Verlauf den vorgesehenen Rahmen sprengen. Was geschieht, wenn diese gefährliche Entwicklung erkannt wird ? An sich sind mehrere Entwicklungen und/oder Massnahmen denkbar:

A. *Zeitliche Verlängerung:* Wenn Projektleitung und Auftraggeber vorerst *nicht* eingreifen, führen Unterschätzungen der Projektgrösse primär zu *Verzögerungen* und damit zu einer längeren Projektdauer: Das Projekt wird nicht zeitgerecht fertig und kostet mehr, der Auftraggeber wird unruhig, und es besteht die Gefahr, dass das Projekt bei grösseren Verzögerungen (von 2 bis 3 Jahren) im Zeitpunkt der Fertigstellung technisch und wirtschaftlich *überholt* ist.

B. *Mehr Projektmitarbeiter:* Wenn die Verantwortlichen die Gefahr der Verzögerung entdecken und eingreifen, dann häufig durch Einsatz zusätzlicher Mittel, vor allem mittels herbeigeholten neuen Mitarbeitern. Dabei wird der zusätzliche Koordinationsaufwand aber meist unterschätzt, wodurch alles nur schlimmer wird.

> "Adding manpower to a late software project makes it later."
> F.P. Brooks ("Brooks's law")

C. *Kampf um Zeitreduktion in den Schlussphasen mit noch mehr Mitarbeitern:* Besonders kritisch wird das "Hineinpumpen" von zusätzlichen Mitarbeitern, wenn damit sogar versucht wird, durch zeitliche Verkürzung der letzten Phasen (Realisierung, besonders aber Systemtest und Einführung) jene überproportionale Zeit *aufzuholen,* die bei Projektumriss, Konzept und Beginn der Realisierung verloren wurde. Da stehen sich die zusätzlichen Mitarbeiter noch mehr im Weg und können gelegentlich kaum richtig in ihre Aufgaben eingeführt werden.

D. *Reduktion des Projektrahmens:* Eine andere Reaktion der Projektleitung liegt in einer bewussten Redimensionierung des Projekts bzw. in einer Abspaltung eines Teils der vorgesehenen Funktionen in ein anderes, neues Projekt.

Diese vier Modelle für den Umgang mit unerwarteten Problemen und vergrössertem Projektaufwand unterscheiden sich vor allem durch die Art, wie dabei mit der *Komplexität* umgegangen wird:
- Bei Verzicht auf eigentliche Korrekturmassnahmen (A) wird die Komplexität der Projektarbeit wenig verändert.
- Bei Korrekturmassnahmen nach B und noch ausgeprägter nach C wird die Projektarbeit immer komplexer.
- Bei einer Korrektur gemäss D wird hingegen die Projektarbeit vereinfacht.

Angesichts der bereits in Abschnitt 10.2 aufgezeigten Probleme mit allzuvielen Mitarbeitern bei komplexen Aufgaben ist die Konsequenz für das Verhalten in Krisensituationen eindeutig: Korrekturmassnahmen vom Typ B oder C sind abzulehnen! Wenn eingegriffen werden muss, dann *durch Reduktion des Projektrahmens* gemäss Typ D.

Diesem Vorgehensmodell der *Reduktion der Anforderungen* sind wir bereits mehrfach begegnet:
- *80-20-Regel* (Abschnitt 3.3): Verzicht auf Automation der aufwendigsten Sonderfälle.
- *Pflichtenheft* (Abschnitt 3.4): Konzentration auf die wichtigsten Fälle im Mengengerüst.
- *Studentenprojekte unter Zeitdruck* (Abschnitt 9.6): Möglichkeit, eine Anpassung des Problemrahmens zu beantragen.
- *Verzicht auf Traumlösungen* (Spezialvorwort für Manager, dritte Folgerung).

Bei Informatikprojekten wichtig ist somit grundsätzlich bewusste Zurückhaltung in den Anforderungen. Diesen Grundsatz darf die Projektleitung erst recht bei Problemen, Verzögerungen, Personalwechseln oder -mangel nicht vergessen. Gerade dann darf sie den Kopf nicht verlieren (falsche Korrekturmassnahmen B und C), sondern sie muss mit Reduktion auf das Wesentliche (D) reagieren.

10.4 Projektleitung, Projektteam, Programmierteam

Im Abschnitt 10.2 haben wir bloss die *Anzahl* von Projektmitarbeitern betrachtet. Es ist aber klar, dass bei der Projektarbeit nicht einfach Individualisten eingesetzt werden können, sondern dass die Mitglieder einer Projektgruppe zusammenpassen und sich ergänzen müssen. Sie müssen ein *Team* bilden, genau wie in einer Geschäftsleitung oder im Fussball.

In grösseren Projekten arbeiten Personen von verschiedener Herkunft und mit verschiedener Blickrichtung mit, so insbesondere

- Informatiker, Datenverarbeitungsfachleute (Analytiker, Programmierer, evtl. Datenbank- und Kommunikationsspezialisten usw.; eine systematische Übersicht vermittelt [SVD, VDF 88]),
- Anwendervertreter (wobei solche Leute "aus der Linie" oft selber hervorragende Analytiker geworden sind),
- Projektleiter (zusätzlich zu Informatiker- oder Anwendererfahrung kommen Fähigkeiten in Projektführung) [Kupper 81].

Wir wollen hier nicht darüber philosophieren, wie dieses Projektteam gruppendynamisch optimal organisiert werden soll; darüber gibt es Literatur und Spezialkurse. Zusätzlich spielen dabei Faktoren wie Firmeneigenheiten (Führungskonzept innerhalb einer Firma), Problemtyp (Routineprojekt oder Pilotentwicklung) und Zeitdruck eine grosse Rolle. Nur zwei informatiktypische Projektführungsideen seien hier etwas detaillierter skizziert, nämlich die Doppel-Projektleitung und das Programmierteam.

Doppel-Projektleitung

Jedes Team braucht eine *Leitung*. Bei Informatikprojekten hat sich dabei – vielleicht im Gegensatz zu konventionellen Vorstellungen mit "eine Aufgabe – ein Chef" – häufig eine *Doppelprojektleitung* gut bewährt.

Die Projektleitung hat nämlich zwei ganz verschiedene Aufgabenbereiche, intern und extern:

- *Projektintern* muss die professionelle Durchführung der Informatik-Entwicklungsarbeiten sichergestellt werden.
  Ziel: informatisch saubere, gut realisierbare Anwendung.
- *Projektextern* muss gewährleistet werden, dass die Zusammenarbeit mit dem künftigen Benutzer klappt.
  Ziel: Problemgerechte Informatikanwendung.

Um beide Ziele konsequent parallel ansteuern zu können, werden in der Praxis oft nebeneinander *zwei* Projektleiter innerhalb einer einzigen Projektleitung eingesetzt (ohne dass dies zu Reibereien führen soll!), ein Informatik-Projekt-

Menschen und Projektarbeit 189

leiter und ein Benutzer-Projektleiter (Bild: Fig. 10.4). Selbstverständlich müssen beide zur guten Zusammenarbeit fähig sein. Im übrigen regelt sich ihre gegenseitige Kooperation je nach Persönlichkeitsprofil recht individuell; die Verantwortung für das Projekt tragen beide gemeinsam. Das Schwergewicht der eigentlichen Projektführung verschiebt sich allerdings im Laufe der Projektdauer mehrfach, am Anfang (Projektumriss, Konzept) und am Ende (Einführung) liegt sie eher beim Benutzer-Projektleiter, dazwischen beim Informatik-Projektleiter.

Programmierteam

Die eigentliche Detailarbeit der Projektentwicklung geschieht typischerweise nicht in Einzelarbeit von Individualisten, sondern als *Gruppenarbeit*. Vor 20 Jahren und mehr war das anders, als sich der einzelne Programmierer als Künstler fühlte und allein imstande war, sein mit Tricks aller Art "optimiertes" Programm überhaupt voll zu verstehen und zu warten. Heute ist ein Programm aber ein *technisches Produkt*, das allen Regeln der Qualitätskontrolle, der Wartungsfreundlichkeit usw. unterliegen muss. Darin haben Tricks, Geheimniskrämerei und persönliche Bindung keinen Platz mehr, ganz im Gegenteil. Ein Programmierteam arbeitet nach klaren Richtlinien *als Gruppe*, und deren Produkt muss später auch von anderen Personen gewartet werden können. Alle Mitglieder der Gruppe haben ihre eigene, hohe Verantwortung, die aber durch den Teamleiter koordiniert werden muss. Der Teamleiter und sein Team können durchaus mit einem Chirurgen und seiner Operationsequipe verglichen werden [Brooks 82].

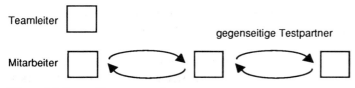

Figur 10.3: Programmierteam

Das *Programmierteam* ("chief programmer team" [Surböck 78]) besteht aus etwa vier Personen unter einem Teamleiter:

- Der *Teamleiter* trägt die Gesamtverantwortung. Er ist der "Architekt" der Software, er gliedert eine Entwicklungsaufgabe in Teilaufgaben (Module) und formuliert diese sowie die Schnittstellen dazwischen. Dieses Vorgehen (Top-down) wird durch moderne Problemformulierungs- und Programmiersprachen (Bsp.: *Definitionsmodule* in Modula-2) stark unterstützt.

- Die *Mitarbeiter* bearbeiten zuhanden des Teamleiters die einzelnen Teilaufgaben oder Module, was wiederum durch die verwendeten Programmiersprachen erleichtert werden kann (*Implementationsmodule* in Modula-2, Unterprogramme oder Prozeduren in weniger systematisch modularen Programmiersprachen). Die Mitarbeiter arbeiten als Testpartner gegenseitig zusammen.

Wesentlich ist nicht nur die Aufteilung der Mitarbeiter-Funktionen, sondern auch deren Zusammenspiel, besonders beim *Überprüfen*, etwa beim Systemtest, aber auch schon in früheren Phasen. Wir werden in Abschnitt 12.6 einige entsprechende Verfahren kennenlernen.

Innerhalb eines Projektteams von max. 10 (evtl. bis 15) Personen haben ein bis zwei Programmierteams Platz, dazu die notwendigen weiteren Spezialisten sowie geeignete Anwendervertreter, wie im nächsten Abschnitt (vgl. Fig. 10.4) zu zeigen sein wird.

10.5 Einbezug der Anwender

Wir haben eingangs dieses Kapitels festgestellt, dass Projektmitarbeiter und Anwender von ihrer Aufgabe und ihrer Arbeitsmotivation her nicht ohne weiteres harmonieren. Dennoch muss ihre Zusammenarbeit klappen, weil schliesslich jede Projektarbeit dem künftigen Anwender zugute kommen soll.

Zur Überbrückung eines möglichen Grabens zwischen Projektentwicklern und Anwendern werden beide Gruppen von Anfang an in das Projektgeschehen einbezogen und in das Projektteam eingegliedert (Fig. 10.4 links).

Im Projektteam erkennen wir die in Abschnitt 10.4 begründete *Zweier-Projektleitung* mit einem Informatiker und einem Anwender (welche beide über gute Kenntnisse der "Gegenseite" verfügen sollen). Aber auch unter den "gewöhnlichen" Projektmitarbeitern finden wir qualifizierte Anwendervertreter zur kompetenten Bearbeitung der Anwenderprobleme. Leider wehren sich Vorgesetzte der Anwenderseite noch immer gelegentlich, temporär ihre besten Leute für Projektaufgaben zur Verfügung zu stellen, weil sie diese angeblich nicht so lange entbehren können. Eine solche Haltung kann nur auf einer krassen *Fehlbeurteilung* der Lage beruhen. Da ja der Anwender eigentlicher Nutzniesser aller Informatikarbeiten sein soll, muss sein qualifiziertester Vertreter zur Gestaltung der künftigen Funktionen und Arbeitsplätze eingesetzt werden! Sollte eine Anwenderabteilung das nicht einsehen und schwache Leute in das Projektteam entsenden wollen, dann gehört ein solches Projekt zurückgestellt; nur so lassen sich schwache Lösungen vermeiden.

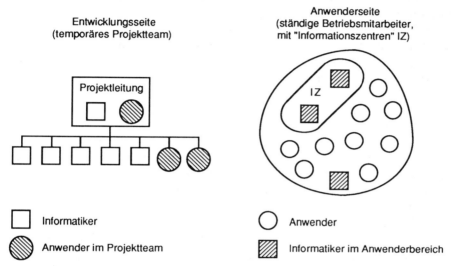

Figur 10.4: Austausch von Informatik- und Anwenderkenntnissen

Die gegenseitige Begegnung Informatiker-Anwender findet aber je länger je mehr auch auf der *Anwenderseite* statt (Fig. 10.4 rechts). Im Betrieb selber braucht es heute *eigene Informatikkompetenz*. Diese Informatiker im Anwendungsbereich haben eine zweifache Aufgabe:

– *Gesprächspartner und Helfer für Anwender:* Wenn Informatikmittel oder -anwendungen Probleme schaffen, bilden sie die erste Anlaufstelle. Kleine Anliegen (z.B. die Einführung einzelner Arbeitsstationen oder die Abfrage von Datenbanken für Planungszwecke) können selbständig erledigt werden, grössere in Zusammenarbeit mit zentralen Informatikdiensten.

– *Gesprächspartner für Informatikdienste und Projektteams:* Bei der Vorbereitung neuer Projekte oder im Zusammenhang mit Einführungen benötigen die Entwickler kompetente Partner.

Oft werden heute diese "Informatiker beim Anwender" in sog. *Informationszentren* (Fig. 10.4) zusammengefasst. Diese bilden eine ständige Anlaufstelle bei Informations- und Informatik-Anliegen jeder Art und damit ein menschliches Gegenstück zur immer mehr technisierten Informationsstruktur eines Betriebs.

Die Mitarbeit in solchen Stellen kann übrigens auch eine wichtige Station in der beruflichen Laufbahn junger Informatiker bilden.

In grösseren Firmen bildet das Nebeneinander von Normalbetrieb (permanente Linienorganisation) und Projektarbeiten (zeitlich begrenzte Arbeiten und zugehörige Umstellungen) ein wichtiges Organisations- und Führungskonzept. Dafür wurden besondere Führungsmethoden (etwa "reine Projektorganisation", "Matrix-Projektorganisation") entwickelt, denen auch der Informatiker in grösseren Projekten begegnen kann [Becker et al. 90].

10.6 Kreativität

Im Zusammenhang mit der Informatik werden oft Fragen zur Kreativität gestellt, etwa so: "Beeinträchtigt der Computer mit seiner automatischen Arbeitsweise die menschliche Kreativität am Arbeitsplatz?" Oder auch umgekehrt: "Überfordert der Computer den Menschen, indem er ihm alle Routinearbeit wegnimmt und ihn dafür mit schwierigen Aufgaben allein lässt und überlastet?" Diese Problematik muss bei der Gestaltung jeder informatikgestützten Anwendung überdacht werden. Jeder betriebliche Arbeitsplatz erfordert menschengerechte Anteile sowohl an Routinearbeit wie auch an geistig anspruchsvollen Komponenten. Die optimale Mischung ist je nach Mitarbeiter unterschiedlich. Gerade der auf immer Neues erpichte Projektmitarbeiter darf nicht vergessen, dass manche Mitarbeiter in Betrieben erstaunlich gerne Routinearbeit ausführen, also etwa Datenerfassung durch Abtippen von Belegen oder auch Verpacken von Postsendungen. Die Automation solcher Funktionen ist keineswegs immer erwünscht und sinnvoll (z.B. bei relativ kleinen Mengen). Anderseits ist es unvermeidlich, dass Arbeitsplätze mit reinen Routinetätigkeiten aus Gründen der wirtschaftlichen Konkurrenzfähigkeit im Zeitalter der Automation in Werkstatt und Büro schlechte Zukunftsaussichten haben.

Nicht die Innovationsbereitschaft und -fähigkeit des Anwenders, sondern jene der *Projektmitarbeiter* soll aber im folgenden kurz betrachtet werden. Jedes Projekt will ja einen Ist-Zustand *ändern*. Das braucht *Ideen*, Zielvorstellungen, Vorschläge für neue Konzepte (in der Mehrzahl, also Varianten!) sowie intelligente Auswahlverfahren und Vergleiche. Bei der Projektarbeit darf weder zu eng noch zu breit vorgegangen werden; das eine führt kaum zu einer angemessenen Lösung, das andere ist zu teuer. Wir haben uns bereits in Abschnitt 4.3 ("Freiheit und Beschränkung") und anderswo mit diesem Problem befasst.

Hier sei daher kurz die Grundfrage der Kreativität angesprochen: *Wie findet man neue Ideen?* Der unerfahrene Projektmitarbeiter hat in diesem Bereich oft etwas Mühe. Es gibt aber verschiedene Ansätze, um die innovativen Fähigkeiten des menschlichen Gehirns zu fördern und zu nutzen. Voraussetzung für alle Kreativ-Techniken sind allerdings eine gewisse schöpferische Begabung (Fantasie) und eine gute Kombinationsgabe.

Die Kreativ-Techniken werden in systematische und intuitive Methoden unterteilt. Im Rahmen dieses Buches können diese nur angedeutet werden; dazu sei aus jeder Gruppe je ein Beispiel skizziert. Der interessierte Leser findet dazu aber eine reiche weiterführende Literatur (darunter [Polya 62], [Fabian 77]).

Eine systematische Methode: Morphologie

Die Morphologie ist die wohl bekannteste systematische Methode. Im wesentlichen besteht sie darin, dass ein Problem in Unterprobleme zerlegt wird, zu jedem Unterproblem *alle* möglichen Lösungen aufgeschrieben und darauf *alle Kombinationen* solcher Lösungsbestandteile als Lösungsvorschläge betrachtet und miteinander verglichen werden.

Variante Unterprobleme	1	2	3
verwendeter Computer	eigener Mikrocomputer	Service-Lösung	
Anwender-programme	Eigenentwicklung Pascal oder Basic	Eigenentwicklung mit Sprache 4. Generation	vorhandenes Fremdprogramm
Datenerfassung	durch Sekretär	durch Service	

Figur 10.5: Morphologischer Kasten (Beispiel)

In Fig. 10.5 betrachten wir die Variantensuche unseres früheren Beispiels "VVV-Vereinsadministration", und zwar genau so, wie sie sich in Abschnitt 4.6 in der Phase "Konzept" stellte. In jeder Zeile des morphologischen Kastens wird ein Unterproblem mit seinen Lösungsmöglichkeiten aufgelistet, das sind natürlich nicht immer gleich viele. Die Anzahl Kombinationsmöglichkeiten ergibt sich aus dem Produkt der Variantenzahlen der Unterprobleme (in Fig. 10.5 wären es 2*3*2=12 Kombinationen). Einzelne Kombinationen sind dabei möglicherweise wenig sinnvoll und können rasch wieder ausgeschieden werden (etwa "eigener Mikrocomputer" und "eigenentwickelte Programme in Pascal" und "Service-Datenerfassung"); aber mit dem morphologischen Kasten wird mindestens *nichts vergessen*. Der Leser möge diese Variantensuche mit dem Ergebnis in Fig. 4.4 vergleichen.

Eine intuitive Methode: Brainstorming

Die Technik des Brainstorming wird in vielen Spielarten eingesetzt. Immer geht es dabei darum, in einer *Gruppe* von Mitmachenden Gedanken aufzuwerfen, diese weiterzuführen, zu assoziieren und so wiederum neue Ideen anzuregen und aufzubauen. Meist geschieht dies in einer *Brainstorming-Konferenz*.

Eine solche Konferenz hat einen Leiter, einen Schreiber und einige qualifizierte, ideenreiche Teilnehmer, höchstens ein Dutzend. Der Leiter formuliert das Konferenzthema meist als Frage, etwa: "Wie kann man.....verbessern?" oder "Welche Möglichkeiten gibt es für....?". Darauf bringen die Teilnehmer *möglichst viele Ideen* vor (die der Schreiber laufend festhält), aber *ohne* eine unmittelbare kritische Diskussion. Alles "wenn und aber" muss der Leiter sofort abstoppen, weil dies die Fantasie einengen würde. Erwünscht sind hingegen laufend neue, auch ausgefallene Einfälle, die auch auf Vorschlägen anderer Gesprächspartner aufbauen können. Die Konferenz endet nach 20-30 Minuten. Diese kurze Dauer erlaubt auch den Einbezug hochkarätiger Berater und Chefs.

Das Ordnen, Auswerten und Beurteilen der Lösungsvorschläge ist nicht mehr Aufgabe der Brainstorming-Konferenz. In einer zweiten Phase, unter Zuzug von Fachleuten, werden die Ideen nach folgenden Kriterien gruppiert:

– baldmöglichst realisieren
– weiterverfolgen
– zurückstellen
– nicht geeignet

Projektmitarbeiter benötigen Ideen und Fantasie. Anderseits brauchen sie auch Methoden und Selbstdisziplin, um innert vernünftiger Zeit und mit vertretbarem Aufwand aus dem Paradies der Träume jeweils wieder auf den Boden der Realität zurückzufinden. Die gute Mischung dieser Fähigkeiten zeichnet den guten Projektmitarbeiter aus.

11 Dokumentation und Präsentation

11.1 Ziel, Ausmass, Vorgehen

Das schönste technische Produkt ist nichts wert, wenn man es nicht kennt oder nicht bedienen kann. Zur Überwindung dieser Informationslücken dienen Dokumentation (Abschnitte 11.1, 11.2, 11.3) und Präsentation (Abschnitt 11.4). Die Dokumentation ist ständig verfügbar; Präsentationen sind Einzelaktionen.

Zwei kleine *Beispiele* zeigen die Bedeutung der Dokumentation:

- Wir kaufen einen modernen *Radiowecker*. Dieser hat x Funktionen vom eigentlichen Wecken mit Radiomusik über das Wecken mit lautem (weniger lautem) Summton bis zur Musikbegleitung beim Einschlafen. Man kann die Uhr und die Weckzeit einstellen. Aber wie? Die ersten paar Male benötigen wir dazu die Hilfe der *Gebrauchsanweisung,* später geht alles ganz selbstverständlich.

- Ein Auto benötigte eine grössere *Reparatur* am Motor. Einige Zeit später soll der Wagen verkauft werden. Da ist es wichtig, über diese Reparatur Einzelheiten zu kennen: Wer hat sie ausgeführt, was hat sie umfasst, was gekostet? Ist eine Garantie für diese Leistung abgegeben worden (Haftung)? All diese Antworten stehen auf der Reparaturrechnung.

In beiden Fällen genügt ein einziges Papier (Gebrauchsanweisung, Rechnung) – sofern man es *im richtigen Moment* zur Hand hat. In der übrigen Zeit sind uns derartige Papiere allerdings oft eher eine Last. Man muss sie aufbewahren, versorgen – und zwar so, dass man sie bei Bedarf *auch wieder findet*. Bei Computerlösungen geht es meist um kompliziertere Systeme als beim Radiowecker und um teurere Projekte als bei einer Autoreparatur. Es lohnt sich daher zu überlegen, welche Dokumentationsaufgaben hier gelöst werden müssen. Dazu müssen zwei Arten von Dokumentation deutlich unterschieden werden, Projekt- und Betriebsdokumentation.

Die *Betriebsdokumentation* (Gebrauchsanweisung) sollte alle Informationen enthalten, welche zum Betrieb einer Anwendung notwendig sind. Benötigen einzelne Betriebsmitarbeiter für ihren beschränkten Aufgabenbereich nur einen Teil dieser Information, so sollte diesen eine reduzierte Gebrauchsanweisung zur Verfügung stehen. In interaktiven Informatiksystemen kann ein Teil der Betriebsdokumentation ins System eingebaut werden.

196 Dokumentation und Präsentation

> Die *Projektdokumentation* enthält die Informationen, welche für Entwicklung, Überprüfung und allfällige Korrektur, Abänderung oder Ergänzung eines Projekts und der daraus entstandenen Anwendung benötigt werden (Unterhalt und Weiterentwicklung). Sie umfasst die Projektführungsdokumentation und die technische Beschreibung der Lösung.

Diese Definitionen orientieren sich direkt an *Zweckbestimmungen* und gestatten dadurch, die Dokumentation auf das Notwendige und Wesentliche zu *beschränken*. Dokumentation ist nicht ein Wert an sich, sondern ein Mittel zum Zweck. *Knappe, genügende* Dokumentation ist besser als "möglichst viel Papier". Wir müssen uns aber bewusst sein, dass gerade die Erstellung kompakter, guter Dokumentationen mit einigem Aufwand verbunden ist!

Ein zweites Problem bei der Erstellung der Dokumentation zu Informatiksystemen besteht darin, dass *Projektmitarbeiter* dem Dokumentieren gerne *ausweichen*. Sie entwickeln lieber neue technische und organisatorische Lösungen – das ist attraktiv. Diese Lösungen aber hinterher noch sorgfältig zu beschreiben – das ist langweilig.

Diese beiden Hauptprobleme,
- der nicht unbedeutende *Aufwand* für eine gute Dokumentation und
- die offensichtliche *Abneigung* gegen Dokumentationsarbeit,

haben dazu geführt, dass die Dokumentation im Rahmen der Projektentwicklung klar gesteuert werden muss. Dazu einige Regeln:

- Die Dokumentation muss während der ganzen Projektarbeit *laufend* aufgebaut werden. (Sie kann so schon während der Projektarbeit den späteren Phasen dienen, und es sind keine mühsamen Rekonstruktionen von Sachverhalten nötig.)
- Werden am Projekt Änderungen vorgenommen oder Fehler korrigiert, ist auch die Dokumentation sofort nachzuführen.
- Dokumentationen sollen sich an gewisse *Muster und Normen* halten, die allerdings von Betrieb zu Betrieb ihre Eigenheiten aufweisen.
- Die Dokumentationsarbeit soll durch geeignete *Formulare und Werkzeuge* unterstützt und erleichtert werden.
- Alle an der Dokumentationsarbeit Beteiligten oder Interessierten (Benutzer) sollen *Beiträge zur Verbesserung* (Ergänzung, Korrektur) einbringen können.

Aus diesen Regeln wird sofort klar, dass vor allem bei grösseren Projekten Gestaltung und Bereitstellung der Dokumentation frühzeitig und systematisch *geplant* (Dokumentationskonzept) und im Laufe des Projekts konsequent durchgezogen werden müssen.

Diese Planung beginnt schon bei Äusserlichkeiten, die dem Leser dieses Buches sicher schon früher aufgefallen sind, etwa beim Gebrauch von *Formularen*. Ein Teil der im Beispiel "VVV-Administration" eingesetzten Formulare, etwa der "Projektantrag" (Fig. 2.1), weist nämlich eine vorbereitete Gliederung auf; andere "Formulare", etwa in Fig. 2.4, sind hingegen mit Ausnahme des Kopfes nichts anderes als weisse Blätter. Was soll denn überhaupt dieser *Kopf?*

Gerade beim *standardisierten Formularkopf* (Fig. 11.1) erkennen wir die Bedeutung systematischer Dokumentationshilfen, indem genau jene Einträge vorbereitet sind, deren Fehlen zu einem *Chaos* führt, weil ohne sie auch das schönste Papier nicht mehr richtig zugeordnet werden kann! Ein solcher Formularkopf gehört übrigens auf *jede* Seite, damit auch jede einzelne *Fotokopie* sofort identifizierbar ist, etwa bei mehreren, nur leicht abgeänderten, aber *datierten* Versionen.

PROFI	**Projektauftrag**		Datum 18.3.	Seite 1
	Projekt Nr / Progr. Nr	VVV1	Ersetzt Ausgabe vom	von 1
Projektname	Büroblitz		Ersteller Bernhard	

Figur 11.1:   Standardisierter Formularkopf, Beispiel aus PROFI-System

Der Verlust an Formularfläche für den reservierten Kopf wird durch den reduzierten Aufwand für das Einordnen und allfällige Suchen mehr als wettgemacht!

Nebst dem *einzelnen* Formular spielt natürlich auch die ganze *Systematik* der Dokumentation eine wichtige Rolle, welche in den folgenden Abschnitten für Projekt- und Betriebsdokumentation je getrennt betrachtet wird. Für die Durchsetzung der Systematik und die Unterstützung aller Dokumentationsarbeiten – an denen ja *alle* Projektmitarbeiter mitwirken müssen – wird in grösseren Projekten ein eigener *Dokumentationsverantwortlicher* bezeichnet, der während der Projektarbeit auch noch andere einschlägige Aufgaben übernehmen kann, vor allem etwa:

- Sammlung und *Sicherheitsarchivierung* aller erstellten Software,
- Verfügbarhaltung aller aktuellen *Systemhandbücher* der benützten Computersysteme sowie
- Überwachung des Phasenablaufs des benützten Projektführungssystems (vgl. Abschnitt 13.1).

So kann im Verlauf eines Projekts mit *bescheidenem Aufwand* laufend die benötigte Dokumentation aus der Projektarbeit herausgeholt und in entsprechende Ordner abgelegt werden (Fig. 11.2).

Selbstverständlich wird die durch Akkumulation laufender Beiträge entstandene Sammlung von Dokumentationsblättern bei Projektende oft noch überarbeitet. Dieser Aufwand kann bei Einzelanwendungen minimal gehalten werden, während für Standardsoftware, die auf einem umkämpften Software-Markt ankommen soll, vor allem die Betriebsdokumentation – die eigentliche *Gebrauchsanweisung* – professionellen Ansprüchen genügen muss. Diese wird in solchen Fällen systematisch redigiert und oft als Broschüre gestaltet, die mit guten Schemazeichnungen und Übersichten ergänzt wird.

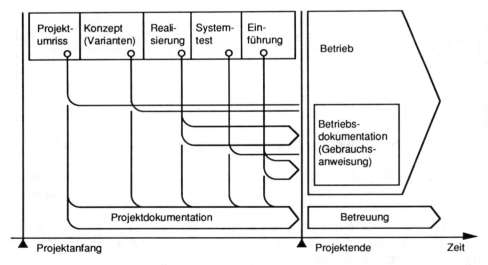

Figur 11.2:   Laufende Übernahme von Dokumentationsteilen aus der Projektarbeit

11.2 Projektdokumentation

Jeder Computeranwender, vom Informatikstudent bis zum Büromitarbeiter, kennt Gebrauchsanweisungen für Softwarepakete und somit das Kernstück der *Betriebsdokumentation* aus eigener Erfahrung. Im Gegensatz dazu kommt ihm *praktisch nie* eine Projektdokumentation zu Gesicht. Der Anwender braucht sie nicht; darüber hinaus enthält sie Einzelheiten über den Projektablauf, die bei kommerziellen Projekten aus wirtschaftlichen Gründen nicht gern veröffentlicht werden.

Da der angehende Projektmitarbeiter oder gar Projektleiter aber einen vollen Überblick über die Projektentwicklungstechnik haben muss, wurde im ersten Teil dieses Buches ein Musterprojekt ("Büroblitz" für VVV-Administration) nicht nur verbal beschrieben, sondern mit der ganzen zugehörigen Projektdokumentation ausführlich dargestellt. Wir wollen diese hier nicht wiederholen, sondern nur durch Verweise nochmals vorstellen:

Bis zum Projektentscheid enthalten die Projektpapiere sowohl das Vorgehen (Projektführung) als auch den Projektinhalt (mit Varianten):

Projektführungsdokumentation, 1. Teil, und technische Konzepte:

- Projektauftrag (Fig. 2.4)
- Beschreibung Ist-Zustand (Fig. 3.7)
- Pflichtenheft (Fig. 3.7, 3.10)
- Arbeits- und Zeitplan (Fig. 3.11, 3.12)
- Lösungskonzepte (Fig. 4.6, 4.7)
- Variantenvergleich (Fig. 4.8)

Nach dem Projektentscheid entstehen zwei Arten von Papieren, einerseits für die fortschreitend feiner werdende

technische Beschreibung für das künftige Anwendersystem:

- Detailbeschreibung Funktion "Neumitglied" (Fig. 5.8)
- Datenbeschreibung (Fig. 5.6)
- Programmausschnitt "Neumitglied" (Fig. 5.11)
- Testdaten (Fig. 6.6)

Anderseits werden weiterhin Unterlagen über den Projektablauf erstellt:

Projektführungsdokumentation, 2. Teil:

- Projektberichte (Fig. 5.9)

- Aktennotizen und Protokolle (Fig. 5.7)
- organisatorischer Einführungsplan (Fig. 5.14)
- Korrektur zu Zeitplan (Fig. 5.9)

Obwohl diese Übersicht nicht vollständig ist, stellen wir fest, dass die Papierflut recht ordentlich anschwellen kann. Muss all dieses Papier auch *nach Projektende* dauernd aufbewahrt werden? Wann darf was weggeworfen werden?

Für ein abgeschlossenes Projekt, das inzwischen in eine Anwendung übergegangen ist, lohnt es sich im allgemeinen, neben der technischen Beschreibung auch die wesentlichsten Dokumente der Projektführungsdokumentation aufzubewahren, und zwar aus drei Gründen:

1. *als Beleg* bei späteren Unklarheiten, Rückfragen usw. im Zusammenhang mit dem Betrieb der Anwendung;
2. *als Muster* für einen späteren, ähnlichen Projektablauf; (wir haben schon früher festgestellt, dass auf diesem Gebiet Aufwandabschätzungen, Erfahrungswerte und Beispiele schwer zu erhalten sind)
3. *als Ausgangspunkt* für Projektänderungen und -erweiterungen.

Diese Gründe beantworten auch gerade die Frage nach dem sinnvollen *Umfang* der Projektdokumentation. So können Einzelheiten zu nicht weiterverarbeiteten Varianten rasch weggelassen werden, ebenso rein projektinterne Abklärungen. Unbedingt aufbewahrt werden müssen Projektabgrenzungen (allenfalls überarbeitetes Pflichtenheft), Variantenentscheide, Absprachen mit Anwendern und anderen Partnern sowie das gesamte Material der Systemtests.

Die zweite Komponente der Projektdokumentation bildet die *technische Beschreibung* des künftigen Anwendersystems, insbesondere die *Beschreibung der Daten und Programme* sowie vollständige *Beispiele*. Auf die Technik der Beschreibung von Daten (Datenbankschema) und Computerprogrammen (Flussdiagramme, Struktogramme, Kommentare im Quellprogramm, Dokumentationsanforderungen innerhalb höherer Programmiersprachen usw.) soll hier allerdings nicht weiter eingegangen werden.

11.3 Betriebsdokumentation (Gebrauchsanweisung)

Die Betriebsdokumentation umfasst alle für den Betrieb einer Anwendung notwendigen Informationen, die sog. Gebrauchsanweisung. Das tönt selbstverständlich, kann aber durch Überladung zu völlig unlesbaren Handbüchern führen, mit denen der unbefangene Anwender nichts anzufangen weiss. Grund: Er geht in der Fülle der geschilderten Spezialfälle unter.

Daher muss die Betriebsdokumentation bewusst gegliedert werden. Das gilt vor allem, wenn diese auch der Ausbildung der Benutzer dienen soll. Wichtigstes Prinzip:

> Der Anfänger soll vorerst nur den *Normalfall* des für ihn wichtigsten Einsatzbereichs kennenlernen und erst anschliessend zu selteneren und zu schwierigeren Fällen geführt werden.

Für den wirklichen Anfänger beginnt der Einstieg sehr weit vorn, etwa beim Einschalten des Netzschalters. Anderseits soll eine gute Betriebsdokumentation nicht nur dem Anfänger dienen, sondern auch dem erfahrenen Benutzer im Fall einer Unregelmässigkeit ein *rasches und systematisches Nachschlagen erlauben*. Diese beiden recht gegenläufigen Forderungen werden gelegentlich so erfüllt, dass Ausbildungs- und Nachschlagedokumentation schon im voraus voneinander völlig getrennt werden.

Das ist nicht immer nötig. Um aber aufwendige mehrfache Dokumentationsarbeiten zu vermeiden, muss die Betriebsdokumentation sehr systematisch gegliedert und so geplant werden, dass ihre Teile nach Möglichkeit mehrfach verwendbar sind. Fig. 11.3 zeigt dies systematisch. Der Anfänger erhält im Einführungskurs eine bewusste *Auswahl* präsentiert. Der erfahrene Anwender und der Systemverantwortliche findet das im Moment Gesuchte über das *Inhaltsverzeichnis* und namentlich über ein *Sachverzeichnis* (vgl. Ende dieses Buchs).

In *Dialogsystemen* können wesentliche Teile der Betriebsdokumentation direkt in die Programme eingebaut und dem Benutzer auf Knopfdruck (HELP/HILFE-Taste, vgl. Abschnitt 7.3) situationsgerecht zur Verfügung gestellt werden. Der Aufwand für diese Art der Dokumentationsbereitstellung darf allerdings nicht unterschätzt werden. Aber so lassen sich insbesondere Hinweise auf Sonderfälle (z.B. *Fehlermeldungen)* präzis auf die entsprechenden Situationen ausrichten, indem *nur im Fall des Auftretens einer bestimmten Situation* gerade die zugehörigen Eingriffsmöglichkeiten (z.B. in Form eines Menüs) sichtbar gemacht werden. Damit wird die Grunddokumentation entlastet. Die Ausbildung lässt sich so noch einfacher auf den Normalfall reduzieren.

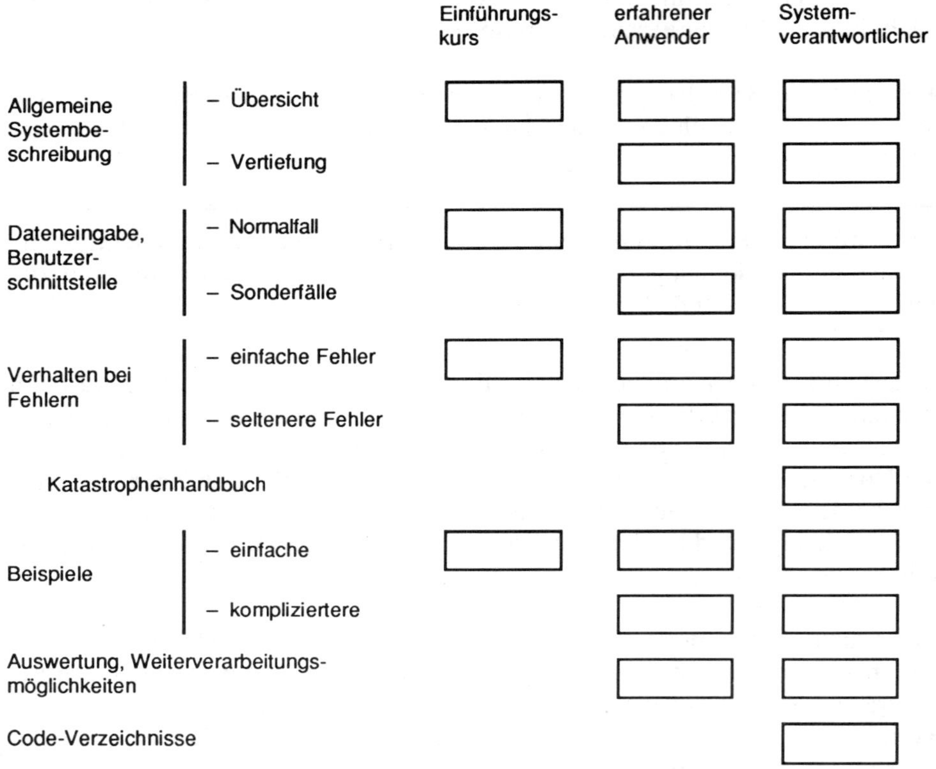

202 Dokumentation und Präsentation

		Einführungs-kurs	erfahrener Anwender	System-verantwortlicher
Allgemeine Systembeschreibung	– Übersicht	☐	☐	☐
	– Vertiefung		☐	☐
Dateneingabe, Benutzerschnittstelle	– Normalfall	☐	☐	☐
	– Sonderfälle		☐	☐
Verhalten bei Fehlern	– einfache Fehler	☐	☐	☐
	– seltenere Fehler		☐	☐
Katastrophenhandbuch				☐
Beispiele	– einfache	☐	☐	☐
	– kompliziertere		☐	☐
Auswertung, Weiterverarbeitungsmöglichkeiten			☐	☐
Code-Verzeichnisse				☐

Figur 11.3: Unterschiedlicher Umfang der Betriebsdokumentation für verschiedene Benutzertypen

Eine weitere wichtige *Ausbildungshilfe* bilden – als Ergänzung zum schriftlichen Ausbildungsmaterial – die dynamischen *Demonstrationsbeispiele,* die ein entsprechend gestaltetes Computerprogramm auf Abfrage vorführen kann. Durch geeignete Kombination von Computerdialog und Dokumentationsbausteinen lassen sich moderne Systeme sehr benutzerfreundlich für Ausbildung, Normalbetrieb und Sonderfall einsetzen. Wer solche Systeme zu entwickeln hat, wird sich mit Vorteil vor dem Neuentwurf eines Betriebsdokumentationskonzepts einige existierende moderne Systeme ähnlicher Grössenordnung ansehen und ausprobieren. Es ist beeindruckend, was auf diesem Gebiet bereits gemacht worden ist.

An diesen besonders benutzerfreundlichen Formen der Betriebsdokumentation wird allerdings ein Grundproblem jeder Dokumentation besonders deutlich:

Jede nachträgliche Änderung der Informatiklösung muss in allen Dokumentationen, HELP-Funktionen und Demonstrationsbeispielen *nachgeführt* werden.

11.4 Präsentationen

Im Gegensatz zu Dokumentationen sind Präsentationen auf einen ganz bestimmten *Moment* ausgerichtet. Beispiele:

- Ein Auftraggeber soll *jetzt* - auf Grund der präsentierten Unterlagen aus der Phase "Konzept" - einen optimalen Projekt- und Variantenentscheid treffen.
- Ein möglicher Kunde soll *jetzt* von der Eignung eines Produkts für seine Bedürfnisse überzeugt werden.
- Der Professor oder der Assistent soll *jetzt* von der Qualität einer Studentenarbeit überzeugt werden.

Wer daher eine Präsentation zu machen hat, sollte die Vor- und Nachteile dieser *Situationsbezogenheit* kennen und zu seinen Gunsten nutzen:

Vorteile:

- Der *Adressat* der Präsentation ist bekannt. Also kann sich der Präsentator auf diese Person (oder diesen Personenkreis) in Inhalt und Sprache einstellen.
- Der *Zeitpunkt* der Präsentation ist bekannt. Also können die *jetzt* interessanten, aktuellen *Informationen* einbezogen werden.
- Die *Zielsetzung* der Präsentation ist bekannt. Also müssen nur jene Punkte aufgegriffen werden, welche für diese Ziele wichtig sind.

Nachteile:

- Alle Teilnehmer an der Präsentation müssen dafür ihre eigene - meist kostbare - Zeit zur Verfügung stellen.
- Die Teilnehmer langweilen oder ärgern sich, wenn bei einer Präsentation Altbekanntes wiederholt oder Unwesentliches aufgezählt wird, das für dieses Publikum nicht nötig oder nicht wichtig ist.

Hier kommt der Unterschied zur Dokumentation ganz deutlich zum Ausdruck: Während die Dokumentation auf *Dauer* angelegt ist, sehr umfangreich sein kann und darf, weil sie über Inhaltsverzeichnis und Sachregister *gezielt* benützt werden kann, lässt sich die Präsentation *situationsorientiert* gestalten, muss aber von allen Anwesenden *vollumfänglich* angehört werden. Die meisten Leute empfinden das Stillsitzen und Zuhörenmüssen bei einer schlechten Präsentation rasch als Zumutung und als Diebstahl ihrer knappen Zeit. Eine schlechte Präsentation schadet mehr als sie nützt! Daher lohnt sich eine sorgfältige Vorbereitung.

Wie mache ich eine erfolgreiche Präsentation? Dazu einige Fragen, welche wir uns bei der Vorbereitung einer Präsentation immer zuerst stellen und beantworten sollten:

- *Ziel:* Wozu mache ich die Präsentation? (z.B. weil ich dazu aufgefordert worden bin, oder weil ich eine Idee habe und diese anderen vorstellen möchte, oder weil ich etwas verkaufen möchte oder ...)
- *Adressat:* An wen richte ich meine Präsentation? (z.B. an den Auftraggeber, Chef, Kollegen, Schüler, ...) Bei einer Gruppe zusätzlich: Ist eine bestimmte Person unter den Adressaten besonders wichtig? Welche? Warum?
- *Wesentlicher Inhalt:* Was möchte der Adressat aus meiner Präsentation erfahren? (z.B. Argumente für einen Entscheid, die Idee einer neuen Lösung, die Gründe für eine bestimmte Situation, ...)
- *Ballast:* Was darf ich beim Adressaten als bereits bekannt voraussetzen? (Wenn ich das nicht sicher weiss, darf ich im voraus oder allenfalls zu Beginn der Präsentation fragen: "Soll ich ... auch / nochmals präsentieren?")

Damit ist abgegrenzt, *was* ich in meiner Präsentation vorstellen will (und was nicht), also der *Inhalt.* Erst jetzt folgt die Frage nach dem *wie,* nach der *Form:*

- Wie präsentiere ich den festgelegten Inhalt? (z.B. nur mit Worten oder ergänzt mit schriftlichen Unterlagen, mit projizierten Bildern, mit einer Demonstration am Bildschirm, mit ...).
- Wo und wann, in welchem Rahmen kann ich die Präsentation durchführen? (z.B. mit / ohne Projektor, Wandtafel usw.; verfügbare Zeitdauer; Anzahl Teilnehmer, braucht es ein Mikrofon? ...)
- Welche Inhalte präsentiere ich in welcher Form? (z.B. Tabelle für Entscheidungsargumente, Organigramm auf Papier für die Einsetzung einer neuen Projektorganisation, ...)

Selbstverständlich wollen und können wir hier nicht auf wenigen Seiten die ganze Kunst des erfolgreichen Präsentierens, des guten Vortrags darstellen. (Dafür gibt es eine reichhaltige Literatur, etwa [Steiger 88]). Wir möchten hier aber wenigstens einen Beitrag leisten zur Vermeidung jener mühsamen Situationen, bei denen das Publikum unglücklich ist (weil es keine interessante Informationen bekommt und sich daher langweilt) und der Referent unglücklich ist (weil er merkt, dass er beim Publikum nicht ankommt). Die Lösung ist vielleicht ganz einfach: Der Referent richte sich nach den Bedürfnissen der Zuhörer!

12 Qualitätssicherung

12.1 Qualität bei Informatiklösungen

Bei einem Auto oder bei einem Transistorradio weiss auch der Laie recht gut, was unter "Qualität" zu verstehen ist. Dieser Begriff umfasst sowohl positive Aspekte (gute Leistung, bequeme Bedienung usw.) als auch das Fehlen von negativen (keine Pannen, wenig Unterhalt usw.). Da die meisten Funktionen von Auto und Rundfunkgerät sinnlich sofort wahrnehmbar sind, ist auch der Qualitätsbegriff ohne weiteres einsichtig.

Anders bei Informatiklösungen. Natürlich unterstehen die beteiligten *Geräte* noch am ehesten herkömmlichen Qualitätsvorstellungen von der Lebensdauer bis zur Ergonomie (Arbeitsplatzgestaltung), aber schon hier ist Vorsicht am Platz: Eine digital arbeitende Computerkomponente funktioniert entweder 100%ig korrekt – oder sie ist unbrauchbar! "Ein bisschen rostig" oder "ein bisschen unrein im Bassbereich" machen ein Auto oder ein Radio noch lange nicht wertlos, sondern werten es höchstens ab; eine solche graduelle Betrachtungsweise gibt es im Computerbereich nicht. Schliesslich handelt es sich hier um digitale Informationsverarbeitungs- und -speichersysteme.

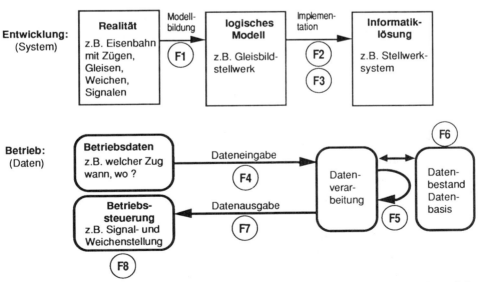

Figur 12.1   Entwicklung und Betrieb einer Informatiklösung und die wichtigsten Fehleransatzpunkte (Beispiel Eisenbahnstellwerk)

206   Qualitätssicherung

Die Schwachpunkte und Fehler bei Informatikanwendungen stammen aber keineswegs bloss aus Problemen mit der Funktionstüchtigkeit der Geräte oder Programme; die Fehlerquellen sind viel breiter gestreut. Wir betrachten dazu als Beispiel aus der Praxis ein informatikgestütztes Stellwerk für den Eisenbahnbetrieb (Fig. 12.1).

In Fig. 12.1 ist links die *Realität,* rechts deren datengestütztes *Abbild* im Computer dargestellt. Die Entwicklung der Informatiklösung (oben) umfasst zwei wesentliche Schritte, nämlich die *Modellbildung* (indem die für den Fahrbetrieb der Eisenbahn wesentlichen Komponenten wie Gleisstruktur, Züge usw. auf einem Gleisbildstellwerk symbolisch dargestellt werden) und die *Implementation* dieses Modells (=Realisierung der Informatiklösung bis zur Betriebsreife). Im Betrieb (unten) werden die *Betriebsdaten* verarbeitet und gespeichert sowie Impulse für die *Betriebssteuerung* erzeugt.

Die Qualität dieser Informatiklösung "Eisenbahnstellwerk" wird nun offensichtlich daran gemessen, wie gut sie den realen Eisenbahnbetrieb (unten links in Fig. 12.1) unterstützen kann. Dieser Zielsetzung stehen allerdings Schwachstellen und Fehlerquellen verschiedener Art entgegen. Wir wollen diese Fehleransatzpunkte (Fig. 12.1) kurz charakterisieren.

F1: *Modellbildungsfehler:* Das logische Modell bildet die Realität bezüglich des Verwendungszwecks unvollständig oder falsch ab.

F2/F3: *Implementationsfehler:* Die Informatiklösung bildet das logische Modell unvollständig oder falsch ab, und/oder die Informatiklösung enthält interne Fehler. Dabei werden unterschieden:
F2: *Hardware-Fehler* der Implementation
F3: *Software-Fehler* der Implementation

F4: *Dateneingabefehler:* Falsche Daten oder falsch erfasste Daten werden in die Datenverarbeitung eingebracht.

F5: *Datenverarbeitungsfehler:* Der Datenverarbeitungsprozess verfälscht oder vernichtet Daten.

F6: *Datenfehler:* Die permanent gespeicherten und benützten Datenbestände - evtl. als Datenbasis einer Datenbank - enthalten falsche und/oder widersprüchliche Daten.

F7: *Datenausgabefehler:* Die Verarbeitungsergebnisse erreichen keinen oder den falschen Empfänger.

F8: *Interpretationsfehler:* Der Empfänger interpretiert die erhaltenen Ergebnisse nicht oder falsch.

Im Beispiel "Eisenbahnstellwerk" wird unmittelbar deutlich, dass sich Fehler allenfalls äusserst tragisch auswirken können. Dabei ist es im Fall eines Zugszusammenstosses für die verletzten Fahrgäste unwesentlich, ob dafür ein Programmierfehler (F3), eine falsch gespeicherte Tabelle (F6) oder eine momentane Konzentrationsschwäche des Lokomotivführers (F8) verantwortlich ist. Die Forderung nach hoher Qualität eines Systems muss daher *umfassend* verstanden werden.

> Die *Qualität einer Informatiklösung* wird gemessen an deren umfassenden Eignung für einen bestimmten Informationszweck; die *Qualitätssicherung* muss alle Arbeitsschritte in Entwicklung und Betrieb einbeziehen.

Diese Definition der Qualität ist keine Maximalforderung; sie verlangt keine - technisch sowieso utopische - "absolute Fehlerfreiheit" oder Sicherheit. Sie erlaubt - je nach verlangtem Informationszweck - angemessene und kostenmässig vertretbare Lösungen. Während für ein Eisenbahnstellwerk oder für eine Telefonzentrale sehr hohe Qualitäts- und damit auch Sicherheitsansprüche gestellt und bezahlt werden müssen, gelten in vielen anderen Fällen - für Einzelarbeitsplätze etwa oder bei wiederholbaren Berechnungen oder in Pilotprojekten - viel bescheidenere Ansprüche.

Möglicherweise ist der Leser jetzt recht verunsichert. Da wurde ihm gerade eingeimpft, dass er *alle* möglichen Fehlerquellen im Auge behalten müsse; das ist eine harte Forderung, namentlich für den Anfänger. Dann aber wurde darauf hingewiesen, dass allenfalls Qualitätsansprüche auch bescheiden und damit kostengünstig formuliert werden können. Ist das jetzt eine Abschwächung der umfassenden Qualitätsforderung oder gar ein Widerspruch dazu ?

Es ist kein Widerspruch. Jeder Projektverantwortliche muss bei seiner Entwicklungsarbeit die umfassende Qualitätsforderung im Auge behalten. Er muss ihr aber bezüglich Stufe und Mittel *situationsgerecht* begegnen. Das heisst etwa:

- *Hardware:* Eine besonders kritische Hardware-Komponente wird doppelt beschafft (Redundanz).
- *Software:* Auf die Automation eines besonders aufwendigen, aber seltenen Falles wird verzichtet (weniger Fehler!).

– *Benutzereinbezug:* Zur Reduktion von Interpretationsfehlern wird für die optimale Gestaltung der Benutzerschnittstelle zuerst ein Prototyp erstellt und im Pilotbetrieb sorgfältig getestet.

Qualitätssicherung und Fehlervermeidung sind umfassende Anliegen, wo neben sauberer Konzeptarbeit auch die *Erfahrung* eine grosse Rolle spielt. Diese Erfahrung erwirbt der angehende Projektverantwortliche an konkreten Problemstellungen und Lösungsverfahren. Dabei zeigen die Lösungen für Hard- und Software allerdings starke Unterschiede.

12.2 Physische Sicherheit (Hardware)

Moderne Computersysteme basieren technisch primär auf mikroelektronischen Bauelementen (Chips), welche seit dem Auftauchen der ersten integrierten Schaltung (IC, 1960) eine unwahrscheinliche Entwicklung erlebt haben. Nicht nur finden immer mehr Schaltungen auf einem Chip Platz; gleichzeitig hat die Funktionssicherheit Spitzenwerte erreicht. Die Fehlerquelle F2 (in Fig. 12.1) steht heute bei Informatiklösungen selten im Vordergrund. Dennoch sei kurz analysiert, welche Qualitäts- und Sicherheitsüberlegungen bei *materiellen* Komponenten, also bei den Informatikgeräten (Hardware) im Vordergrund stehen. Die *Qualität* ist auch bei der Hardware umfassend zu sehen und betrifft alles, was für die Eignung für eine bestimmte Informationsaufgabe wichtig ist. Dazu gehören die Leistungsfähigkeit (performance), die Zuverlässigkeit (reliability), die Unterhalts- oder Wartungsfreundlichkeit (maintainability) und viele andere Aspekte. Da sich das vorliegende Buch aber mit den Hardware-Aspekten nur am Rande befasst, wollen wir auf die allgemeine Hardware-Qualitätssicherung hier nicht allgemein eintreten, sondern nur auf zwei zentrale Massnahmen zur Erhöhung der Hardware-Sicherheit (Zuverlässigkeit). Es sind dies die Schaffung von *Redundanz* und die (Hardware-) *Wartung.* Ihnen begegnet auch der Software-Ingenieur häufig.

Redundanz ist das *mehrfache Vorhandensein gleicher Elemente.* Da physische Elemente (jeder Art) grundsätzlich immer ausfallen können, ist Redundanz im technischen Alltag eine Notwendigkeit. Die Computerarchitekten setzen dieses Prinzip konsequent innerhalb des Computers vielfach ein: Bei der Speicherung eines Schriftzeichens in einem Byte werden weitere Bits (Prüfbit, Paritätsbit) mitgeführt, so dass Fehlspeicherungen identifiziert und allenfalls gar automatisch korrigiert werden können. Ähnlich werden Daten regelmässig auf zusätzlichen Datenträgern (Platten, Bänder) "abgesichert". (Der interessierte Leser findet zur (Hardware-) Sicherheit eine reichhaltige Spezialliteratur; als Einführung kann z.B. [Bauknecht/Zehnder 89] dienen.)

Diese Technik des doppelten (oder mehrfachen) Bereitstellens von Komponenten oder ganzen Geräten lässt sich ganz allgemein überall dort anwenden, wo *physisch* Sicherheit erhöht werden soll, also etwa auch durch mehrfache *hintereinandergeschaltete* Türen, Kontrollen usw. Dabei muss aber durch ein kluges Sicherheitskonzept sichergestellt werden, dass nicht Schwachstellen (Engpässe, "Hintereingänge" und ähnliches) den Sicherheitsgewinn wieder in Frage stellen. Kluge Planung ist auch nötig, damit der Mehraufwand für die Redundanz reduziert werden kann; dafür gibt es verblüffend einfache Beispiele (vgl. etwa das Drei-Generationen-Prinzip zur Datensicherung, z.B. in [Bauknecht/Zehnder 89]).

(Hardware-) Wartung ist die systematische Pflege der Hardware. Dabei sind zwei Grundformen zu unterscheiden, nämlich die präventive Wartung und die Reparatur im Falle eines Defekts. Bei *Grosscomputern* ist die regelmässige *präventive Wartung* eine (teure) Selbstverständlichkeit. Dabei werden alle Bauteile (auch Chips) regelmässig geprüft und bei Anzeichen irgendwelcher Schwächen sofort ersetzt. Das Computersystem besteht somit jederzeit (auch nach Jahren) aus lauter neuwertigen Teilen! Ein derart gewartetes Informatikgerät *altert* somit *nicht materiell,* sondern höchstens funktionell (indem neuere Geräte leistungsfähiger und allenfalls sparsamer sind). Bei Kleincomputern reduziert sich die präventive Wartung meist auf Verbrauchsteile (Farbbänder usw.).

Trotz präventiver Wartung und hoher Qualität der modernen Elektronikkomponenten gibt es allerdings immer wieder auch (Hardware-) Defekte. Dann wird eine *Reparatur* nötig. Da heute bereits viele Betriebe vom guten Funktionieren ihrer Informatikmittel empfindlich abhängig sind, muss *vor* Betriebsaufnahme auch die Verfügbarkeit notwendiger Reparaturdienste oder Ersatzlösungen gesichert werden. Reparaturdienste können aber besonders bei Pikettzeiten ausserhalb der Bürozeit sehr teuer sein. Billiger als ein Reparaturdienstvertrag mit Pikettpersonal, aber allenfalls für Kleinbetriebe sogar zweckmässiger, ist eine gegenseitige Aushilfs-Vereinbarung mit einem Partner (der sogar ein Konkurrent sein kann), welcher über eine gleiche oder eine annähernd gleiche Geräteausstattung verfügt. In einer solchen Aushilfs-Vereinbarung verpflichten sich die Partner gegenseitig, im Notfall dem anderen die eigene Anlage z.B. nachts für die wichtigsten Arbeiten zur Verfügung zu stellen.

12.3 Software-Qualität

Informatiklösungen bestehen aber auch aus *Software*. Hier ist die Frage nach der Qualität von neuem zu stellen. Und hier wäre die Bewertung "ein bisschen rostig" noch viel unpassender als bei den Geräten, weil Programme immateriell sind. Was bedeutet Qualität bei Programmen?

Auch bei Software ist "Qualität" ein sehr globaler und aus verschiedensten Aspekten zusammengesetzter Begriff. Die folgende Liste von wichtigen *Software-Qualitätskriterien* vermittelt davon eine Vorstellung:

Vollständigkeit der Funktionen	functional completeness
Genauigkeit	accuracy
Zuverlässigkeit	reliability
Fehlertoleranz für aussergewöhnliche Situationen	error tolerance
Benutzerfreundlichkeit	user friendliness, usability
Flexibilität in der Verwendung	flexibility
Modularität, strukturierte Form	modularity
Einfachheit, Vermeidung unnötiger Komplexität	simplicity
Ausbaufähigkeit	extendability
Verträglichkeit, Kompatibilität	compatibility
Übertragbarkeit	portability
Unterhaltsfreundlichkeit, Wartungsfreundlichkeit	maintainability
Entwicklungseffizienz	development efficiency
Betriebseffizienz, -leistung	execution performance
Datenintegrität und -konsistenz bei permanenten Daten	data integrity and consistency

Software-Qualität kann nicht erst am Schluss der Projektarbeit einer Anwendung gleichsam angehängt werden. Das gilt nicht einmal für das Eliminieren von allfälligen Fehlern, geschweige denn für strukturelle Eigenschaften.

"You can't test quality into a product."
anonym

Der Problemkreis der *Software-Qualitätssicherung* ist ein zentrales Thema des sog. *Software-Engineering*. Geeignet strukturierte Programmiersprachen und Programmierwerkzeuge können dabei die Software-Qualität entscheidend beeinflussen. Ihrer Bedeutung entsprechend existiert dazu eine eigene, umfangreiche *Literatur* (etwa zum Software-Engineering [Pomberger 87], [Wirth 88];

zur Software-Qualitätssicherung [Frühauf, Ludewig, Sandmayr 88], [Gorny, Kilian 85]). An dieser Stelle kann daher nur deren Wichtigkeit betont werden.

Im Rahmen unserer Projektführungsüberlegungen ist aber der starke Zusammenhang von Qualitätssicherungsmassnahmen mit dem Phasenablauf der Projektentwicklung ausdrücklich zu erwähnen. Einige Beispiele:

- *Modularität, Einfachheit,* ja auch *Ausbaufähigkeit* und *Unterhaltsfreundlichkeit* einer Anwendung beruhen primär auf der sauberen Problem- und Lösungsstrukturierung (Top-down) der Phase Detailspezifikation (Abschnitt 5.2).

- *Genauigkeit, Fehlertoleranz, Datenintegrität* und *-konsistenz* müssen im Rahmen des Projektumrisses *zweckmässig* (d.h. insbesondere: nicht übertrieben!) im Pflichtenheft angesprochen und dann entsprechend in der Realisierung berücksichtigt werden.

- *Vollständigkeit der Funktionen* bedeutet Übereinstimmung zwischen Pflichtenheft und Realisierung, gleichzeitig aber auch die Beschränkung auf das im Pflichtenheft Verlangte.

Zu diesem letztgenannten Zusammenhang ein *Beispiel.* Aufgabe jedes Programmiersprachcompilers muss es sein, Programme aus einer Programmiersprache korrekt in eine bestimmte Maschinensprache zu übersetzen, und zwar genau im Umfang der entsprechenden Sprachdefinition, nicht mehr und nicht weniger. Aber noch allzu häufig sind Compilerlieferanten stolz darauf, mehr bieten zu können und auch Hausdialekte der Sprache zu unterstützen. Damit verlieren Programme, die von solchen Erweiterungen Gebrauch machen, ihre wichtige Qualität der Übertragbarkeit (portability) auf andere Computersysteme! Neben dieser sehr negativen Langzeitkonsequenz solcher "Dialekt-Compiler" führt aber das Überschreiten der verlangten Funktionen auch bei ganz gewöhnlichen Anwenderprogrammen zu Problemen, namentlich beim Systemtest (wegen der fehlenden Übereinstimmung zwischen den Programmen und den auf dem Pflichtenheft abgestützten Testdaten, vgl. Abschnitt 6.3, Fig. 6.3) und durch allgemeinen Mehraufwand bei Dokumentation, Unterhalt usw.

Die Komplexität vieler Software-Lösungen (Tausende bis Hunderttausende von Zeilen Programmcode) erschwert die Suche und die Elimination von Softwarefehlern ungemein, wie in Kap. 6, "Systemtest", eingehend gezeigt wurde. Je *später* ein Fehler entdeckt wird, desto grösser ist der Korrekturaufwand. Daher sind alle Mittel einzusetzen, um *in sämtlichen Phasen* der Projektentwicklung *dauernd* allfällige Fehler sofort zu erkennen und zu eliminieren. Wir werden im Abschnitt 12.6 eine Methode kennenlernen, welche in diesem

Sinne bereits in der Detailspezifikation Fehler aufzudecken vermag (Walkthrough).

All diese gestaffelten Überprüfungsmöglichkeiten haben sich jedoch konsequent an der *gültigen Aufgabenstellung* des Pflichtenhefts (samt späteren Verfeinerungen) zu orientieren (Fig. 12.2).

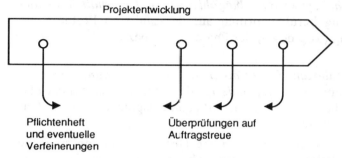

Figur 12.2: Überprüfungen orientieren sich immer an der Aufgabenstellung

Das heisst nicht, dass im Laufe einer Projektentwicklung ein Pflichtenheft nicht angepasst werden könnte; ein solcher Schritt müsste aber ausdrücklich vom Projektbearbeiter beantragt und vom Auftraggeber sanktioniert werden.

12.4 Datenqualität

Im Zentrum der Datenverarbeitung und -speicherung stehen nicht Hard- und Software, sondern die *Daten*. Sie stellen einen Ausschnitt der realen Welt dar und erlauben damit, für irgendeine praktische Aufgabe bestimmte Informationsbedürfnisse zu stillen. Unser wohlbekanntes Beispiel einer Vereinsadministration VVV, ein Reservationssystem einer Fluggesellschaft oder ein Molekülmodell eines Chemikers: in all diesen Fällen wird mit Zahlen und Wörtern im Computer ein Bild der Realität aufgebaut und als Informationssystem benützt. Dabei stellt sich sofort die Frage nach der Qualität der benützten Daten. Beispiele falscher und fehlender Daten finden sich häufig:

- *Falsch geschriebene oder gemessene Daten:* Dazu gehören Tippfehler so gut wie technische Messfehler.

- *Nicht nachgeführte und damit falsch gewordene Daten:* Jeder Adresseintrag im Telefonbuch wird bei einem Wohnungswechsel ungültig und somit falsch.

- *Ungenügend genaue Daten:* Für den Physiker genügt eine Messung mit dem Messband in Zentimetern nicht, und für einen Fürsorgeentscheid muss die wirtschaftliche Lage nicht bloss mit "reich" oder "arm" angegeben werden können.
- *Ungenügend sichere Daten:* Zur Auszahlung einer Geldsumme am Bankschalter genügt bei Unbekannten eine Kontonummernangabe nicht.
- *Widersprüchliche Daten:* Wenn der Sohn von "Meier" den Namen "Meyer" trägt oder wenn eine fünfjährige Person den Zivilstand "verwitwet" aufweist, stimmt etwas nicht, aber was ? (Meier oder Meyer ? Alter oder Zivilstand falsch ?)
- *Fehlende Daten:* Wenn nach einem Verkehrsunfall ein Bewusstloser ohne Ausweis in die Notfallstation des Krankenhauses eingeliefert wird, so muss er behandelt werden können, auch wenn sein Name unbekannt ist.

Diese Liste von Problemfällen ist keineswegs vollständig. Sie zeigt aber zur Genüge, dass Daten vielerlei Fehlerquellen ausgesetzt sind und dass gelegentlich auch mit Situationen gelebt werden muss, wo Daten nun einmal fehlerhaft sind oder fehlen. Es wäre völlig unrealistisch und auch unbezahlbar, für jeden Datenbestand zu verlangen, dass er dauernd und vollständig "richtig" sein müsse. Eine sinnvolle Definiton der Datenqualität muss daher als Massstab den Verwendungszweck der Daten beiziehen:

> Die *Qualität von Daten* ist für einen bestimmten Verwendungszweck *genügend*, wenn die Daten dafür angemessen genau, vollständig und nachgeführt sind.

An einigen der obengenannten Beispiele sei gezeigt, was diese *zweckorientierte* Definition für die Praxis bedeutet:

- Eine *Postadresse* genügt, wenn die Zustellung möglich ist; ein Schreibfehler ("Bhanhofstrasse") ist dabei unschön, aber problemlos.
- Im *Notfallspital* wird der "namenlose" Patient sofort mit einem provisorischen Ersatznamen ("N-eins") identifiziert.
- Bei *Steuererklärungen* wird das Vermögen nur zu einem bestimmten Stichdatum erfasst; innerhalb der Steuerperiode ist keine Nachführung nötig.

Wer daher eine Datensammlung aufbauen will, muss sich vorerst mit der Zweckbestimmung und der dafür notwendigen Datenqualität auseinandersetzen. Besonders wichtig ist dies beim *Datenbankentwurf,* der in Abschnitt 16.3 vertieft behandelt wird. Es geht dabei primär um die Festlegung, welche Datenkategorien in der Datenbank gespeichert werden sollen und welchen Bedingungen die gespeicherten Daten zu genügen haben.

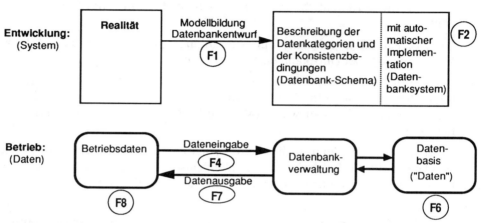

Figur 12.3: Entwicklung und Betrieb einer Datenbank und die wichtigsten Fehleransatzpunkte

Beim Datenbankentwurf (Fig. 12.3) können ganz analog zu Fig. 12.1 verschiedenartige Fehler auftreten (wobei einige Fehlerquellen - F3, F5 aus Fig. 12.1 - weitgehend wegfallen, weil bei einem Datenbanksystem auf vorhandene Software zurückgegriffen werden kann):

F1: *Modellbildungsfehler:* Der Entwurf der Datenbank führt zu ungeeigneten Datenbeschreibungen und Konsistenzbedingungen (diese Begriffe werden untenstehend genauer erläutert).

F2: *Implementationsfehler bei Hardware:* Es wird ungeeignete Hardware verwendet (evtl. zu wenig Redundanz gegen Datenverlust).

F4: *Dateneingabefehler:* Die Daten aus der realen Welt werden falsch erfasst oder codiert oder eingegeben.

F6: *Datenfehler:* Die permanent gespeicherten Daten ("Datenbasis") enthalten falsche und/oder widersprüchliche Daten.

F7: *Datenausgabefehler:* Die Angabedaten erreichen keinen oder den falschen Empfänger.

F8: *Interpretationsfehler:* Der Empfänger interpretiert die empfangenen Daten nicht oder falsch.

Offensichtlich der wichtigste - weil alles Weitere bestimmende - Schritt beim Einsatz einer Datenbank ist der *Datenbankentwurf* (mit der kritischen Fehlerquelle F1 bei der Modellbildung). Wegen dieser zentralen Bedeutung der Datenbeschreibung wollen wir kurz beobachten, wie ein Datenbank-Ingenieur etwa eine Menge von Personen beschreibt (Fig. 12.4). Zur Beschreibung wird eine Datenbeschreibungssprache - ein sog. Datenmodell - verwendet, hier das klassische Relationenmodell von Codd (dazu existiert eine umfangreiche Literatur, vgl. z.B. [Zehnder 89]).

Tabelle (=Relation) zur Beschreibung von Personen

	Name	Vorname	Zivilstand	Geburtsjahr	...
Beispiel:	Meier	Hans	ledig	1971	...
	Müller	Yvonne	ledig	1975	...

Wertebereich für *Zivilstand*
{ledig, verheiratet, verwitwet, geschieden}

statische Konsistenzbedingung

ledig ⟶ verheiratet
geschieden   verwitwet
Übergangs-Konsistenzbedingung

Figur 12.4 Beispiel einer Datenbeschreibung mit Konsistenzbedingungen

Im oberen Teil der Fig. 12.4 erkennt der Leser unmittelbar, wie in dieser Tabelle (= sog. Relation) Personen dargestellt werden: Jeder Person entspricht genau eine Zeile mit entsprechenden Merkmalswerten, also etwa Name = "Meier". Dabei dürfen aber als Merkmalswerte in den einzelnen Feldern *nicht beliebige* Werte auftreten, sondern nur solche aus einem bestimmten *Wertebereich*. Diese Wertebereiche sind für jedes Merkmal festgelegt, für "Name" und "Vorname" etwa alphabetische Zeichenfolgen, für das Geburtsjahr ganze Zahlen zwischen 1880 und heute, für den Zivilstand die vier legalen Zustände (Fig. 12.4, unten links). Diese Vorschriften sind Beispiele von sog. *Konsistenzbedingungen*. Mit ihrer Hilfe können bereits bei der Dateneingabe viele mögliche Eingabewerte sofort als unzulässig und damit fehlerhaft erkannt und ausgeschlossen werden (Fehlertyp F4). So würde etwa ein Name mit Ziffern ("Meier19" oder "M00s" mit Nullen statt "O") erkannt und zurückgewiesen, ebenso ein unkorrekter Zivilstand "getrennt". In Datenbanksystemen, welche besonders sorgfältig auf hohe Datenqualität ausgerichtet sind, lassen sich sogar dynamische Konsistenzbedingungen formulieren (Fig. 12.4, unten rechts), wo die Daten nicht bloss auf Zuverlässigkeit der Werte überprüft werden, sondern auch bezüglich Zuverlässigkeit bestimmter *Wertänderungen*. (Der Übergang von "geschieden" auf "verheiratet" ist möglich, jener von "geschieden" auf "verwitwet" oder auf "ledig" nicht.)

Mit solchen und ähnlichen *Konsistenzbedingungen* lassen sich Dateneingaben und Datenänderungen (Übergänge) recht präzis auf Zulässigkeit überprüfen; viele Konsistenzverletzungen können so im voraus verhindert werden - aber nur solche, welche sich an konkreten, vorgegebenen Konsistenzbedingungen erkennen lassen! Daher Vorsicht: Auch mit den strengsten Konsistenzbedingungen lassen sich keineswegs alle F4-Fehler vermeiden! Wenn "Meier, Hans, ledig, 1971" als "Meyer, Peter, verheiratet, 1917" eingetippt wird, kann das mit Konsistenzprüfungen allein nicht erkannt werden! Dazu braucht es direkte Kontrollvergleiche mit der realen Welt.

Das Thema Datenqualität ist heute leider noch Entwicklungsgebiet der Informatik. Nur allzu oft werden "Informatiklösungen" frischfröhlich betrieben, obwohl die darin bearbeiteten Daten von ungenügender Qualität sind. Aber wer merkt's schon! Hauptsache, "es läuft", wenn auch falsch! - Diese Haltung sollte einer professionellen Ingenieureinstellung weichen, welche ständig eine *angemessene* Datenqualität sicherstellt.

12.5 Software-Testmethoden

Das Charakteristische an Informatiklösungen - gegenüber klassischen technischen Produkten - besteht doch wohl im Einsatz von *Software*komponenten. Daher sollen zum Abschluss dieses Kapitels über Qualitätssicherung ein kurzer Überblick und einige Beispiele von Methoden des Software-Testens präsentiert werden. Das Thema ist damit längst nicht ausgeleuchtet. Ein systematischer Überblick über das Software-Testen (und die einschlägige Literatur), den wir hier mitbenützen, stammt von H. Sneed [Sneed 88].

Wir beginnen mit einer Rekapitulation der wichtigsten Test-Überlegungen aus Kap. 6: Wir erstellen (konstruieren) unser Software-Paket so ingenieurmässig wie möglich. Da wir aber nicht imstande sind, 100% korrekte Software zu produzieren, sollen allfällige Fehler (Modellbildungsfehler F1 und Software-Implementationsfehler F3 in Fig. 12.1) *so früh wie möglich* erkannt und eliminiert werden. Der Zusammenbau der verschiedenen Softwarekomponenten geschieht "Bottom-up", d.h. wir beginnen das Testen mit den einzelnen Komponenten und setzen nur getestete Komponenten zu höheren Einheiten zusammen, welche ihrerseits wieder getestet werden.

Im Zentrum des eigentlichen Testprozesses steht das *Testobjekt* - hier ein Programm -, das untersucht und mit geeigneten Objekten verglichen wird.

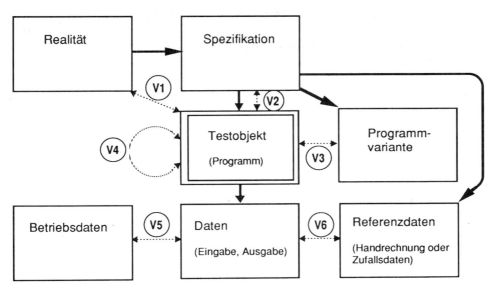

Figur 12.5: Verschiedene Vergleichsmöglichkeiten bei Tests

Dazu benötigt der Testprozess *Vergleichsmöglichkeiten;* beim Test wird verglichen, und aus erkannten Differenzen können Fehler abgeleitet werden. Fig. 12.5 zeigt eine ganze Anzahl solcher *Vergleichsmöglichkeiten:*

V1: *Testobjekt mit Realität:* Tut das Programm, was die Anwendung braucht?

V2: *Testobjekt mit Spezifikation:* Wird die Spezifikation erfüllt? (=Verifikation)

V3: *Testobjekt mit Vergleichsprogramm* (Variante, beruhend auf gleicher oder ähnlicher Spezifikation): Wo sind Unterschiede?

V4: *Testobjekt mit sich selbst:* Welche Funktionsfehler lassen sich erkennen?

V5: *Ein- und Ausgabedaten des Testobjekts mit Betriebsdaten:* Sind die Testdaten im Betrieb brauchbar?

V6: *Ein- und Ausgabedaten des Testobjekts mit Referenzdaten* (welche aus manuellen Parallelrechnungen stammen): Stimmen beide *exakt* überein?

218 Qualitätssicherung

Beim Vergleich mit Zufallsdaten: Zeigen sich Abweichungen und/oder Fehler?

Offensichtlich sind die Vergleiche mit der Realität (V1, V5) die praxisrelevantesten, aber auch die schwierigsten, weil sie allfällige *Modellierungsfehler* mitumfassen. Die meisten üblichen Software-Testverfahren lassen aber gerade den Modellierungsfehler unberücksichtigt und beschränken sich auf "informatikinterne" Vergleiche (V2, V3, V4, V6).

Bevor wir auf einzelne Verfahren eingehen, seien noch zwei Begriffspaare definiert [Sneed 88]:

Verifikation: Nachweis, dass ein Programm seine Spezifikation erfüllt.

Validation: Nachweis, dass ein Programm in einer bestimmten Zielumgebung lauffähig ist.

White-box-testing: Testen unter Verwendung des vollen Programmtexts.

Black-box-testing: Testen ohne Kenntnis des Programmtexts, nur unter Verwendung der Programmfunktionen/-daten.

Datenbezogenes Testen: Die naheliegendste und auch dem Anwender und Nichtprogrammierer offenstehende Testmethode besteht im konkreten Ausprobieren eines Programms mit Testdaten. Das ist klassisches Black-box-testing, wo die erzeugten Ausgabedaten mit Referenzdaten (V6) oder mit realen Betriebsdaten (V5) verglichen werden. Die geeignete Auswahl der Referenzdaten spielt dabei eine grosse Rolle. Wir haben schon im Abschnitt 6.3 auf die wichtigsten Arten von Testdaten verwiesen:

- Einfache (aber doch genügend grosse) Beispiele, die von Hand vollständig durchgearbeitet wurden.
- Auszüge aus realen Datenbeständen.
- Über einen Datengenerator künstlich generierte Testdaten.

In raffinierteren datenbezogenen Testverfahren werden systematisch bestimmte Werte und Wertekombinationen oder gar Datenübergänge (vgl. Abschnitt 12.4 "Datenqualität" mit Fig. 12.4) als Testdaten eingesetzt. Eine sorgfältige Datendefinition - inkl. Formulierung von Konsistenzbedingungen - kann dabei direkt zur Bereitstellung der Testdaten mitbenützt werden.

Nachteile des ausschliesslich datenbezogenen Testens dürfen allerdings nicht verschwiegen werden: Da - mindestens in grösseren Programmen - auf diese Weise nie alle möglichen Datenkombinationen ausprobiert werden können, lassen sich auch nicht alle Fehler erkennen, namentlich natürlich jene nicht, welche in zusätzlichen Programmteilen stecken, welche in der Aufgabenstellung gar nicht vorgesehen waren! Solche Fehler sind nur mit White-box-testing erkennbar.

Statische Programmanalyse: Dieser verbreitete White-box-Test gehört zum Typ V4 (Vergleich mit sich selbst) und kann übrigens nicht nur für Programmtexte, sondern auch für Spezifikationstexte angewendet werden, welche in einer geeigneten, formalisierten Spezifikationssprache aufgezeichnet sind. Dabei wird der Text systematisch und im einzelnen überprüft, etwa ob alle Variablen definiert werden, alle Schleifen immer terminieren usw.; dieser Prozess lässt sich zum Teil mit Software-Werkzeugen effizient unterstützen. In der Literatur finden sich Hinweise, dass die statische Programmanalyse bis etwa einen Drittel der verbliebenen Fehler finden kann.

Ablaufbezogenes Testen: Das ist ein umfassendes White-box-testing vom Typ V4 (Vergleich mit sich selbst). Hier wird vor allem untersucht, ob alle Programmteile (Schleifen, Verzweigungen, vgl. Fig. 6.5) je nach Datensituation überhaupt durchlaufen werden können. Dieses "Durchspielen aller Fälle" stösst bei komplizierten Programmstrukturen rasch an Grenzen der Komplexität und wird sehr aufwendig, auch beim Einsatz von Software-Werkzeugen. Trotzdem lassen sich mit diesem Vorgehen viele Fehler (vergessene Funktionen, inkonsistente Schnittstellen usw.) gar nicht finden.

Funktionsbezogenes Testen (functional testing): Dieses Vorgehen kombiniert datenbezogenes Testen mit der Code-Analyse (white-box-testing) und vergleicht den Code direkt mit der Spezifikation (V2). Abschnittweise werden Code-Abschnitte, welche Teilfunktionen ausführen, identifiziert, und ihr Ein- und Ausgabeverhalten wird für die entsprechende Teilfunktion an mehreren geeigneten Testfällen beobachtet. Dabei werden all jene Pfade des Programms untersucht, welche in der Spezifikation des Programms verlangt werden. Das funktionsbezogene Testen verwendet somit Vergleiche sowohl mit der Spezifikation (V2) als auch mit den Referenzdaten (V6).

Back-to-Back-Testen: Bei diesem Verfahren werden zwei Versionen des gleichen Programms *miteinander* verglichen (V3). Die Vergleichsversion kann etwa ein Vorläufer (Prototyp) oder ein anderswie erzeugtes, allenfalls ein abgeändertes Programm sein. Erkennen lassen sich auf diese Weise alle Fehler, die nur in einer Programmversion auftreten.

220 Qualitätssicherung

Noch besser als Testen und Fehlersuchen ist allerdings ein radikal anderer Weg, nämlich das *Fehlervermeiden*. In diese Richtung gehen all jene modernen Verfahren, welche aus der Programmspezifikation mit entsprechenden Programmierwerkzeugen und Spezifikationssprachen das Programm *automatisch generieren* können (vgl. Fig. 5.4: Entwurfssystem). Damit entfallen neue Implementationsfehler ganz (allfällige Fehler in den Programmwerkzeugen sind zwar nicht auszuschliessen, aber wesentlich weniger wahrscheinlich).

Übertragen auf das Phasenmodell der Informatik-Projektentwicklung heisst das: Die eigentliche Programmierung wird vermieden und durch eine formale, vollständige Detailspezifikation ersetzt.

Software-Qualitätssicherung ist nicht nur eine Angelegenheit des Programmierers, sondern muss im ganzen Projekt-Ablauf ständig beachtet werden, vom Projektumriss über die Detailspezifikation bis zur Einführung. Qualitätssicherung gehört zu den charakteristischen Aufgaben eines jeden Informatikingenieurs. Im nächsten Abschnitt 12.6 wird zusätzlich gezeigt, wie die Arbeit im *Team* weitere Qualitätsverbesserungen bringen kann.

12.6 Überprüfungen im Team

Im voranstehenden Abschnitt 12.5 wurde eine ganze Anzahl von Testmethoden kurz skizziert. All diese Methoden sind auf die Fehlersuche ausgerichtet, alle benötigen dazu einen klaren Kopf, allenfalls zusammen mit geeigneten Programmier- und Testwerkzeugen. All diese Methoden eignen sich somit für individuelles Arbeiten.

Die grösste Unsicherheitskomponente in der Informatik-Projektentwicklung bildet aber doch wohl der *Mensch*. Gerade bei der Erfassung der Bedürfnisse künftiger Anwender für eine Informatiklösung (d.h. bei der Spezifikation), aber auch bei vielen anderen Arbeitsschritten läuft jedoch der Mensch leicht Gefahr, seine eigenen Ideen subjektiv und nicht objektiv zu beurteilen. Daher ist es zweckmässig, nach Möglichkeit Entwicklungsarbeiten *durch jemand anders* überprüfen zu lassen. Diese Teamarbeit kennt in der Informatik einige wichtige Standardformen. (Leider sind diese den bei der Programmentwicklung meist allein arbeitenden Studenten wenig bekannt und daher umso dringender nahezubringen.)

Testpartner

Die einfachste Form des Testens im Team besteht darin, dass jeweils zu jeder Entwicklung (Programm, allgemeine Informatiklösung, Layout usw.) *eine zweite Person* den Test durchführt, wie schon in Kap. 6 gezeigt wurde (Fig. 6.4, Fig. 6.5). Dabei kann es sich um das Bereitstellen von Testdaten für ein neues Programm, um das Ausprobieren einer neuen Bildschirmmaske oder um das kritische Durchlesen einer neuen Gebrauchsanweisung gehen. Wesentlich ist einfach, dass nicht bloss der Hersteller selber (mit seinem Sonderwissen, seiner besonderen Sicht und allenfalls seinen vorgefassten Meinungen) mit seinem Produkt umgehen kann, sondern auch eine andere Person. Natürlich ist mit diesem zusätzlichen Testprozess Aufwand verbunden, allenfalls auch harte Diskussion, Rechtfertigung und Überarbeitung; dafür wird das Produkt besser, sachlicher und weniger personenabhängig.

Das Ziel des Testens ist es, Fehler zu finden (vgl. Abschnitt 6.4). Das Ergebnis der Testarbeit ist ein schriftliches *Fehlerprotokoll*.

Durchgehen einer Detailspezifikation (Walk-through)

Das nächste Testverfahren setzt kurzfristig eine ganze Gruppe von Personen ein; es ist besonders auf eine bestimmte Phase der Projektentwicklung, die Detailspezifikation, ausgerichtet.

Wir erinnern uns: In der Phase Detailspezifikation wird festgelegt, wie das Anwendungs-Problem im einzelnen gelöst werden soll; alle (allenfalls noch zu schreibenden) Programme sind definiert, jede Benutzerfunktion, jedes Formular ist beschrieben. Jetzt soll durch eine geeignete Überprüfung sichergestellt werden, dass diese Systemspezifikationen *stimmen*, d.h. widerspruchsfrei sind und das produzieren, was der Anwender will. Erst dann soll die definitive Realisierung der Informatiklösung und damit vor allem die eigentliche Programmierung beginnen dürfen, weil eine spätere Fehlerbehebung wesentlich aufwendiger wäre.

Zur Überprüfung eines Detailspezifikations-Ergebnisses (Beispiele: Gestaltung der Datenerfassung in einem Warenlager; Modulgliederung eines Programmpakets) wird eine *Walk-through-Sitzung* (auch: Design-review-Sitzung) vereinbart. Daran nehmen teil (Fig. 12.6):

222 Qualitätssicherung

- ein *Sitzungsleiter*, oft der Leiter des Programmierteams oder sein Stellvertreter (vgl. Abschnitt 10.4), der das Gesamtsystem gut kennt und vertritt,
- der Ersteller der Spezifikation (also etwa der erwähnten Datenerfassung oder der Modulgliederung) als *Präsentator*,
- ein anderes Mitglied des Programmierteams als *Kritiker* ("advocatus diaboli"), dazu
- evtl. ein *Anwendervertreter* (bei anwendernahen Problembereichen) und
- evtl. ein *Sekretär* zum kurzen Protokollieren der Walk-through-Ergebnisse. (Die Protokollführung kann auch durch einen anderen Teilnehmer übernommen werden.)

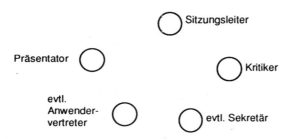

Figur 12.6: Walk-through-Sitzung

Der Präsentator legt zu Beginn seine Detailspezifikation auf den Tisch und erläutert kurz die zugehörige Aufgabenstellung. Darauf kann das Durchgehen, das Walk-through, beginnen.

Der Präsentator nimmt einen vorgesehenen Arbeitsgang auf und zeigt anhand seiner Unterlagen, wie die Verarbeitung ablaufen soll. Alle übrigen Anwesenden überlegen von ihrem Standpunkt aus, ob der Ablauf korrekt erfolgt. Der Kritiker insbesondere sucht bewusst nach Löchern und Unstimmigkeiten; seine Rolle verlangt somit ausdrücklich das Aufdecken von Schwachpunkten. Wichtig ist dabei, *alle* Fallunterscheidungen der vorgeschlagenen Lösung durchzugehen. Werden *Fehler* entdeckt, so werden sie sofort *protokolliert* (aber nicht beschwatzt, geschweige denn lächerlich gemacht). Es geht um das Fehler*finden*, nicht um das Fehler*beheben*. Eine Walk-through-Sitzung erfordert hohe Konzentration aller Beteiligten und soll daher so kurz wie möglich gehalten werden. Länger als *zwei Stunden* darf sie nie dauern.

Wir dürfen auch nicht vergessen, dass die Rollen des "Angreifers" (Kritiker, allenfalls Anwendervertreter) und des "Verteidigers" (Präsentator) während des ganzen Walk-through fixiert sind und dass daraus personelle Spannungen entstehen können, denen nicht jeder Mitarbeiter ohne weiteres gewachsen ist. Anderseits kann gerade durch systematische Pflege des Walk-through-Verfahrens in einem Programmierteam der *kontrollierte* - und damit die Beteiligten nicht persönlich verletzende - *Umgang mit sachlichen Differenzen* gelernt und bewältigt werden.

Anhand der protokollierten Unstimmigkeiten und Fehler kann die Detailspezifikation *anschliessend* ergänzt und korrigiert werden. Bei grossen Änderungen wird das Walk-through-Verfahren wiederholt.

Das Walk-through-Verfahren liefert nicht nur wesentlich widerspruchsfreiere Spezifikationen, es verbessert auch die Zusammenarbeit mit dem Anwender und vermittelt den einzelnen Mitarbeitern zusätzlich einen guten Einblick in die Arbeitsweise ihrer Kollegen.

Getrennte Programmüberprüfung

Mehrfach wurde bereits auf die Vorteile des Beizugs einer Zweitperson als Testpartner und *Prüfer* hingewiesen (Fig. 6.4, Fig. 6.5). In grösseren Projekten ist dieser Prüfer in vielen Fällen ein Kollege des Programmierers aus dem *gleichen* Programmierteam.

Bei besonders *heiklen Applikationen* (z.B. im Bankbereich) kann die getrennte Programmüberprüfung jedoch noch weiter institutionalisiert werden. Dazu werden Programmierer und Prüfer sogar aus verschiedenen Arbeitsteams ausgewählt. Die Zuteilung der zu prüfenden Programme an bestimmte Prüfer geschieht durch deren Vorgesetzten ohne Information an den Programmierer. Mit dieser "Entpersonifizierung" verfolgt man zwei Ziele: Erstens werden weniger Fehler übersehen ("Die Programme des Kollegen X sind schon in Ordnung!"), und zum zweiten werden eventuelle betrügerische Absprachen zwischen Programmierer und Prüfer so erschwert, dass Fälle von Computerkriminalität kaum mehr auf diesem Weg zustandekommen.

13 Werkzeuge der Projektführung

13.1 Projektführungssysteme

Die moderne Industriegesellschaft hat seit Jahrzehnten immer wieder neue und noch grössere Projekte in Angriff genommen, Beispiele sind etwa der bemannte Flug zum Mond oder die internationale Digitalisierung des Telefonsystems. Auch kompaktere Aufgaben, etwa die Entwicklung eines neuen Flugzeugs oder der Bau eines grossen Strassentunnels, können nur mit guten Projektführungsmethoden zeitlich und wirtschaftlich im Griff behalten werden.

Während die Projektführung noch bis zum 2. Weltkrieg weitgehend als Kunst der verantwortlichen Ingenieure betrachtet wurde, sind seither rationale Methoden entwickelt und verbreitet worden, um die Koordination bei Grossprojekten aller Art sicherzustellen. Dazu gehört die sog. *Netzplantechnik*, die auch dem Informatiker ein Begriff sein sollte (daher Abschnitt 13.5). Im übrigen gibt es aber Projektführungsmethoden, die besonders auf Informatikprojekte ausgerichtet sind. Von diesen sei hier vor allem die Rede.

Sobald an einem Projekt nicht mehr bloss eine Einzelperson arbeitet, muss sichergestellt werden, dass die verschiedenen Beteiligten sowohl auf Projektführungs- wie auf Projektebene präzis miteinander sprechen. Seit dem Turmbau zu Babel ist bekannt, dass man dazu am besten eine gemeinsame Terminologie festlegt, in der modernen Informatik auch verbunden mit einheitlichen Richtlinien für die Art des Vorgehens, für die Programmierung, für die Dokumentation. Ein abgerundetes Paket solcher Begriffe, Richtlinien und Formulare nennen wir ein *Informatik-Projektführungssystem*. Grundlage eines solchen Systems ist eine bestimmte Terminologie, wie wir sie etwa in diesem Buch (Phasenmodell, Abschnitt 1.6, Fig. 1.4) eingeführt haben. Zusätzlich können alle Arbeitsphasen und Dokumente noch wesentlich weiter präzisiert und formularisiert werden (vgl. Formularbeispiele PROFI).

Informatik-Projektführungssysteme – oder hier kurz Projektführungssysteme – gibt es heute in grosser Zahl. Jeder grössere Informatik-Betrieb kennt dabei seine Eigenheiten, wie wir im nächsten Abschnitt 13.2 noch näher sehen werden. Im Methodik-Bereich ist eine Normierung viel schwieriger als in der Technik (die Vielfalt wohl aber eher berechtigt, weil Menschen involviert sind). Daher soll hier nicht über diese Vielfalt philosophiert werden. Wir müssen sie aber etwas kennen, damit wir uns richtig darauf einstellen können. Gerade der Anfänger in Projektaufgaben braucht dazu ein paar Hinweise.

Im Informatikbereich stand noch vor 25 Jahren bei der Projektentwicklung "das Programmieren" im Vordergrund. Erst allmählich wurden die minuziöse Vorbereitung (Projektumriss, Konzept, Detailspezifikation), die anschliessende Integration (Systemtest, Einführung) und die Schnittstellenbetreuung zu allfälligen Nachbarprojekten in ihrer überragenden Bedeutung für die gute Anwendung richtig eingeschätzt. Besonders *Beraterfirmen* (die manchmal erst nach Projektabbrüchen beigezogen wurden) begannen, rigoros Phasenmodelle einzusetzen, und zwar nicht nur als groben Rahmen, sondern sehr detailliert, indem jede Teilaufgabe (jeder Phasenbeginn, jedes Phasenende, jede Datenbeschreibung, jeder Kontakt zum Anwender usw.) je mit einem eigenen Vordruckformular begleitet wurde (Bsp.: Fig. 2.1 "Projektantrag"). Die entsprechende Formularsammlung konnte leicht auf 50 bis 100 verschiedene Formulartypen anwachsen, und es brauchte einen längeren Einführungskurs, bis alle Projektmitarbeiter nicht nur mit der Phasengliederung und der Grundterminologie eines bestimmten Projektführungssystems vertraut waren, sondern auch mit dem korrekten Gebrauch aller Formulare. Dem stand anderseits der Gewinn einer endlich erreichten *einheitlichen* Projektkoordination gegenüber, was auch den – gelegentlich unumgänglichen – Austausch von Mitarbeitern in laufenden Projekten erleichterte oder überhaupt erst ermöglichte.

Selbstverständlich wehrten sich besonders altgediente Analytiker-Programmierer, die schon mit strukturierten Programmiersprachen ihre liebe Mühe hatten, vehement gegen das neue Konzept. Ein bisschen konnte ihnen ohne Not entgegengekommen werden, so dass heute normalerweise anstelle der sehr detaillierten Projektführungssysteme nur ein bestimmtes *Phasenmodell mit relativ wenigen Formulartypen* systematisch eingesetzt wird, wie es ganz bewusst auch in diesem Buch mit der Übersicht (Fig. 1.4) und den paar PROFI-Formularen (Fig. 2.1, 2.4 usw.) vorgeführt wird. Das Pendel hat sich beruhigt.

Ein besonderer Vorteil relativ einfacher und flexibler Projektführungssysteme (wie das hier gezeigte System PROFI) liegt übrigens darin, dass damit gleichzeitig grössere und kleinere Projekte koordiniert werden können, ohne dass dafür der Aufwand bei Kleinprojekten unverhältnismässig gross wird ("Mehr Projektführungsformulare als Problemlösungsunterlagen!" wäre ein böser Vorwurf). Mit einfachen Systemen (Typ PROFI) können sogar 1-Personen-Projekte, also Semester- oder Diplomarbeiten von Studenten, Pilotprojekte usw., ohne Schwierigkeiten angemessen begleitet werden. Die Mitarbeiter gewöhnen sich bereits in solchen Projekten an eine routinemässige Methodik, die ihnen in grösseren Projekten begegnet und die in jedem Fall viel mehr nützt als kostet (Überblick, Risikoverminderung, Unterhaltsfragen usw.).

226 Werkzeuge der Projektführung

In grossen Projekten ist auch ohne Perfektionismus der Projektführungsmethoden ein angemessener Führungsaufwand nicht zu vermeiden. Dazu stehen heute auch leistungsfähige Software-Werkzeuge zur Verfügung (Abschnitt 13.4).

13.2 Begriffsvielfalt und Begriffsbildung

Das Lösen von Problemen kann meist nicht nur auf einem einzigen Weg erfolgen, und noch viel bunter wird das Bild, wenn wir die verschiedenen Schritte eines Problemlösungsprozesses *benennen* wollen. "Konzept", "Soll-Zustand", "Grobanalyse", "Lösungsidee" sind alles Begriffe, die in der Informatikwelt für die gleiche Entwurfsphase benützt werden.

Beispiel aus Branche	Entsprechende Bezeichnung zu					
	Projekt-umriss	Konzept (Varianten)	Detail-spezifikation	Program-mierung	Systemtest	Ein-führung
Bank	Vorstudie	Grob-konzept	Detail-konzept	Reali-sierung	betriebl. Systemtests	System-einführung
Warenhaus	Voranalyse	Konzept	Realisierung			
Industrie	Projekt-umriss	Problemorientierte Entwicklungsphase		Systemorientierte Entwicklungsphase		System-einführung
Flug-gesellschaft	Vorstudie	EDV-Grob-konzept	EDV-Lösungs-konzept	Realisierung		
Öffentliche Verwaltung	Voranalyse	Konzept	Detail-spezifikation	Program-mierung	Kettentest	Einführung
Computer-firma (intern)	Vorstudie	System-konzept	Detaildesign	Entwicklung und Test		Installation

Figur 13.1: Vergleich von Phasenbezeichnungen in Projektführungssystemen verschiedener Grossfirmen

Das vorliegende Buch entstand aus einer langjährigen Erfahrung mit der Ausbildung von Studenten im systematischen Führen von (kleinen) Projekten, während der Verfasser selber aber immer auch in der Praxis von Grossprojekten stand. Verschiedene (positive und negative) Versuche [Bürkler 81] führten zum hier verwendeten *System PROFI* und zur Entwicklung eines *Musterprojekts* ("VVV-

Administration" in Kap. 1 bis 8) als Ausbildungshilfe. Die darin verwendete Terminologie ist aber praktisch vollständig der Praxis entnommen, wie in Fig. 13.1 gezeigt wird. Gleichzeitig wird in dieser Übersicht für den Leser erkennbar,

– dass er auf jeden Fall beim Eintritt in ein praktisches Projekt sich die *dort geltende Terminologie und Methode* (Firmengebrauch, Informatikregeln, Projektführungssystem usw.) aneignen muss und
– dass dies keine Hexerei ist, wenn die Grundausbildung auf einem zweckmässigen und *begrifflich widerspruchsfreien Phasenmodell* aufbaut.

Der Leser entnimmt der Fig. 13.1 leicht, dass überall mit *ähnlichen* Phasenmodellen, aber mit wechselnden Begriffen gearbeitet wird. Bei der Auswahl der *für die Ausbildung* – und damit für dieses Buch – bestgeeigneten Begriffe fiel die Wahl meistens auf entsprechende Muster aus dem Projektführungssystem der allgemeinen Bundesverwaltung der Schweiz (samt PTT und Bundesbahnen), weshalb dazu einige kurze Bemerkungen angebracht sind. Dieses Projektführungssystem heisst HERMES, es wurde in den siebziger Jahren durch die Firma "Institut für Automation" in Zürich als IFA-PASS entwickelt und darauf unter dem Namen HERMES an die Bedürfnisse der erwähnten öffentlichen Verwaltung (also insbesondere an deren vorhandene Begriffswelt!) angepasst. Die in diesem Buch gezeigten PROFI-Formulare (die genannten Fig. 2.1, 2.4 usw.) sind im wesentlichen Beispiele aus dem HERMES-Handbuch.

Ein Projektführungssystem wie HERMES/IFA-PASS (oder von anderen Projektberatungsfirmen, etwa Orgware) ist viel mehr als eine Formularsammlung, es umfasst auch Beratung, Kurse, evtl. Software-Werkzeuge (Abschnitt 13.4) und anderes. Deshalb können solche Systeme typischerweise nicht im Buchhandel bezogen werden, sondern werden über Beratungsfirmen vertrieben. Dem Studenten sind sie daher *schlecht zugänglich*. Ein Grund mehr, dass in diesem Buch eine umfangreiche *Projektdokumentation* (Abschnitt 11.2, Beispiel Kap. 1 bis 8) einmal konkret vorgelegt wird.

Ganz bewusst wird in diesem Buch eine Terminologie verwendet, welche in unserer Muttersprache (deutsch) verankert ist. Gerade bei *Projektführungsaufgaben* ist es wichtig, dass der künftige Anwender nicht unnötig mit ungewohnten Begriffen konfrontiert wird, welche im Bereich der Informatik sehr häufig aus dem Englischen stammen. Selbstverständlich arbeitet auch die englischsprachige Fachwelt mit Phasenmodellen. Als Beispiel dafür diene Fig. 13.2 mit dem Begriffs- und Ablaufschema nach [Metzger 81]. Der Leser wird durch Vergleich mit unserem Schema in Fig. 1.4 rasch erkennen, dass Einzelunterschiede vor-

228 Werkzeuge der Projektführung

liegen (z.B. 6 statt 5 Hauptphasen), dass aber im wesentlichen gleich vorgegangen wird.

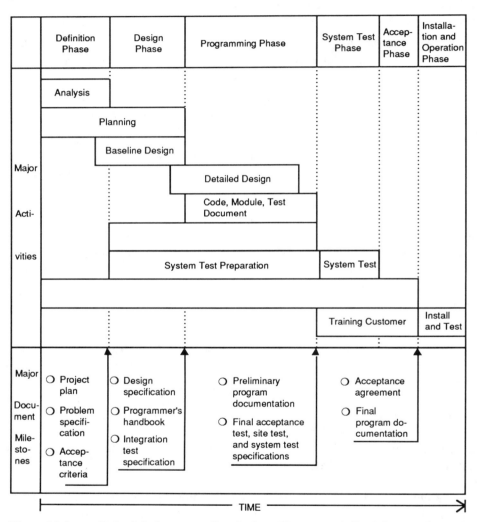

Figur 13.2:   Beispiel eines amerikanischen Phasenmodells [Metzger 81]

Im Bereich des *Software-Engineering*, also der potentiellen Entwicklung von grossen Software-Systemen, wird der Begriff des *Lebenszyklus von Programmsystemen (software life cycle)*, in den Vordergrund gestellt. Wir haben diesen Begriff in Abschnitt 9.1 eingeführt; er umfasst Projekt- und Betriebsphasen gemeinsam. Auch dazu sei ein Beispiel zitiert (aus der technischen Fachliteratur [Howden 82]). Wir finden hier neben (nur) vier Hauptphasen der Projektentwicklung zusätzlich eine Betriebsphase:

– Anforderungen	requirements	Entwicklung
– Entwurf	design	Entwicklung
– Programmierung	programming	Entwicklung
– Ausprüfen	verification	Entwicklung
– Unterhalt	maintenance	Betrieb

Damit sei dieser Ausblick auf andere Systeme abgeschlossen. Wichtig sind offensichtlich nicht die verwendeten Begriffe, wichtig ist die Konsistenz des verwendeten Begriffssystems. Man kann mit verschiedenen Systemen leben. Der Anfänger muss aber einmal mit *einem* System beginnen, damit *selber arbeiten* und *Erfahrungen* machen. Später ist ein bewusster Übergang auf ein anderes System – ähnlich wie bei verschiedenen Programmiersprachen – weder kritisch noch besonders schwierig.

13.3 Besprechungen

Bei allen Entwicklungsarbeiten, an denen mehrere Partner beteiligt sind, bilden Besprechungen ein zentrales Element des Problemlösungsverfahrens. Besprechungen dienen der Information, der Diskussion und dem Entscheiden. Dabei weist die Durchführung Unterschiede auf, aber in jedem Fall sind Vorbereitung, Leitung und Auswertung für den Erfolg einer Besprechung wesentlich. Das gilt auch für "kleine" Besprechungen, wobei jedoch kein unnatürlicher oder lächerlicher Formalismus hochgespielt werden soll. (*Präsentationen* bilden eine Sonderform einer Besprechung; vgl. dazu Abschnitt 11.4)

Besprechungen können zwei oder drei Gesprächspartner umfassen oder zu grossen Sitzungen und Konferenzen mit Dutzenden von Teilnehmern anwachsen. Die Dauer kann von wenigen Minuten bis zu mehreren Stunden reichen. Vorbereitung und Durchführung müssen diesen Randbedingungen angepasst werden.

Zur *Vorbereitung* gehört neben der Festlegung von *Zeit, Dauer, Ort* und *Teilnehmern* vor allem die bewusste Abgrenzung der zu behandelnden *Fragen*. Wenn möglich werden diese Punkte in Form einer *Traktandenliste* (evtl. mit Unterlagen) allen Beteiligten einige Tage im voraus mitgeteilt; das lohnt sich auch für kleine Besprechungen, z.B. mit dem Auftraggeber oder einem

Benutzer. So kann sich jedermann vorbereiten. Zur Vorbereitung gehört auch die allfällige Bereitstellung weiterer Unterlagen sowie von Darstellungs- und Projektionshilfen bei grösseren Gruppen.

Leitung: Jede Besprechung wird von den beteiligten Personen in eine bestimmte Richtung gesteuert, bewusst oder unbewusst. Wer Besprechungen für den Fortgang seiner Projektarbeit *benötigt,* kann es sich nicht leisten, den Besprechungsablauf dem Zufall zu überlassen (samt Klatsch und Wochenenderzählungen). Er (der Projektleiter) oder ein von ihm darum gebetener, anderer Besprechungsteilnehmer muss daher die Rolle des *Gesprächsleiters* übernehmen. Das kann im kleineren Rahmen durchaus informell geschehen. Auf jeden Fall aber ist der Gesprächsleiter dafür verantwortlich, dass

- alle vorgesehenen Punkte besprochen werden,
- die Stellungnahmen der Beteiligten klar erkannt werden können (sonst nachfragen: "Haben Sie dies so....gemeint?"),
- Abschweifungen vom Thema erkannt und gestoppt werden,
- die für die Besprechung vorgesehene Dauer nicht überzogen wird.

Gerade die *Höflichkeit* gegenüber den übrigen Besprechungsteilnehmern gebietet, Plaudereien und Abschweifungen im Laufe einer Arbeitsbesprechung nicht einfach zu tolerieren, da schliesslich auch die Zeit der übrigen damit beansprucht würde. Es braucht Fingerspitzengefühl, als Gesprächsleiter den Mittelweg zwischen militärischer Knappheit und unerwünschter epischer Breite einzuhalten. Daher wird vor allem der *noch wenig erfahrene* Projektbearbeiter vor jeder Besprechung, die er ansetzen muss, überlegen, ob er selber die Besprechung leiten oder *jemand anders* um die Gesprächsleitung bitten wolle. Diese zweite Lösung ist überall dort zu empfehlen, wo mehrere Personen mit Leitungsfunktionen und dezidierten Ansichten teilnehmen, oder wo der Projektbearbeiter vermutlich auf Gesprächspartner mit extrem anders gelagerten Standpunkten trifft.

Aus der Besprechung sollen *Ergebnisse* hervorgehen; die Besprechung ist *auszuwerten.* Schon *während der Besprechung* werden alle wichtigen Meinungsäusserungen und Entscheide *notiert.* Das kann natürlich jeder für sich selber tun (Aktennotiz) oder ein formell beauftragter Protokollführer für alle (Protokoll). Auch bei Besprechungen im kleinsten Kreis (z.B. Projektleiter und Auftraggeber) dürfen wir keine Hemmungen haben, laufend Kurznotizen zu machen (auf die man sich aber mit eigenen Unterlagen wie Traktandenliste und Fragenkatalog angemessen vorbereitet hat). Die geeignete Form von Aktennotiz und Protokoll hängt von Art und Bedeutung der Besprechung ab:

- Das *zusammenfassende Protokoll* enthält nebst der Teilnehmerliste, der Zeit und den Beschlüssen alle wichtigen Gedanken der Sitzung in knapper Form.

- Das *Beschlussprotokoll* hält nur die Beteiligten, die Zeit und die Beschlüsse der Besprechung ohne weitere Kommentare fest.

Mindestens ein Beschlussprotokoll ist nötig bei allen formalen Entscheidungen, insbesondere bei Projektentscheiden und bei Projektänderungen. Protokolle werden von den Beteiligten in einer nächsten Sitzung genehmigt.

- Die *Aktennotiz* wird von einem Teilnehmer für sich selber erstellt. Sie ist daher leichter zu erstellen, aber weniger ausgewogen als ein eigentliches Protokoll. Sie kann aber den übrigen Teilnehmern ebenfalls zur Kenntnis gebracht werden, sogar mit der Bitte um Mitteilungen allfälliger abweichender Meinungen.

Das *Gespräch* ist wesentlich mehr als ein Arbeitsmittel. Gute Gespräche (auch informelle und solche am Telefon) schaffen persönliche Beziehungen, erhöhen Vertrauen und Motivation, erleichtern so Problemlösungen und bauen Missverständnisse, Unsicherheiten und Ängste ab. Das alles sind wesentliche Aspekte jeder Projektarbeit.

13.4 Software-Werkzeuge

Sowohl die Projektarbeit selber (vom Pflichtenheft über Detailspezifikation/ Programmierung bis zur Einführung der neuen Lösung) als auch die Führung der Projektarbeit sind vor allem *Informationstätigkeiten*. Es ist daher kaum verwunderlich, dass Mitarbeiter in Informatikprojekten schon seit langem das Hilfsmittel Computer auch für ihre eigene Arbeit einzusetzen suchen. Solche Hilfsmittel heissen *Software-Werkzeuge* (software tools); ihr Umfang und ihre Bedeutung hängen stark von Art und Grösse des Projektes ab [Howden 82].

Manche Software-Werkzeuge dienen nur einzelnen Phasen der *Projektentwicklung*, also etwa der Programmierung (Bsp.: Compiler und andere Programmgeneratoren) oder dem Systemtest (Bsp.: Datei-Vergleichsprogramme). Andere können aber auch für das Gesamtprojekt und für die *Projektführung* eingesetzt werden. Wir können an dieser Stelle nur oberflächlich auf die Vielzahl der Möglichkeiten hinweisen. Wir beschränken uns auf eine Liste von

232 Werkzeuge der Projektführung

typischen Hilfsmitteln für die Projektentwicklung sowie auf einige Hinweise zu computergestützten Projektführungshilfen.

In den letzten Jahren ist für einzelne oder auch für ganze Systeme von Werkzeugen für Programmentwurf, -entwicklung und -test der Begriff *CASE-Tools* aufgetaucht (CASE = computer assisted software engineering). Dazu gibt es heute verschiedenste kommerzielle Angebote, die aber vor Beschaffung und Einsatz sorgfältig zu evaluieren sind.

Hilfsmittel für die einzelnen Phasen der Projektentwicklung
- *Projektumriss*
    - Auf Textsystem (evtl. graphikfähiges Textsystem) abgestützte Spezifikationen, Pflichtenhefte und Überprüfungspläne
    - Computergestütztes Archiv für Anforderungsspezifikationen
    - Formale Anforderungs-Definitionssprachen und -diagramme (z.B. HIPO, Dataflow)
- *Konzept (Varianten)*
    - Auf Textsystem (evtl. graphikfähiges Textsystem) abgestützte Konzeptunterlagen
    - Entscheidungsmodelle für Variantenvergleiche
- *Detailspezifikation*
    - Auf Textsystem (evtl. graphikfähiges Textsystem) abgestützte Spezifikationen und Entwurfspläne
    - Formale Entwurfsmethoden (z.B. Jackson, HIPO)
    - Entwurfssystem (vgl. Fig. 5.4)
    - Computergestützter Datenkatalog (data dictionary)
    - Modulschnittstellen-Analysatoren (z.B. für Definitionsmodule in Modula-2)
    - Simulationssprachen (z.B. GPSS, Simula, Simscript)
- *Programmierung*
    - Programmiersprach-strukturierter Editor
    - Compiler mit guten Analyse- und Testhilfen
    - Kreuzreferenzanalysator (cross-reference tool)
    - Programm-Tracer, -Debugger
    - Computergestützer Datenkatalog (data dictionary)
    - Rahmenprogrammgeneratoren
- *Datenbereitstellung*
    - Generelle Datenerfassungs- und -übernahmeprogramme (aufgrund des Datenkatalogs/data dictionary)

- Datenbanksysteme
- *Systemtest*
  - Datei-Vergleichsprogramme
  - Testdatengenerator
  - Test-Rahmenprogramm
  - Leistungsmonitor (Hardware- und Software-Monitore möglich)
  - Kontrollfluss-Analysator
  - Datenfluss-Analysator
  - Testprogramm- und Testdaten-Archiv
- *Einführung*
  - Auf (evtl. graphikfähigem) Textsystem abgestützte Ausbildungs- und weitere Unterlagen
  - Netzpläne (Abschnitt 13.5)

Diese Liste ist selbstverständlich unvollständig und immer wieder durch neue Werkzeuge zu ergänzen. (Für eine Übersicht vgl. auch [Pomberger 85], für ein umfassendes Beispiel [Engels, Schäfer 89].)

Software-Werkstatt für Projektarbeiten

Wichtig ist die zunehmende *Integration* mehrerer Werkzeuge zu einem Werkzeugsystem, zu einer "Werkstatt". Beispiele für diese Entwicklung sind etwa integrierte Compiler mit Editoren und Testhilfen auf kleinen Arbeitsstationen sowie die in Abschnitt 9.5 angedeuteten Entwurfswerkzeuge für Prototypsysteme. Dazu kommen für kommerzielle Anwendungen Datenbanksysteme mit eingebautem Data dictionary und Abfragehilfen. Immer mehr bilden phasenübergreifende Hilfsmittel ein Fundament für einheitliche Softwarekonzepte in grossen Betrieben.

Hilfsmittel für die Projektführung

Die Projektführung wurde in diesem Buch bisher nur mit Hilfe des Phasenmodells (Fig. 1.4) sowie mit einigen Formularen (Bsp. "PROFI" in Kap. 2 bis 8) formalisiert. Selbstverständlich lassen sich gerade Formulare sehr leicht auch computergestützt generieren und verwalten. Da Software-Entwicklungsteams heute meist auf vernetzten Arbeitsstationen mit zugehörigen Servern arbeiten, stellt die maschinelle *Formularverwaltung* kaum besondere Probleme. Ganz ähnlich lässt sich auch der *Dokumentationsprozess* (Kap. 11) mit Textsystemen unterstützen.

234 Werkzeuge der Projektführung

Der Computereinsatz für die Projektführung erschöpft sich aber keineswegs in Formularverwaltung und Dokumentation. Substantieller ist das sog. *Berichtswesen* mit der *laufenden* Überwachung des Projektaufwands. Wir haben in Unterabschnitt 5.2.7 (Fig. 5.9) ein Beispiel eines *Projektberichts* angetroffen. Darin wird phasenweise *auf einen bestimmten Zeitpunkt* die bereits geleistete Arbeit ausgewiesen (geleistete Personenwochen PW/ Personenmonate PM) und mit der Vorgabe verglichen (Fig. 13.3):

	Phasen/Abschnitte				
	Projekt-umriss	Konzept	Detail-spez.	Program-mierung	Rahmenor-ganisation
Fertig-stellungsgrad	100%	100%	60%	0%	0%
Termin nach Phasenfreigabe	20.4.	15.6.	7.7.	20.8.	
Termin nach Arbeitsstand	30.4.	15.6.	15.7.	5.8.	
Vorgabe	2 PW	3 PW	3 PW	6 PW	
bereits geleistet	1.5 PW	4 PW	2 PW		

Figur 13.3: Fortschrittsbericht am 3.7. (Beispiel, Auszug aus Fig. 5.9)

Als Indikator für allfällige Projektverzögerungen und -probleme eignet sich natürlich besonders die *geleistete Arbeit*. Dazu wird *laufend*, z.B. wöchentlich, eine *Arbeitsmeldung* gemacht. Der einzelne Mitarbeiter füllt dazu ein Formular (auf Papier oder Bildschirm) aus (Fig. 13.4).

Dieses Formular/Bildschirmschema wird für jeden Mitarbeiter gemäss Fig. 13.4 vorbereitet, denn es ist ja im voraus bekannt, dass "Peter an Büroblitz" arbeitet und welche Phasen "in der Woche 27" aktuell sind. Daher muss der Mitarbeiter nur noch seine geleisteten Arbeitsstunden in Tag und Tätigkeit einsetzen. Schon die Summenbildung kann ihm das System (wie bei einem Tabellenkalkulator) wieder abnehmen.

In grösseren Projekten ist diese Art von Berichterstattung heute selbstverständlich und erfordert vom Projektmitarbeiter wöchentlich 5 bis 10 Minuten Aufwand. Dennoch ist diese Berichterstattung bei den Mitarbeitern nicht besonders beliebt und wird gelegentlich sehr oberflächlich ausgefüllt ("damit die

Wochensumme der Arbeitsstunden stimmt"). Da hilft nur bessere Aufklärung über die Bedeutung dieser Zahlen. Die Auswertung als Tabelle (Fig. 13.3) oder graphisch als Balkendiagramm (Fig. 3.12) sowie allenfalls die Verbindung zu anderen Software-Werkzeugen wird durch das Auswertesystem automatisch besorgt. Die *Beurteilung* dieser Auswertungen bleibt aber dem menschlichen Projektleiter überlassen; er wird auch notfalls die erforderlichen Massnahmen vom Strecken des Zeitplans bis zur Redimensionierung (vgl. Abschnitt 10.3) in Erwägung ziehen und durchführen. Der Projektleiter selber lässt sich also nicht automatisieren.

PROFI	Arbeitsmeldung	Zeitraum:				Mitarbeiter:	
	bitte Stunden eintragen	Woche 27 30.6.-4.7.				Peter	
Tätigkeiten	MO	DI	MI	DO	FR	SA	total
Büroblitz							
Konzept							
Detailspez.							
Programmg.							
andere, was:							
Ferien							
Krankheit							
total							

Figur 13.4: Arbeitsmeldeformular für Projektmitarbeiter (wöchentlich)

Bei *sehr grossen Projekten* kann es allerdings für die Projektleitung schon schwierig genug werden, über die verschiedensten Teilarbeiten, deren gegenseitige Abhängigkeit, Stand und Dauer sowie weitere Zusammenhänge überhaupt den *Überblick* zu bewahren. Dazu wurde die sog. *Netzplantechnik* erfunden, welche im nächsten Abschnitt 13.5 vorgestellt wird. In kleineren Informatikprojekten ist die Phasenfolge noch genügend einfach und übersichtlich, so dass sich dafür die Netzplantechnik nicht aufdrängt. Anders ist es aber bei Grossprojekten, wie wir sie in Kap. 17 antreffen werden, sowie in Mischprojekten, wo neben Bau- und Installationsarbeiten *auch* Informatikkomponenten eingeplant werden müssen. Hier ist das Netz der gegenseitigen Abhängigkeiten oft schlecht überblickbar. Daher sollte jeder Informatiker die Netzplantechnik kennen.

13.5 Netzplantechnik

Die Netzplantechnik wurde 1956 erfunden, um sehr grosse Industrieprojekte besser führen zu können. Sie dient zur Planung, Koordinierung und Kontrolle komplexer Projektabläufe, wenn viele, teilweise parallele Tätigkeiten terminlich aufeinander abgestimmt werden müssen. Ein Netzplan erlaubt auch eine *graphisch anschauliche Darstellung* einer komplexen Projektstruktur. (Bsp.: Einrichtung eines computergestützten Hochregallagers mit baulichen, lagertechnischen und informatischen Beiträgen.)

In der Netzplantechnik werden vorerst in einer *Strukturanalyse* die Einzeltätigkeiten innerhalb der Gesamtaufgabe bestimmt und in ihrer logischen Reihenfolge festgehalten. (Bsp.: Die Lagergestelle können erst montiert werden, wenn das Gebäude baulich vollendet ist; die elektrischen Installationen müssen in diesem Moment aber noch nicht abgeschlossen sein.) In der *Zeitanalyse* wird die minimale Gesamtprojektdauer (der sog. "kritische Weg") ermittelt, und es werden für alle Einzeltätigkeiten Anfangs- und Endtermine angegeben. Als letztes ist eine *Kostenanalyse* zur Vermeidung von zu frühen Bestellungs-, Lieferungs- und Zahlungsterminen möglich. Im folgenden werden Strukturanalyse und Zeitanalyse kurz erläutert; für die Kostenanalyse sei aber auf die Fachliteratur [Berg et al. 73] verwiesen.

Tätigkeit			Vorangehende Tätigkeit						
Nr	Kurzbezeichnung	Dauer (Schätzung)	A	B	C	D	E	F	G	H
A	Vorbereitungen	2								
B	Konzept der Lagersteuerung	4	X							
C	Bau der Lagerhalle	14	X							
D	Steuerung herstellen	9		X						
E	Lagergestelle bereitstellen	3		X						
F	Lagersystem installieren	7			X	X				
G	Lagergestelle definitiv aufbauen	4			X	X	X			
H	Bau fertig installieren	4			X	X				
J	Systemtest, Einführung	4						X	X	X

Figur 13.5: Tätigkeitenliste in Strukturanalyse (Beispiel Hochregallager)

Die *Strukturanalyse* umfasst das Erkennen und Notieren der einzelnen Tätigkeiten in einer Tätigkeitenliste (Fig. 13.5) sowie deren Darstellung als Netzplan (Fig.13.6).

In der Tätigkeitenliste wird jede Tätigkeit identifiziert und numeriert, und es wird festgehalten, auf welchen anderen Tätigkeiten sie aufbaut (Beziehungsmatrix rechts in Fig. 13.5). Anschliessend kann der Netzplan in seiner topologischen Struktur gezeichnet werden. Wir betrachten den Netzplan als Graphen mit den Tätigkeiten als (gerichteten) Kanten und den sog. Ereignissen (d.h. Anfangs- und Endpunkten von Tätigkeiten) als Knotenpunkten (Fig. 13.6). Alle Kanten und Knoten werden numeriert (Tätigkeiten = Kanten von A bis J; Ereignisse = Knoten von E1 bis E7).

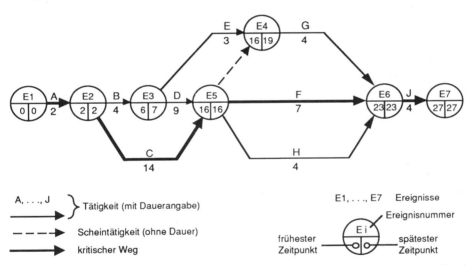

Figur 13.6: Netzplan mit kritischem Weg und Zeitgrenzen (Beispiel Hochregallager)

In Fig. 13.6 ist nun allerdings nicht nur das Ergebnis der Strukturanalyse, sondern gleich auch jenes der *Zeitanalyse* eingetragen. Zweck der Zeitanalyse ist die Bestimmung der minimalen Gesamtprojektdauer durch systematisches Zusammensetzen aller Einzeltätigkeiten. Dazu geht man wie folgt vor:

Zu Beginn der Zeitanalyse liegt der Netzplan (Fig. 13.6) als Struktur vor, aber die Ereigniskreise enthalten noch keine Zeitangaben. Nun beginnen wir mit dem Anfangsereignis E1 links und setzen im Ereigniskreis unten *links* den frühesten möglichen Zeitpunkt ein (hier: 0; oder auch ein Datum). Jetzt gehen wir nach rechts jeweils eine Tätigkeit weiter und notieren den frühesten Zeitpunkt des Nachbarereignisses. Kommen mehrere Tätigkeiten zusammen (z.B. in E5 oder E6), bestimmt jeweils der *höchste* Wert den minimalen Zeitpunkt. So werden alle frühesten Zeitpunkte bis zum letzten Ereignis (E7) bestimmt. Jetzt lässt sich die *Gesamtprojektdauer* angeben; wir finden diese als Differenz der Zeitpunkte zwischen erstem und letztem Ereignis.

Die Zeitanalyse liefert aber noch weitere Informationen. Dazu gehen wir den Netzplan nochmals durch, aber diesmal von rechts nach links, und bestimmen iterativ die jeweils *spätestmöglichen* Zeitpunkte für alle Ereignisse (in Fig. 13.6: jeweils im Ereigniskreis unten rechts), bis wir wieder bei E1 angelangt sind. Wer die einzelnen Ereignisse genau betrachtet, erkennt nun bei E3 und E4 eine Differenz zwischen kürzestem und spätestem Zeitpunkt, bei den anderen Ereignissen aber nicht. Der Grund dafür liegt in der Tatsache, dass nicht alle Tätigkeitsdauern genau aufeinander abgestimmt sind, einzelne sind *kritisch* (sie bestimmen die Gesamtprojektdauer), andere lassen sich ohne Einfluss auf die Gesamtprojektdauer zeitlich etwas vor- oder zurückschieben; sie enthalten eine *Zeitreserve*.

Mindestens *eine* zusammenhängende Folge von Tätigkeiten weist aber *keine* Zeitreserve auf. Diese Folge bestimmt den frühesten Endtermin der Arbeit; jede Verzögerung einer dieser Arbeiten führt sofort zu einer Verzögerung des Endtermins. Wir bezeichnen diese Tätigkeitsfolge als *kritischen Weg* (critical path), das entsprechende Zeitanalyseverfahren als CPM-Verfahren (=critical path method).

All diese Schritte der Netzplantechnik können nicht nur manuell ausgeführt werden, sondern lassen sich computermässig durch entsprechende CPM-Programmpakete unterstützten, vom Zeichnen des Graphen bis zur Bestimmung des kritischen Wegs. Das ist ein typisches Projektführungswerkzeug.

Verfeinerungen des CPM-Verfahrens, so etwa das PERT-Verfahren (=program evaluation and review technique), arbeiten sogar mit unterschiedlichen Zeitschätzungen für jede einzelne Tätigkeit (optimistische, wahrscheinliche, pessimistische Zeitschätzung). Aufgrund dieser Schätzungen wird mit statistischen Methoden eine *mittlere, erwartete Tätigkeitsdauer* berechnet und für die weiteren Rechnungen im Netzplan verwendet.

Werkzeuge der Projektführung

Mit Hilfe solcher Zeitanalysen kann die Projektleitung leicht erkennen, wo Arbeitsspitzen und andere Engpässe durch problemlose Terminverschiebungen entschärft werden können, bzw. welche Tätigkeiten (auf dem kritischen Weg) terminmässig keine Verzögerungen erleiden dürfen, ohne dass das Gesamtprojekt davon betroffen wird. Solche Überlegungen sind vor allem in Grossprojekten wichtig. Sobald äussere Schwierigkeiten (z.B. spätere Liefertermine für Hard- und Software, Personalengpässe) den Projektablauf beeinflussen oder wenn gar ein Superprojekt (Kap. 17) in mehrere Teilprojekte gegliedert werden muss, ist der Einsatz von Netzplänen zu empfehlen. Bereits die Ermittlung und Darstellung der Abhängigkeiten (Strukturanalyse) bringt allerdings wesentliche Erkenntnisse, wozu noch nicht einmal die meist recht schwierigen Zeitschätzungen nötig sind. Stehen zusätzlich wenigstens grobe Zeitschätzwerte zur Verfügung, kann der kritische Weg (Zeitanalyse) bestimmt werden. Damit erhält der Projektleiter wichtige Hinweise für seine Arbeit.

Netzplanverfahren sind heute ein verbreitetes und wichtiges Hilfsmittel bei der Führung grosser Projekte. Sie existieren in verschiedenen Varianten (so namentlich auch in der Form der sog. Potentialmethode mit Tätigkeiten als Knoten und Ereignissen als Kanten im Netzplangraph; vgl. [Berg et al. 73]) und unter verschiedenen Namen von Softwarewerkzeugen.

14 Kosten und Nutzen

14.1 Wirtschaftliches Denken

Mancher Informatiker – besonders der Student – interessiert sich brennend für modernste *technische* Lösungen, und auch *organisatorischen* Fragen wendet er sich nicht ungern zu. *Wirtschaftliche* Aspekte einer Informatiklösung hingegen betrachtet der Techniker oft als unwesentlich. Handelsleute hält er für überflüssig, wenn nicht gar für Parasiten. Diese Vorurteile verkennen völlig die Tatsache, dass alle grösseren technischen Entwicklungen und Projekte nur möglich sind, wenn dafür entsprechende wirtschaftliche Mittel zur Verfügung stehen. Diese Mittel werden typischerweise in *Geldwerten* gemessen. Geldbeträge sind Masszahlen und als solche weder gut noch schlecht. Allerdings lassen sich damit recht unterschiedliche Dinge unternehmen, zweckmässige und dumme. Hier lässt sich dann sehr wohl die Frage nach dem Sinn stellen!

Das vorliegende Kapitel will dem technisch orientierten Leser einige Aspekte des wirtschaftlichen Denkens im Zusammenhang mit Informatikproblemen näher bringen. Dazu gehört das *Abwägen* von Vor- und Nachteilen alternativer Möglichkeiten. Wir können nicht alles gleichzeitig haben, "den Fünfer und das Weggli", wie etwa der Schweizer sagt. Der Amerikaner braucht den Begriff des "trade-off" für das "Einhandeln" eines Vorteils, der mit einem entsprechenden Nachteil, zum Beispiel einem höheren Preis, erkauft werden muss.

Womit wir wieder bei Preis und Geld wären. Diese Begriffe sind jedoch nur ein besonders typisches Mass für wirtschaftliche Vor- und Nachteile. Es gibt durchaus auch andere, z.B. die *Zeit*. Gerade Studenten benützen oft die Zeit für "wirtschaftliche Überlegungen":

- Soll ich heute noch länger lernen oder jetzt aufhören und dadurch morgen eine ungenügende Zensur riskieren?
- Wann soll ich die technische Bearbeitung einer Semesterarbeit abbrechen, damit mir anschliessend vor dem Abgabetermin noch genügend Zeit für die Ausarbeitung des Berichts bleibt?
- Soll ich für eine Semesterarbeit bereits am Anfang während zwei Wochen systematische Literaturstudien treiben oder erst im Verlauf der Arbeit Einzelabklärungen nach Bedarf vornehmen?

Hier übernimmt die Zeit die Rolle der wirtschaftlichen Masseinheit, wie dies gerade für Projektarbeiten immer wieder typisch ist. Nicht ohne Grund gilt

"Zeit ist Geld"! Der Anfänger im Bereich der Projektmitarbeit und -führung muss daher so früh wie möglich lernen, vor allem auch seine eigene Leistungsfähigkeit abzuschätzen. ("Wie lange benötige ich für ...?") Dazu braucht er Vergleichsmöglichkeiten. Er kann dazu seine eigenen Erfahrungen aus ersten Studentenarbeiten und praktischen Projekten beiziehen, aber auch allgemeine Schätzwerte (Abschnitt 14.2).

Grundlegend für wirtschaftliches Denken ist nicht das Betrachten bloss *zusätzlicher* Einzelaspekte (nebst Technik und Organisation), sondern die *Kombination* der verschiedenen Aspekte zu *gesamthaften* Massstäben und Kriterien. Wenn z.B. ein bestimmter Mikrocomputer x Mark, Schillinge, Franken oder Dollars kostet, so ist in diesem Verkaufspreis *"alles"* enthalten, was der Verkäufer anbietet: Gerät und Programme, Gebrauchsanweisung, Fabrikgarantie, erste Verkaufsberatung usw. Entsprechend dem Spiel von Angebot und Nachfrage nimmt der Preis sogar Rücksicht auf die Möglichkeiten des Käufers; ein allzu teures Angebot könnte ja gar nicht verkauft werden. Daher bildet die "marktgerechte Preisgestaltung" ein zentrales und grundsätzliches Arbeitsfeld für den Ökonomen.

Im Rahmen dieses Buches müssen wir uns aber auf einige für den Informatiker besonders wichtige wirtschaftliche Fragestellungen beschränken. Dazu gehört die *Umrechnung* zwischen Zeit und Kosten, und zwar geht es um die Kombination von Preis und Nutzungsdauer zu sog. *Jahreskosten*. (In Abschnitt 14.4 werden noch einige weitere Rechnungsregeln folgen.) Alle technischen Arbeitshilfen – vom Computer bis zur Waschmaschine – sind für eine bestimmte *Lebensdauer* geschaffen. Diese kann vom technischen Fortschritt abhängen (beim Computer) oder auch von der Zunahme der Reparaturkosten (bei der Waschmaschine). Die vorgesehene Lebensdauer wird in der Praxis nicht immer erreicht, unter besonders günstigen Bedingungen gelegentlich aber überschritten. Daher muss *vor* einer allfälligen Beschaffung die Lebensdauer realistisch abgeschätzt werden. Längstens in dieser Zeit, vorsichtigerweise aber vorher, müssen die *Investitionskosten* für die entsprechende technische Einrichtung bezahlt werden können. In der Buchhaltung werden daher die Investitionskosten über eine bestimmte Zeitdauer verteilt. Diese heisst *Amortisationsdauer* oder *Abschreibungsdauer*. Im Informatikbereich sind Abschreibungsdauern von einigen Jahren (4-6 Jahre, in Ausnahmefällen 8 Jahre) typisch. In der einfachsten – und für die Informatikpraxis normalerweise absolut genügenden – Form werden die Investitionskosten *gleichmässig* auf die Abschreibungsdauer verteilt. Da der laufende Betrieb einen weiteren Kostenanteil erbringt, müssen die für die wirklichen Kosten einer technischer Lösung massgebenden Jahreskosten als

242   Kosten und Nutzen

Summe von jährlichen Abschreibungskosten und jährlichen Betriebskosten gesehen werden (Fig. 14.1).

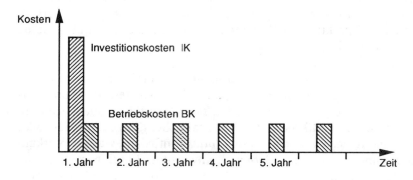

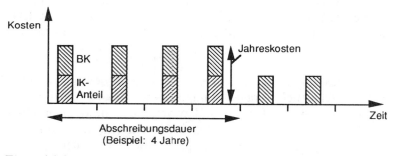

Figur 14.1   Kostenverteilung ohne und mit Abschreibung

Diese Methode der auf mehrere Jahre verteilten Abschreibung einer Investition hat grosse Vorteile, indem die Kosten eines Betriebes viel stabiler berechnet werden können (keine extremen Schwankungen). Die Abschreibungsmethode birgt aber auch eine grosse Gefahr. Allzuleicht lassen sich die Jahreskosten durch blosse Verlängerung der Abschreibungsdauer im voraus herunterdrücken und somit manipulieren, und niemand kann die Richtigkeit dieser Dauer im voraus sicher nachweisen. Daher sind hier vorsichtige Schätzungen am Platz. Beispiele für Jahreskosten haben wir bereits in der "VVV-Administration" kennengelernt; der Leser sei auf Abschnitt 4.6 mit den Fig. 4.6, 4.7 und 4.8 verwiesen, wo der Kostenvergleich zwischen verschiedenen Varianten ausschliesslich anhand der Jahreskosten gemacht wurde.

14.2 Aufwandabschätzungen bei Informatikprojekten

Schon in Abschnitt 3.5 haben wir uns mit Arbeits- und Zeitplänen befasst und dabei Abschätzungen über die Projektarbeit machen müssen. Solche Abschätzungen werden bei grösseren Projekten wichtiger und schwieriger, weil einerseits grössere Mittel (vor allem Arbeitsleistungen) involviert sind und die Fertigstellungstermine mehr Anwender betreffen, anderseits aber weil die Koordinationsprobleme kritischer werden. Informatikprojekte haben bezüglich Fertigstellung einen besonders schlechten Ruf, weil – das muss leider eingestanden werden – in den letzten Jahrzehnten allzuoft Computeranwendungen nicht, zu spät, nur unvollständig oder sonstwie nur in ungenügender Weise in Betrieb genommen werden konnten. Ist jedoch das Vertrauen in die Informatik-Projektführung einmal verloren, so werden Schwierigkeiten jeder Art (bis zu Vertrags- und Finanzierungsaspekten) ohne Wimperzucken als "Software-Probleme" deklariert und der Informatik angelastet. Eine traurige Sache für Informatiker, welche seriöse Projektarbeit betreiben wollen!

Nicht sehr hilfreich sind auch Patentrezepte, welche zur Behebung des Problems der schwierigen Terminschätzungen angeboten werden. Zitat:

"Jede Zeitschätzung für Softwareprojekte ist zu verdoppeln."
Ein geschädigter Auftraggeber

Das bringt offensichtlich gar nichts. Woran können wir uns dann wirklich halten? Der erfahrene Projektleiter hält sich an wenige Grundregeln:

- Er kennt *Vergleichswerte*, sowohl für Einzeltätigkeiten wie für ganze Projekte ähnlicher Grössenordnung.
- Er schätzt den Aufwand nicht nur für das Gesamtprojekt, sondern für die *Einzelphasen* (oder gar Teile davon), erkennt dadurch Abweichungen der Realität von der Planung viel rascher und kann darauf reagieren.
- Er schützt sich und seine Mitarbeiter konsequent *gegen laufende Projektänderungen*.

Auch so sind die *Unsicherheiten* noch gross genug, wie wir etwa im Zusammenhang mit den Pilotprojekten gesehen haben (Abschnitt 9.5), wo der Aufwand für einen Prototyp bei bloss 10% des Aufwandes für eine Normallösung liegen kann. Die Gefahr ist daher nie ganz zu bannen, dass Projekte, die zu überborden drohen, vorerst einfach "billiger" ausgeführt werden, mit schlechterer Qualität, ohne Dokumentation usw. Selbstverständlich haben solche Sünden nachträglich umso schlimmere Konsequenzen, so dass Projektleitung und Auftraggeber die Qualität der Projektarbeit immer im Auge behalten müssen.

Das alles sind Ratschläge, die jedermann unter "gesundem Menschenverstand" einordnet. Warum auch nicht? Projektleitung beruht primär auf diesem gesunden Menschenverstand. Dazu kommt die fachliche Erfahrung, die sich vor allem in *Vergleichsmöglichkeiten* äussert. Jeder Projektmitarbeiter (auch der Student!), der sich an Projektführungsaufgaben beteiligen will, tut daher gut daran, seine eigenen Projektarbeitszeiten auch als Referenz laufend *aufzuschreiben*, wie dies in Abschnitt 13.4 (Fig. 13.4) gezeigt wurde.

Neben eigenen Erfahrungen gibt es aber auch allgemeinere *Kennzahlen*. Dafür einige Beispiele:

- *Datenerfassung, Texterfassung:* Eine Datentypistin (die Frau ist flinker als der Mann!) tippt je nach Qualität der Vorlage, Art der Daten, (alphabetisch/ rein numerisch, fortlaufender Text/Tabellen usw.), Typ des Datenerfassungsgerätes (Normaltastatur, Einhand-Numerik-Tastatur, Sondergeräte) und persönlicher Leistungsfähigkeit *5'000 - 12'000 Zeichen pro Stunde* und mehr.
- *Programmentwicklung:* Bei grösseren Software-Projekten mit adäquaten Qualitätsansprüchen produziert ein Programmierer etwa 10 - 20 produktive Programmzeilen pro Tag in einer höheren Programmiersprache; inbegriffen sind dann allerdings auch Testarbeiten, Dokumentation usw. Bei besonders stark vernetzten Problemen kann diese Leistung noch auf einen Drittel sinken, bei einfachen Aufgaben um Faktoren steigen [Brooks 82]. Damit ist jedoch das Problem der Aufwandabschätzung erst teilweise gelöst, denn nun muss die Grösse des Programms geschätzt werden! (Eine Übersicht über Software-Schätzverfahren gibt [Conte, Dunsmore, Shen 86].)
- *Kennzahlen-Übersichten:* Verbände, Erfahrungsgruppen und Beraterfirmen verfügen über eigene Durchschnitts- und Vergleichswerte, die allerdings nur relativ selten publiziert werden [SVD 81].

Kennzahlen haben auch die Aufgabe, wirkliche Fehlentwicklungen rasch anzuzeigen. Intellektuelle Arbeit ist immer schlecht abschätzbar. Wenn aber ein Projektarbeiter bereits nach einem Tag mit einer Problemlösung aus 300 Zeilen Programmcode aufkreuzt, dann muss irgendwo ein Missverständnis vorliegen, mindestens bei der Qualität.

14.3 Nutzenabschätzungen

Noch viel fantasiereicher als die Kostenabschätzungen bei Informatikprojekten hören sich gelegentlich die Nutzenabschätzungen an, wobei hier oft auch das *Wunschdenken* eine gefährliche Rolle spielt:

- In den sechziger Jahren (Hochkonjunktur) wurden manche Computeranwendungen mit Personaleinsparungen begründet; per Saldo wurden aber schliesslich für den Betrieb oft nicht weniger Mitarbeiter (jedoch teilweise andere) benötigt.

- In den achtziger Jahren (bedeutende strukturelle Arbeitslosigkeit) wurden immer wieder Umschulungen "auf Computer" als Problemlösung empfohlen, obwohl manche Kursbesucher dadurch völlig überfordert wurden und somit nachher erst recht ohne Arbeit waren.

Werden Computerprojekte daher mit Nutzenüberlegungen begründet, so muss eine saubere Trennung zwischen Notwendigkeit, messbarem und nicht bezifferbarem Nutzen gemacht werden. Wir unterscheiden:

- *Notwendigkeit:* Es gibt Fälle, wo zwingende Gründe den Einsatz von Informatikmitteln erfordern, z.b. gesetzliche Vorschriften (mikroprozessorgesteuerte Einhaltung der Abgasnormen für Automotoren), Unzumutbarkeit gewisser Arbeiten (Automatisierung gesundheitsschädlicher Fabrikationsprozesse), kritische Zeitdauer (Steuerung von Raketen) oder schlichtes Fehlen von entsprechendem Personal (Sortieren und Verarbeiten von Zahlungsbelegen in Banken).

- *messbarer Nutzen durch Kosteneinsparung:* In diesen Bereich gehört etwa der Einsatz von Textsystemen an Schreibarbeitsplätzen, wo je nach Zusammensetzung des Schreibguts (z.B. viel Abschreib- und Korrekturarbeit) Personal bis zu 50% oder gar mehr eingespart werden kann.

- *messbarer Nutzen durch Verbesserung des Produkts:* Auch hier ein Beispiel. Ein Bauingenieur, der moderne, computergestützte Rechenmethoden einsetzt, kann seine Brückenplatten bei gleicher Tragkraft dünner und damit auch umweltschonender (weniger Materialverbrauch!) und kostengünstiger auslegen. Die Arbeitszeit des Ingenieurs selber kann sich beim Einsatz dieser Methoden ebenfalls ändern (nach unten oder nach oben!); dies tritt aber im Vergleich zu den Einsparungen beim Produkt völlig in den Hintergrund. Eine Verbesserung des Produkts kann nicht einfach nur als Ersparnis gemessen werden, weil sie z.B. dessen Konkurrenzfähigkeit auf dem Markt erhöht. Für die Bestimmung dieses Nutzens können Ökonomen helfen.

- *Nicht bezifferbarer Nutzen:* Hier geht es um allgemeine Vorteile, die aus einer Informatikanwendung resultieren, wie etwa
  - *Zeiteinsparung:* für den Betrieb oder die Führung benötigte Informationen kommen zeitgerechter;
  - *bessere Information:* die Informationen sind vollständiger, besser koordiniert, bei Bedarf detaillierter oder anderseits besser zusammengefasst;
  - *bessere Bewältigung der Zukunft:* die zu erwartende zukünftige Entwicklung kann besser aufgefangen werden;
  - *Kundendienst:* der Kunde erhält eine Dienstleistung, die ihm wichtig ist (und die er vielleicht bei der Konkurrenz bereits erhält; diese Überlegung spielt heute gerade bei Bankapplikationen eine wichtige Rolle);
  - *allgemeiner Eindruck:* die Aufgeschlossenheit eines Unternehmens soll mit dem Einsatz moderner technischer Mittel belegt werden ("Image-Pflege" durch Computer).

Für die Begründung von neuen Informatiklösungen und -projekten müssen zur Nutzenbestimmung die verschiedenen Kategorien klar ausgewiesen werden. Wenn nicht eine Notwendigkeit für den Computereinsatz vorliegt, sind bezifferbare Nutzennachweise aus Arbeitseinsparung oder Produktverbesserung einfache und zuverlässige Massstäbe für die Kosten-Nutzen-Vergleiche.

Viel schwieriger ist es mit dem nicht bezifferbaren Nutzen, der je nach Standpunkt des Betrachters leicht um Faktoren zu hoch oder zu tief veranschlagt werden kann. Auch müssen allfällige negative Folgen der Computerlösung mitberücksichtigt werden. Daher Vorsicht mit solchen Zahlen! Es ist typischerweise Sache des Auftraggebers und nicht bloss der Projektleitung, hier Entscheide zu treffen. Daher müssen in Fällen, wo zu wenig bezifferbarer Nutzen ausgewiesen werden kann (etwa im Beispiel "VVV-Administration" in Fig. 4.8 bei der Annahme "heutiger Mengen", also des Ist-Zustands), durch den Auftraggeber andere Massstäbe vorgegeben werden (so in Fig. 4.8 durch die Vorgabe "zukünftiger Mengen", also eines heute noch gar nicht erreichten Soll-Zustands). Die Projektleitung muss dabei dem Auftraggeber klaren Wein darüber einschenken, welche Auswirkungen solche Entscheide haben können. (Wir betrachten nochmals Fig. 4.8: Die Vorgabe der "zukünftigen Mengen" bewirkt eine vollständige Umkrempelung der Rangfolge der Konzeptvarianten und damit eine andere Lösung!)

14.4 Elementare Fragestellungen zur Wirtschaftlichkeit für Informatiker

Nach diesen kurzen Einführungen in Aufwand- und Nutzenüberlegungen muss jetzt noch deren Synthese folgen. Niemand wird allerdings erwarten, dass wir an dieser Stelle das ganze kräftige Instrumentarium der *Betriebswirtschaftslehre* ausbreiten, obwohl gerade dem Informatiker gute Kenntnisse dieses Gebiets dringend zu empfehlen sind. (Es gibt dazu nebst Kursen auch vielfältige Literatur jeder Stufe, zum Einstieg etwa [Gutenberg 84], [Weilenmann 81]).

Was hier aber sehr wohl Platz findet, ist die direkte Betrachtung von fünf Fragestellungen, wie sie der Informatiker regelmässig antrifft und wo weitgehend präzise Antworten möglich sind. Diese Fragestellungen beziehen sich einerseits auf *Beschaffungsprobleme* (vor allem in der Projektarbeit), anderseits auf *Betriebsprobleme* (für Verantwortliche von Informatikdiensten). Wir benützen dabei die Begriffe der Betriebswirtschafter.

Beschaffung von Informatikmitteln

Begriffe:

- *Investitionskosten:* einmalig anfallende, im wesentlichen vor der Inbetriebnahme einer Informatiklösung aufzubringende Aufwendungen (z.B. Kaufpreis, Entwicklungs-/ Projektkosten, bauliche Änderungen)
- *Betriebskosten:* wiederkehrende Aufwendungen im Laufe des Betriebs (z.B. Betriebspersonal, Raummiete, Versicherung, Elektrizität, Papier)
- *Abschreibungsdauer:* Zeitdauer, auf welche die Investitionskosten verteilt werden (vgl. Fig. 14.1)
- *Jahreskosten:* Summe aus Betriebskosten pro Jahr und Jahresanteil (Jahresabschreibung) der Investitionskosten (vgl. Fig. 14.1)

Fragestellung A: Wie lassen sich verschiedenartige Lösungen überhaupt miteinander vergleichen?

1. Schritt: Normierung des Nutzens.
Verschiedene Lösungen (Varianten, Angebote) unterscheiden sich typischerweise sowohl im Nutzen wie in den Kosten. (Fig. 14.2: "X" kann mehr und kostet mehr als "Y".) Oft sind sogar verschiedenartige Vor- und Nachteile überlagert.

248 Kosten und Nutzen

Ihre gleichzeitige Berücksichtigung in einem Evaluationsverfahren erfordert höhere Methoden der Ökonometrie (z.B. Multi-Ziel-Optimierung). Im Falle einer *strikten Pflichtenheftsituation* existiert für den Vergleich der eingereichten Angebote allerdings ein einfacheres Vorgehen. Dabei werden die verschiedenen Lösungen (in diesem Fall also die Angebote) durch genaue Abgrenzung (Beschränkung) des Nutzens anhand der Forderungen des Pflichtenhefts vergleichbar gemacht: "X" redimensioniert auf "X1". (Es ist übrigens leicht einzusehen, dass allein durch die Festlegung des Pflichtenhefts ein Anbieter gegenüber seinen Konkurrenten im voraus deutlich bevorzugt werden kann, indem das Pflichtenheft Spezialitäten zwingend verlangt, die nur ein einziger Anbieter standardmässig offerieren kann. Daher Vorsicht bei der Formulierung von Pflichtenheften!)

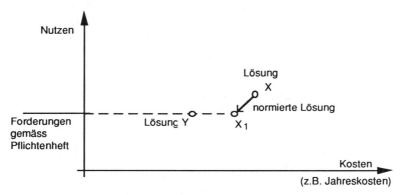

Figur 14.2: Vergleichbarmachen von Lösungen durch Normierung des Nutzens

2. Schritt: Umrechnung auf Jahreskosten.
Die verschiedenartigen Kostenanteile aus Investition und Betrieb werden in einen einzigen Kostenwert, nämlich in *Jahreskosten* umgerechnet (Fig. 14.1).

$$\text{Jahreskosten} = \text{Betriebskosten (pro Jahr)} + \frac{\text{Investitionskosten}}{\text{Abschreibungsdauer}}$$

Jetzt lassen sich die Jahreskosten der verschiedenen Angebote direkt vergleichen (Beispiel in Fig. 14.2: Lösung "X1" ist teurer als "Y" bei vergleichbarem Nutzen.) Zur Problematik der Festlegung der Abschreibungsdauer sei nochmals auf Abschnitt 14.1 verwiesen.

Anmerkung zu diesem Vorgehen: An sich lassen sich die Rollen von Nutzen und Kosten in einem bestimmten Fall auch vertauschen. Es könnte also in einem 1. Schritt eine Kostengrenze festgelegt werden (= Normierung der Kosten), worauf im 2. Schritt eine Nutzenmaximierung stattfindet. Ein Beispiel für diese Technik wurde bereits in Abschnitt 4.3 (Fig. 4.1) vorgestellt.

Fragestellung B: Lohnt sich überhaupt eine Beschaffung?

Diese Frage ist nur sinnvoll, wenn nicht bereits eine *Notwendigkeit* für die Beschaffung nachgewiesen wird.

1. Schritt: Berechnung der Brutto-Einsparung pro Jahr.
Hierzu werden die jährlichen Betriebskosten und der bezifferbare Nutzen (aus Arbeitseinsparung und Verbesserung des Produkts) der Lösung *mit* Investition den jährlichen Betriebskosten einer Lösung *ohne* Investition gegenübergestellt.

jährliche Bruttoeinsparung   = BK_{alt} − BK_{neu} + N

mit BK_{alt} = alte jährliche Betriebskosten, d.h. ohne Investition
  BK_{neu} = neue jährliche Betriebskosten, d.h. mit Investition
  N = bezifferbarer jährlicher Nutzen der Investition

2. Schritt: Berechnung des Pay-back.
Das Pay-back gibt die Zeitdauer an, in welcher sich eine Investition bezahlt macht.

$$\text{Pay-back} = \frac{\text{Investitionskosten}}{\text{jährliche Bruttoeinsparung}}$$

Falls das Pay-back kürzer als die geschätzte Lebenserwartung einer Investition ist, lohnt sich die Beschaffung; je kürzer, desto lohnender! Das Pay-back darf nicht mit der Abschreibungsdauer verwechselt werden; diese beiden dienen ganz unterschiedlichen Zwecken.

Fragestellung C: Mieten oder Kaufen?

Hier spielen zwei Fragen eine Rolle, die *Kosten* ("Was ist im gesamten billiger?") und die *Finanzierung* ("Haben wir genügend flüssige Mittel?"). Aus Finanzierungsgründen, d.h. zur Vermeidung von Kreditaufnahmen, werden heute oft Produktionsmittel – wozu auch Informatiksysteme und insbesondere einzelne Geräte gehören – nicht gekauft, sondern gemietet oder "geleast" (= mieteähnliche Beschaffung). Stehen die reinen Kostenüberlegungen im Vordergrund, so lässt man sich beide Varianten offerieren, vergleicht die Kosten (inkl. Wartungsgebühren!) über die vorgesehene Nutzungsdauer und entscheidet auf dieser Grundlage. Dabei gilt die Grundregel: "Für kurze Zeit mieten, für lange Zeit kaufen". Die Grenze kann stark variieren, sogar innerhalb einer einzigen Offerte für verschiedene Informatikkomponenten, liegt aber üblicherweise bei 2-5 Jahren.

Reine *Softwarepakete* (also ohne Geräte) werden meist mit sog. *Lizenzverträgen* vertrieben, manchmal nur gegen Bezahlung einer Einmalgebühr, in anderen Fällen mit jährlichen Gebühren. Auch hier muss der potentielle Käufer im Falle verschiedener Angebote die Kostenberechnung machen. Eine Gefahr sei jedoch nicht übersehen: Wer Software grundsätzlich ohne Wartungsgebühren, also nur mit Einmal-Lizenz, anbietet, will offenbar nachträglich nichts mehr damit zu tun haben. Das mag bei verbreiteten Standardprogrammen angehen, kaum aber bei Spezialentwicklungen. Was geschieht, wenn nachträglich Fehler auftauchen?

Betrieb von Informatikmitteln

Begriffe:

- *fixe Kosten:* Kosten, die während der Betriebsdauer ohne Rücksicht auf den Umfang der Benützung anfallen (z.B. Raummiete, ständiges Personal, Versicherung, Abschreibung).
- *variable Kosten:* Kosten, die während der Betriebsdauer nur in Abhängigkeit vom Umfang der Benützung anfallen (z.B. Papier, Elektrizität, Abrufpersonal).

Fragestellung D: Was kostet mich der Betrieb?

Wer einen Betrieb führt, muss den Ueberblick über *alle* anfallenden Kosten haben. Dazu werden vorerst aus der Buchhaltung all jene Kosten ermittelt, die in Form von Löhnen und Rechnungen effektiv bezahlt werden. Zusätzlich müssen aber noch weitere Kosten berücksichtigt werden, einerseits *früher entstandene* (Investitionen), die jetzt jährlich abbezahlt werden müssen (Abschreibungen, Fig. 14.1), andererseits allfällige *Verpflichtungen auf die Zukunft* (z.B. Garantieleistungen, Weiterbildung usw.). Das ergibt die *Vollkosten* eines Betriebs. Sie lassen sich mit einer korrekt geführten *Buchhaltung* und dem zugehörigen Jahresabschluss ("Erfolgsrechnung", "Bilanz") sauber darstellen.

Fragestellung E: Wie kann ich meine Kosten weiterverrechnen?

Wer die gesamten Kosten eines Betriebes kennt und den darin produzierten Mengen (Anzahl Produkte oder Personenstunden) gegenüberstellt, kann daraus deren Gestehungskosten (*Vollkostenrechnung*) und einen kostendeckenden *Preis* bestimmen. Nicht immer ist ein so bestimmter Preis aber auch marktkonform. Im wirtschaftlichen Umfeld spielen Angebot und Nachfrage die zentrale Rolle. Wir können also nicht jedem Kunden etwa eines Rechenzentrums ohne weiteres für jeden gewünschten Dienst unsere Vollkosten in Rechnung stellen, obwohl wir diese selber aufbringen müssen. Ein Betrieb muss deswegen längst noch nicht wirtschaftlich zusammenbrechen. Der Grund für diese auf den ersten Blick eigenartige Aussage liegt in der Möglichkeit, einzelne Leistungen tiefer, andere höher als zu Vollkostenpreisen anzubieten. Erst die Summe aller Einkünfte muss wieder stimmen, die Kosten decken und einen Unternehmensgewinn für weitere Investitionen sicherstellen.

Über den Vollkosten können besonders gefragte, neue, interessante, wichtige Produkte angeboten werden. *Unter* den Vollkosten müssen zum Beispiel erste Beratungen ausgeführt werden, aber auch Arbeiten, für die man *noch nicht* (aber bald) günstig ausgerüstet ist, sowie Garantiearbeiten. Die Betriebswirtschafter kennen spezielle Kostenrechnungsarten (Grenzkostenrechnung, Deckungsbeitragsrechnung), mit denen sie für jede einzelne Offerte berechnen können, ob sich die Ausführung der entsprechenden Arbeit überhaupt lohnt. So werden gelegentlich Aufträge angenommen, obwohl sie nur wenig mehr als die *variablen* Kosten decken, weil vielleicht wenig Arbeit da ist und dennoch ein sog. Deckungsbeitrag an die *fixen Kosten* geleistet werden kann. Das aber sind gefährliche Spiele an der Grenze der wirtschaftlichen Verantwortbarkeit.

Hier soll mit dieser Mini-Betriebswirtschaftslehre abgebrochen werden. Ein Informatiker, der sich wirtschaftlich selbständig machen will, etwa als Software-Hersteller oder Hardware-Verkäufer, und daher selber Kosten und Preise berechnen können muss, darf sich nicht auf Halbwissen verlassen. Er muss vorerst bei den Fachökonomen vertiefte Wirtschaftskenntnisse erwerben.

15 Informatik und Recht

15.1 Rechtliches Denken

Der Normalbürger empfindet Gesetzbücher und Verordnungen im allgemeinen weder als besonders sympathisch noch als leicht lesbar. Er ist daher froh, wenn er damit wenig zu tun hat. Anderseits ist er sich doch dauernd irgendwie bewusst, dass er selbst und sein tägliches Handeln vielen staatlichen oder anderen Regeln unterstehen und dass er bei Widerhandlungen mit Schwierigkeiten rechnen muss, bis hin zu Gerichtsfällen, Bussen und ähnlichen unangenehmen Dingen. Dem geht man besser aus dem Weg!

Wer sich jedoch mit Informatik-Projektentwicklung befasst, ist sich gewohnt, alle Probleme ohne Vorurteile anzugehen und zu lösen. Daher ist er hoffentlich auch bereit, Fragen des Rechts nicht ängstlich aus dem Weg zu gehen. Es lohnt sich!

Selbstverständlich kann an dieser Stelle keine umfassende Einführung in die Rechtslehre und/oder -praxis erfolgen. Aber wir wollen an drei für den Informatiker besonders wichtigen Problemkreisen - Verträge (Abschnitt 15.2), Softwareschutz (Abschnitt 15.3) und Datenschutz (Abschnitt 15.4) - die Bedeutung rechtlicher Regelungen etwas genauer betrachten. Solche Regelungen haben immer mehrere Aufgaben:

- Sie schützen bestimmte Rechtsgüter.
- Sie geben Hinweise für ein korrektes Verhalten.
- Sie regeln das Vorgehen im Falle von Meinungsverschiedenheiten oder Unkorrektheiten.

Wie das im konkreten Fall geschieht, ist nun allerdings vom Wortlaut der einzelnen Gesetze und Verordnungen abhängig, und hier existieren oft bedeutende Unterschiede von Staat zu Staat - eine ungewohnte Begrenzung für den eher international orientierten Informatiker (so ist etwa [Schweizer, Lehmann 88] ein Beispiel für die Rechtsgrundlagen zum Informatik- und Datenschutzrecht in der *Schweiz*. Ähnliche Literatur kann bei Bedarf der Fachjurist in anderen Ländern angeben). Solange wir uns aber beim Recht an die Grundfunktion des *Schutzes von Rechtsgütern* halten, ist auch dieser meist grenzüberschreitend - und genau darum soll es hier gehen.

15.2 Verträge

Das Recht schützt Abmachungen zwischen handlungsfähigen Personen, sog. Verträge.

Bereits im Abschnitt 4.4 haben wir uns im Zusammenhang mit der Fremdbeschaffung von Informatiklösungen erstmals mit Verträgen befasst. Bei Verträgen geht es immer darum, dass verschiedene Personen, die zusammen etwas tun wollen, sich *über Art und Umfang der gegenseitigen Leistung einig* werden (= den Vertrag abschliessen) und dies nachher ausführen. Ist der Vertrag einmal abgeschlossen, sind alle Partner rechtlich verpflichtet, ihren Teil des Vertrags zu erfüllen. Fig. 15.1 zeigt am einfachen *Beispiel eines Kaufvertrags*, wie das gemeint ist: Der Verkäufer bietet etwas an, das der Käufer sucht und wofür er bereit ist, Geld zu bezahlen. Werden sich Verkäufer und Käufer über den Preis einig, so kommt der Kaufvertrag zustande.

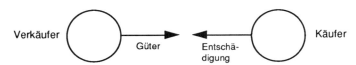

Figur 15.1: Verträge beschreiben den übereinstimmenden Willen der Vertragspartner (Beispiel Kaufvertrag: Güterwert = Entschädigungswert)

Das Recht *schützt* nun *diesen Vertrag*. (Der Käufer kann daher nicht ohne weiteres nach ein paar Tagen zurückkommen, das Kaufobjekt zurückbringen und das Geld zurückverlangen.) Das Recht regelt aber auch für besonders bedeutungsvolle Kaufverträge die *Form des Vertragsabschlusses*. (So müssen Grundstückkäufe schriftlich vor einem Notar abgeschlossen werden, während bei Käufen auf einem öffentlichen Markt nicht einmal etwas aufgeschrieben werden muss.) Und das Recht *regelt das Vorgehen bei Problemen aller Art* (von der qualitativ ungenügenden Ware bis zum zahlungsunfähigen Kunden).

Das tönt alles recht kompliziert, ist jedoch im Alltag wesentlich einfacher: Jedermann schliesst täglich - bei jedem Einkauf - Kaufverträge ab. Bei komplizierten Fällen kann er sich von Juristen beraten lassen, ebenso über das Vorgehen bei allfälligen Problemen. Der Nichtjurist muss sich jedoch beim Abschluss eines Vertrages *selber* um den *Inhalt des Vertrages* kümmern: Was will er geben, was dafür erhalten? Jedermann, auch der Nichtjurist, muss wissen, dass ein Vertrag nur zustande kommt, wenn sich die Partner über ihre gegenseitigen Leistungen *einig* sind. Alle Beteiligten erwarten normalerweise aus einem Vertragsabschluss Vorteile (sonst würden sie den Vertrag nicht abschliessen), alle sollen daher mit dem Ergebnis auch zufrieden sein können. *Vor* dem Vertragsabschluss sind sie frei, den Vertrag abzuschliessen oder nicht abzuschliessen; ist dieser aber einmal *abgeschlossen*, ist er von allen Beteiligten voll einzuhalten. Ein Vertragsbruch führt zu Schadenersatzforderungen; Umgehungsversuche widersprechen dem Rechtsgrundsatz von "Treu und Glauben".

Ueberall dort, wo sich Personen wirtschaftlich begegnen, werden Verträge abgeschlossen; neben den erwähnten Kaufverträgen kennt jedermann auch Mietverträge, Arbeitsverträge usw.

Typische Vertragstypen im Informatikbereich sind insbesondere:
- Kauf- oder Mietvertrag für das Computersystem (Hardware, Betriebssystem),
- Wartungs- (Unterhalts-) Vertrag für das Computersystem (Hardware, Betriebssystem),
- Kauf- oder Lizenzvertrag für die Anwenderprogramme,
- Wartungs- (Unterhalts-) Vertrag für die Anwenderprogramme,
- Werkvertrag für die Erstellung spezieller Programme.

Allerdings ist die Zuordnung verschiedener Vertragsgegenstände der Informatik auf die klassischen Vertragstypen der juristischen Tradition noch keineswegs immer eindeutig. Wer daher solche Verträge abzuschliessen hat, orientiert sich mit Vorteil vorerst an Beispielen (existierende Verträge, Vertragsformulare von Lieferanten, Fachliteratur, z.B. [SVD 90]).

Zur *Vertragsform*: Im Informatikbereich ist es üblich, dass Lieferant und Anwender ihre Lieferungen mit schriftlichen Verträgen (aber ohne formelle Urkundsperson, Notar usw.) regeln. Dabei sind einerseits nationale Regelungen (deutsches, österreichisches, schweizerisches Zivilrecht) und anderseits Gebräuche der Branche (Fachverbände, grosse Lieferanten) mitzuberücksichtigen. Viele Lieferanten kennen vorgedruckte Formulare, auf denen die individuellen Bestandteile des Vertrages (also etwa Name des Kunden, Umfang der zu liefernden Informatikbetriebsmittel, Preis, Lieferdatum) bloss eingesetzt werden müssen, während die sog. *Allgemeinen Geschäftsbedingungen* (AGB, das "Kleingedruckte") bereits auf der Rückseite oder einer Beilage vorgedruckt vorliegen. Mit der Unterschrift unter den Vertrag wird allerdings auch das Kleingedruckte von beiden Partnern akzeptiert. In den AGB werden insbesonre Sondersituationen geregelt, etwa die Haftung des Lieferanten für Folgeschäden oder der allfällige Gerichtsstandort.

Nicht immer sind die AGB jedoch für jeden einzelnen Vertragabschluss der Weisheit letzter Schluss, schliesslich entsprechen sie meist einfach dem Normalfall aus der Sicht des erfahrenen Anbieters/Lieferanten. Sie können daher im Einverständnis beider Vertragspartner durchaus auch abgeändert werden - *vor* der Unterschrift natürlich! Zum Thema AGB hat die Schweiz. Vereinigung für Datenverarbeitung ausführliche Muster für verschiedene Informatik-Vertragstypen erarbeitet [SVD 90].

Nach dieser Einführung in die Bedeutung des Vertragsrechts sei aber zum Schluss noch etwas Praxis beigefügt. Wir betrachten als *Beispiel* eine verunglückte Informatikbeschaffung (*Kaufvertrag*, Bezahlung in drei gleichen Teilen bei Bestellung, Lieferung und Abnahme), wie sie leider auch vorkommen kann.

Zuerst betrachten wir die beiden Vertragspartner. Der *Verkäufer* ist ein kleines Softwarehaus, der *Käufer* eine kleine Handelsfirma, die ihr Lager automatisieren und gleichzeitig eine integrierte Abrechnung und Buchhaltung einführen will.

Im Softwarehaus arbeiten Informatiker, Techniker. Ein Techniker sieht Informatikanwendungsmöglichkeiten, sucht Lösungen und realisiert diese. Es ist ihm ernst, wenn er dabei zeitliche oder technische Versprechungen macht, weil er den Aufwand abschätzt und die Rahmenbedingungen kennt. Kommen dann später neue Aspekte dazu oder treten gar Unregelmässigkeiten auf, so rechnet er mit dem Verständnis seiner Partner. Er kann etwa – aus diesem oder jenem Grund – auf einen bestimmten Zeitpunkt nicht fertig werden, oder es zeigen sich unerwartete Fehler: Das alles ist für einen Techniker vorerst kaum ein Grund für ein schlechtes Gewissen, denn er hat "sein Möglichstes getan" und auch bei seinen Abschätzungen durchaus vernünftige Mittelwerte angegeben.

Völlig anders denkt hingegen der Anwender. Da die Komplexität von Computerlösungen vom Anwender oft stark unterschätzt wird, betrachtet dieser die Lieferung einer Informatiklösung als ziemlich problemlos, ähnlich wie die Installation einer neuen Heizung oder gar die Übergabe eines neuen Autos. Aufgrund einer Offerte wird ein Kauf-, Miet- oder sonstiger *Vertrag* abgeschlossen, worauf – nach Meinung des künftigen Anwenders – Lieferung und Inbetriebnahme folgen werden. Von allfälligen Schwierigkeiten spricht beim Vertragsabschluss niemand, keiner wünscht schliesslich Schwierigkeiten.

Und nun zu unserem Beispiel. Diese Informatikbeschaffung steht am Ende einer Projektentwicklung, die von einem externen Berater durchgeführt wurde. Das Projekt verläuft anfänglich wie im Bilderbuch: Projektumriss mit Pflichtenheft, Konzeptvarianten auf Grund mehrerer Branchenlösungen, Besichtigung einer ähnlichen Lösung, Projektentscheid, Vertragsabschluss, Weiterbearbeitung und kleine Anpassungen durch das erwähnte Softwarehaus bis zur Einführung und Inbetriebnahme; inzwischen ist auch die Zahlung von zwei Dritteln der Kaufsumme erfolgt. Jetzt treten erste Probleme mit dem neuen System auf: An Kunden der Handelsfirma druckt der Computer einzelne Rechnungen aus, die nicht der gelieferten Ware entsprechen, mehrfach wird falsche Ware geliefert, gewisse Aufträge verschwinden spurlos. Die Kunden der Handelsfirma reagieren erst erstaunt, dann verärgert, endlich beginnen einige, zur Konkurrenz abzuwandern. Die Geschäftsleitung der Handelsfirma hat natürlich schon beim ersten Auftreten von Reklamationen (von Kunden) beim Lieferanten der Informatiklösung interveniert. Dieser verspricht, den oder die Fehler zu suchen und zu beheben, das dauert aber eine bestimmte Zeit. In unserem Beispiel sind die Probleme jedenfalls nach zwei Wochen noch nicht restlos abgeklärt. Da greift nun der Auftraggeber, also hier der Chef der Handelsfirma, ein und verlangt vom Informatiklieferanten Rücknahme seiner Lieferung – selbstverständlich unter Rückerstattung der bereits bezahlten Summen – und Schadenersatz für die verlorenen Kunden. Darauf teilt der Informatiklieferant der Handelsfirma mit, für einen solchen Rückzieher bestehe nicht der geringste Anlass, seine Lieferung sei im wesentlichen in Ordnung, die erkannten Fehler würden im Rahmen der Garantiearbeiten so rasch wie möglich behoben und das letzte Drittel der Rechnungssumme sei somit fällig. Im Falle einer Nichtbezahlung innert 30 Tagen müsste eine Betreibung eingeleitet werden. – Zwei Standpunkte, zwei Welten. Die Rechtsanwälte werden aufgeboten. Eine typische zivilrechtliche Auseinandersetzung vor dem Richter scheint unausweichlich, und ein Experte erhält den Auftrag, die verzwickte Sache durch ein Fachgutachten zu klären. Was ist hier geschehen?

Das Hauptproblem im hier geschilderten Fall liegt in unterschiedlichen Vorstellungen der beiden Partner Informatiklieferant und Informatikanwender bezüglich Qualität der neuen Informatiklösung. Der *Lieferant* will eine gute Lösung liefern, die er in ähnlicher Form (aber nicht exakt gleich) schon zwei- oder dreimal installiert hat. Auch dort gab es kleine Pannen, die aber bei Einzellösungen (es handelt sich hier nicht um Standardsoftware mit entsprechend grossem Testaufwand) zu erwarten sind. Das war für den Lieferanten so klar, dass er meinte, davon nicht sprechen zu müssen. Anders der *Anwender*. Er glaubte in diesem Fall allzu blauäugig, dass "Computer nicht irren können".

Daher haben seine eigenen Mitarbeiter bei der Einführung und Inbetriebnahme der neuen Lösung keine detaillierten Nachkontrollen gemacht und nicht systematisch eine Zeitlang alle Lieferungen mit den ausgestellten Rechnungen und den eingegangenen Zahlungen einzeln überprüft; entdeckt wurden die Fehler erst durch verärgerte Kunden der Handelsfirma!

Wir wollen an dieser Stelle die zivilrechtliche Streitfrage abbrechen, schon deswegen, weil solche Fälle auch in der Praxis normalerweise gar nicht vom Richter entschieden, sondern durch einen Vergleich beendet werden. Durch das Durchziehen eines Prozesses würden ja nur die Kosten erhöht, unerwünschte Publizität verursacht und der Abschluss verzögert. Meist aber ist schnelles Vorgehen wichtig; sogar die Existenz eines Betriebes kann vom raschen Beheben der Probleme abhängen.

Wieso lief aber nun diese Beschaffung derart schief? Weil sich die am Kaufvertrag Beteiligten bei Vertragsabschluss zu wenig um *Art und Umfang der zu erbringenden Leistung* abgesprochen hatten! Da im allgemeinen der Informatiklieferant wesentlich besser als der Anwender imstande ist, allfällige Probleme der neuen Informatiklösung zu beurteilen, muss er *vor* Vertragsabschluss seinem Kunden helfen, die Bedeutung des Vertrags voll zu verstehen! Er muss einen ahnungslosen Kunden also entweder bei der Inbetriebnahme bis zur Bereitstellung von Testdaten und allfälligen Parallelverarbeitungen (vgl. Kap. 7 "Einführung") begleiten oder er muss den Kunden direkt und konkret (nicht nur mit einem Satz aus den AGB) darauf hinweisen, dass dieser selber dafür die volle Verantwortung trägt und weiss, welche Art von Schwierigkeiten auftreten können. Drückt sich der Spezialist, der Informatiker, um diese Aufgabe, so wird er bei einer gerichtlichen Auseinandersetzung dafür zur Rechenschaft gezogen.

Soweit geht also das "Einhalten eines Vertrags" unter dem allgemeinen Rechtsgrundsatz von "Treu und Glauben"! Gerade der technische Spezialist muss sich bei einem Vertragsabschluss immer bewusst sein, dass sein Wissensvorsprung nicht eine Gelegenheit zur Uebervorteilung des Ahnungslosen bildet, sondern dass er sein Wissen in die vertragliche Beziehung einbringen muss.

15.3 Schutz von Software

Das Recht kann den Entwickler von Software schützen, aber nur auf etwas mühsamen Umwegen.

Ein wichtiges und uraltes Rechtsgebiet ist das *Sachenrecht,* wo das *Eigentum* an Sachwerten geschützt wird, sei es an unbeweglichen (Grundeigentum) oder an beweglichen (Gegenstände, Tiere). Nun gehört aber Software gerade *nicht* zu den Sachwerten. Und weil sie erst in den letzten Jahrzehnten wirtschaftliche Bedeutung erlangt hat, wurde inzwischen noch kein adäquater Rechtsschutz geschaffen. Dennoch sind Softwareentwicklungen keineswegs völlig ungeschützt.

Das Recht aller Industrieländer kennt seit langem einen Schutz von wirtschaftlichen Werten, die nicht materielle Sachen sind; wichtige Beispiele sind schriftstellerische und musikalische Werke sowie Patente; sie bilden sog. *geistiges Eigentum.* Zu deren Schutz wurden das Urheberrecht und das Patentrecht geschaffen. Im Urheberrecht erhalten Autoren, im Patentrecht Erfinder unter bestimmten Voraussetzungen einen Schutz für ihre geistige Leistung, so dass ihr Werk nur mit ihrer Einwilligung verwendet, kopiert oder anderswie genutzt werden darf. Dieser Schutz dauert nicht ewig (für Autoren 50 - 70 Jahre nach dem Tod, für Patente max. 18 Jahre nach Anmeldung) und ist auch nicht absolut; so darf jedermann etwa von einem urheberrechtlich geschützten Werk für private Zwecke eine Fotokopie machen.

Leider passen nun Computerprogramme - Software - aus bestimmten rechtlichen Gründen weder ins Urheberrecht noch ins Patentrecht gut hinein, und die Anpassung der entsprechenden Gesetze an die rasch sich entwickelnde Informatik braucht Zeit. (Dazu kommen noch die Unterschiede zwischen den verschiedenen Staaten! Allerdings darf mit der Zeit ein Durchbruch europäischer Normregelungen erwartet werden.) Trotzdem ist der Hersteller von Software auch heute nicht schutzlos, indem er in der Praxis das Vertragsrecht, das Urheberrecht, technische Schutzmittel oder gar eine Kombination davon einsetzt. Dazu kam in den letzten Jahren eine Art von natürlichem Schutz, nämlich die Angst vor Computerviren.

Vertragliche Lösungen, Lizenz- und Kaufverträge: Software ist in sehr vielen Fällen ein recht anspruchsvolles "geistiges Produkt". Der potentielle Anwender hat daher ein direktes Interesse, mit dem Hersteller ein dauernd gutes Verhältnis zu pflegen, um bei Problemen Rat, bei Programmfehlern Korrekturen, bei Weiterentwicklungen neue Programmversionen erhalten zu können. Hersteller *und* Anwender sind interessiert, ihre Rechte und Pflichten gegenseitig *vertraglich* (vgl. Abschnitt 15.1) zu regeln und die daraus resultierenden Pflichten auch dauernd ernst zu nehmen. Ein solcher Lizenz- oder Kaufvertrag enthält dann eine Klausel, "dass der Anwender nicht berechtigt ist, Kopien des Programms an

Dritte weiterzugeben". Tut er es trotzdem und erfährt es der Lieferant, so ist nicht nur die Partnerschaft der beiden im Eimer, sondern der Lieferant kann beim Richter auf Schadenersatz klagen.

Anwendung des Urheberrechts: Das Urheberrecht (entspricht dem engl. "Copyright") gewährt dem Urheber die ausschliessliche Verfügungsgewalt über "seine persönliche geistige Schöpfung, welche durch ihren Inhalt und/oder ihre Form etwas Neues und Eigentümliches darstellt". Diese Formulierung deutet bereits an, weshalb Computerprogramme nur schlecht mittels des Urheberrechts geschützt werden können; im Gegensatz etwa zu einem Gemälde ist nämlich ihre Form leicht wieder veränderbar, während die Definition des Inhalts nicht ohne weiteres Neuigkeitswert aufweist ("ein Programm für die Lagerbuchhaltung" oder "für die Datenanalyse"). Anderseits bildet aber namentlich die Programmdokumentation zusammen mit der Benutzerschnittstelle des Programms häufig sehr wohl ein "Werk" aus Text und Bildern, das dem Schutz des Urheberrechts untersteht, sofern nur wenige Formvorschriften eingehalten werden. Der Autor muss nämlich auf seinem Werk zum Ausdruck bringen, dass er den Urheberschutz überhaupt beansprucht, und das geschieht am einfachsten, indem möglichst am Anfang (vgl. Seite 2 dieses Buches) die amerikanische *Copyright-Formel* eingefügt wird, bestehend aus einem c im Kreis ©, dem Namen des Inhabers des Urheberrechts und der Jahreszahl der ersten Veröffentlichung. (Eine Registrierung ist nicht nötig.) Geht nun einer hin und kopiert das Werk trotzdem z.B. zu kommerziellen Zwecken, so ist wiederum der Weg zur Klage auf Schadenersatz beim Richter offen. - Allerdings sei an dieser Stelle nicht verschwiegen, dass die *Durchsetzung* eines Kopierverbots bei wirtschaftlich interessanten, urheberrechtlich geschützten Objekten allgemein sehr schwierig ist, sonst gäbe es nicht soviele Raubkopien von Tonbändern und Schallplatten. Daher geschehen häufig Raubkopien bei Computerprogrammen - von Standardprogrammen über Spiele bis zu Spezialentwicklungen, zum Schaden der Hersteller und der ehrlichen Anwender, welche den Entwicklungsaufwand allein zahlen müssen. (Ein wirksames Gegenmittel hat sich inzwischen allerdings in der Form der Computerviren entwickelt; vgl. unten.)

Technische Sicherungen: Diebstahl ist gesetzlich verboten - trotzdem warten wir lieber nicht auf den Dieb, damit wir ihn dann anzeigen können, sondern wir bauen im voraus ein Schloss in unsere Wohnungstür und schliessen diese ab, wenn wir ausgehen. Im gleichen Sinn haben die Informatiker nicht gewartet, bis gelegentlich gesetzgeberische Schritte zum Softwareschutz erfolgen werden, sondern sie haben technische Sicherungen (Kopierschutz, Passwortsysteme, programmierte "Zeitbomben" u.ä.) in ihre Software eingefügt. Nicht immer haben sich diese Lösungen bewährt, namentlich weil sie die in der Praxis sehr wichtigen betriebsinternen Sicherheitskopien beträchtlich erschweren. Deshalb haben inzwischen einige grosse Softwarehäuser den Einbau von technischen Kopierschutzmassnahmen wieder aufgegeben. Diese technischen Sicherungen waren aber auch nicht sehr wirkungsvoll, weil alle guten (und damit wirtschaftlich interessanten) Standardprogrammpakete mit Kopierschutz jeweils innert wenigen Wochen von irgendwelchen Softwarepiraten geknackt wurden und anschliessend doch auf dem Raubkopienmarkt auftauchten oder gar im Rahmen von "freier Software" ausgetauscht wurden.

Computerviren: Ein effizientes Gegenmittel gegen diese Art der wilden Weitergabe von Software ist erst im Laufe der achtziger Jahre neu aufgetaucht - es entstand paradoxerweise gerade *mit Hilfe* der Softwarepiraten, der Hacker und der Anhänger der "grossen Freiheit" im Bereich des Umgangs mit fremder Software! Diese "Freiheitshelden" beanspruchten nämlich sogar die Freiheit, bösartige Programmveränderungen ("Viren", "Würmer" u.ä.) in dafür empfängliche Fremdprogramme einzupflanzen. Damit bewirkten sie bedeutende Schäden in betroffenen Computeranwendungen oder drohten damit. Daher begannen die Informatikverantwortlichen sich plötzlich wieder viel stärker für die Verbreitungskanäle zu interessieren, auf denen sie ihre Programme bezogen. Nur noch *Originalkopien vom Hersteller* durften nun verwendet werden, und diese wurden selbstverständlich auch korrekt beschafft und bezahlt! Somit hat sich schliesslich doch ein technisches Mittel für den Softwareschutz als besonders effizient erwiesen, wenn auch nur ein negatives: die Angst vor Computerviren!

15.4 Schutz vor Datenmissbrauch

> Das Recht schützt den Betroffenen vor Datenmissbrauch, namentlich im Rahmen des sog. "Datenschutzes".

Der Begriff "Datenschutz" ist unglücklich gewählt, aber nun einmal da, seit anfangs der siebziger Jahre in Deutschland (zuerst in Hessen) erste Datenschutzgesetze geschaffen wurden. Es geht dabei nämlich nicht etwa um den Schutz der Daten selbst vor Verlust und Verfälschung (das hiesse *"Datensicherung"*), sondern der *Datenschutz* bedeutet Schutz vor Datenmissbrauch, namentlich beim Umgang mit Personendaten.

Das Problem des Datenmissbrauchs ist selbstverständlich uralt und hat nichts mit dem Computer an sich zu tun. Als Thema der öffentlichen Diskussion wurde der

Informatik und Recht 261

Datenschutz aber erst im Zeitalter der Informatik - genauer der Datenbanken (vgl. auch Kap. 16) - aktuell.

Datenmissbrauch kann vieles sein: unerlaubtes Ausnützen von Geheimnissen (aller Art), Verfälschen von Bedeutungen und Aussagen, böswilliges Aushorchen eines Schwächeren. Nur dieses letzte Beispiel bezieht sich ausdrücklich auf eine Person, die anderen Beispiele (Geheimnisverletzung, Verfälschung) können sich auch auf andere Daten beziehen. Weil aber der personenbezogene Datenschutz in den letzten zwei Jahrzehnten für den Informatiker eine besonders grosse Bedeutung erlangt hat, wollen wir uns hier auf diesen und damit auf Personendaten konzentrieren.

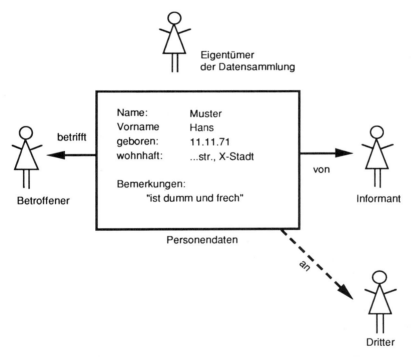

Figur 15.2:   An Personendaten sind Verschiedene beteiligt

Personendaten sind Angaben, welche eine ganz bestimmte Person betreffen, den *Betroffenen* (Fig. 15.2, Mitte und links, "Daten über den Betroffenen"). Solche Daten finden sich in unzähligen öffentlichen Registern (Einwohneramt, Steueramt, Strassenverkehrsamt usw.), aber auch in sehr vielen privaten Verzeichnissen und Listen (Bankkonti, Versicherungskarteien, Vereinsmitgliederverzeichnisse, Adressdateien von Versandhäusern usw.). Das ist vorerst nichts als eine direkte Folge unseres weitentwickelten und hochvernetzten gesellschaftlichen Alltags. Probleme entstehen erst dann, wenn solche Personendaten missbraucht werden oder - das macht die Brisanz des Computers erst aus - allenfalls *systematisch* missbraucht werden *könnten*. Dagegen wehrt sich der Datenschutz.

Missbrauchsmöglichkeiten entstehen vielerorts, insbesondere aber, wenn Personendaten

- falsch, überholt oder (auf einen bestimmten Zweck bezogen) unvollständig sind,
- besonders empfindliche Bereiche betreffen (etwa die geistige oder körperliche Gesundheit, die politische Meinung),
- Ermessensurteile enthalten (Fig. 15.2: "dumm und frech"),
- allzu umfangreich sind (und damit eine Person bis in viele Einzelheiten ausleuchten).

Extreme Datenschützer kommen daher gelegentlich auf die Idee, am besten wäre es, gleich jedes Sammeln von Personendaten zu verbieten oder - seitens der Betroffenen - zu boykottieren. Das hiesse nun wirklich, das Kind mit dem Bade auszuschütten. Denn damit würden nur andere Rechte beschnitten (vgl. wiederum Fig. 15.2):

- *Der Eigentümer der Datensammlung* benötigt gemäss Gesetz oder Vertrag für bestimmte Aufgaben Personendaten (Bsp.: das Steueramt zur Bestimmung der Steuern, die Krankenversicherung zur Bestimmung von Prämien und Leistungen). Zwischen den Datenbedürfnissen des Eigentümers der Datensammlung und den Interessen der Betroffenen muss allerdings ein *Interessenausgleich* stattfinden *(Informationsgleichgewicht)*.
- *Der Informant* (sofern dies nicht der Betroffene selber ist) wird im Normalfall so ausgewählt, dass die Qualität der erhaltenen Daten möglichst zuverlässig ist. Wer aber etwa Strasseninterviews über die Meinung zu Politikern durchführt, darf nicht vergessen: Der mündige Bürger hat auch eine Meinungsäusserungsfreiheit: Er darf sogar negative Werturteile abgeben ("dumm und frech"), muss aber allenfalls dafür selber die Verantwortung tragen (Ehrverletzung, üble Nachrede).
- *Der Dritte* kann ein berechtigtes Interesse haben, auch heikle Personendaten zu erfahren (Bsp.: der Wähler und Zeitungsleser über das Vorleben eines Kandidaten für ein öffentliches Amt).

Wesentlich zur Vermeidung von Datenschutzpannen ist somit nicht ein völliger Verzicht auf jede Art von Sammlungen von Personendaten, sondern die Beschränkung jeder einzelnen Sammlung auf ganz bestimmte Aufgaben (*Zweckbestimmung*) und der *Verzicht auf den freien Datenfluss* zwischen verschiedenen Sammlungen. (Eine Datenweitergabe ist nur in besonders geregelten Fällen zulässig, die namentlich jede Zweckentfremdung ausschliessen.)

Damit lässt sich der Datenschutz mit ein paar wenigen Grundsätzen regeln [Bauknecht, Zehnder 89]:

> Datensammlungen sollen einem bestimmten *Zweck* dienen und auf *Grundlagen* (Gesetze, Verträge, Regeln) beruhen, die ihrerseits einer Kontrolle und auch der Diskussion zugänglich sind.

> Wer Daten über Personen systematisch sammelt, muss diese Tätigkeit offenlegen. Das kann z.B. in einem *öffentlichen Register* geschehen, sofern der Betroffene nicht automatisch (etwa als Vertragspartner) davon weiss. Das Register muss einen für die Datensammlung Verantwortlichen, den durch die Datensammlung betroffenen Personenkreis und die erfassten Daten (Merkmale samt Wertebereich) nennen.

> Wer Daten über Personen sammelt, muss dem Betroffenen *Auskunft* über ihn betreffende Daten geben (Einsichtsrecht).

> Falsche, unvollständige oder nicht nachgeführte Daten sind zweckentsprechend zu *berichtigen* (Berichtigungsrecht).

> Daten über Personen dürfen nur weitergegeben werden, wenn Lieferant und Empfänger den übrigen Datenschutzvorschriften unterstehen und die Daten dabei nicht zweckwidrig verwendet werden (Datenverkehrsregelung).

Wer computergestützte Sammlungen von Personendaten, namentlich entsprechende Datenbanken (Kap. 16) plant, wird diese Grundsätze sowie allfällige Zusatzregelungen der am Ort gültigen Datenschutzgesetze mit Vorteil frühzeitig in seine Projektentwicklung einbeziehen.

16. Informationssysteme und Datenbanken

16.1 Information ist wichtiger als Informatik

Das Ziel einer Informatik-Projektentwicklung ist die Bereitstellung einer Informatikanwendung für den praktischen Betrieb. Diese Grundaussage wird im vorliegenden Buch ausführlich vorgestellt und ausgeleuchtet. Wer nun aber hingeht und meint, die neue Informatikanwendung basiere im wesentlichen nur auf einem Computer und den zugehörigen Programmen, wird in den meisten Fällen den Forderungen der Praxis überhaupt nicht gerecht. Nebst Hardware und Software (in engeren Sinne) benötigt der Anwender für seine betrieblichen, technischen oder wissenschaftlichen Computerarbeiten nämlich auch *Daten*.

Grundsätzlich ist die Informatik, also die Informationstechnik, immer nur ein Hilfsmittel, das dem Anwender helfen soll, seine Fragen zu beantworten; die Antworten bilden dann im vollen Sinne des Wortes *Information*. In diesem Sinne ist ein *Informationssystem* (Fig. 16.1) nichts anderes als eine Einrichtung, welche auf bestimmte Fragen Antworten geben kann. (Bsp.: eine Telefonauskunftsstelle, ein Wertschriftenauskunftssystem, ein Expertensystem). Wie das intern genau geschieht, soll uns hier nicht weiter kümmern; in jedem Fall aber benötigt ein Informationssystem einen Bestand an permanenten Daten (Datenbasis).

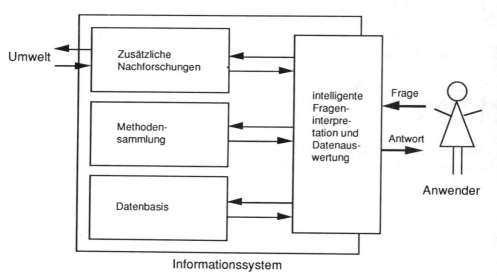

Figur 16.1: Informationssystem zur Beantwortung von Fragen

Informationssysteme und Datenbanken

In allen grösseren Informatiklösungen lassen sich die notwendigen Daten nicht einfach rasch eingeben oder irgendwoher kopieren, sondern sie müssen anwendungsgerecht bereitgestellt und dauerhaft verfügbar gehalten werden, dies heute meist in der Form einer *Datenbank*. Das vorliegende Kapitel fasst daher einige Überlegungen zum Umgang mit grösseren Datenbeständen und Datenbanken zusammen.

Bereits im *ersten Teil* dieses Buches, also beim klassischen Phasenablauf, haben wir uns mehrfach mit Daten befasst. Folgende Stellen stehen dabei im Vordergrund (mit Nummern der entsprechenden Abschnitte):

- *3.4 Pflichtenheft:* Im Mengengerüst wird der Umfang der wichtigsten Datenbestände festgehalten.
- *5.2 Detailspezifikation:* In dieser Phase erfolgt die konkrete Datenbeschreibung (Fig. 5.6).
- *5.4 Datenbereitstellung:* Dieser Arbeitsschritt bildet eine selbständige Teilphase der Hauptphase Realisierung.
- *6.3 Testverfahren:* Für manche Testverfahren müssen Testdaten bereitgestellt werden.

Auch im *zweiten Teil* dieses Buches werden mehrfach Datenaspekte angesprochen:

- *Vorwort 2 für Manager:* Hier wird an einem Beispiel dargelegt, dass beim Informatikeinsatz der wirtschaftliche Wert des Datenbestandes - also des Informationsgehalts - leicht ein Vielfaches des Werts aller Informatikkomponenten zusammen betragen kann (Fig. M.1). Daraus folgt die "Erste Folgerung für Manager": Diese sollen sich primär um die Information und nicht um die Informatik kümmern!
- *9.4 Sporadische Zugriffe auf Datenbanken:* Informatik-Projektentwicklungen lassen sich besonders einfach durchführen, wenn es darum geht, aus einer vorhandenen Datenbank Informationen mit einer sog. 4.-Generationssprache (freie Abfragesprache) abzurufen.
- *12.4 Datenqualität:* Daten müssen angemessen genau, vollständig und nachgeführt sein.
- *15.4 Datenschutz:* Datenmissbrauch kann rechtlich bekämpft werden.
- *16. Informationssysteme und Datenbanken:* Im vorliegenden Kapitel werden einige datentechnische Begriffe für Führungsverantwortliche zusammenfasst.

266 Informationssysteme und Datenbanken

- *17.3 Koordination über die Daten:* In grossen Projekten erfolgt die Zusammenarbeit verschiedener Teilbereiche häufig über eine gemeinsame Datenbank.

Die vorstehende Aufzählung zeigt, wie stark die Datenaspekte mit der Informatik-Projektführungsarbeit verbunden sind.

16.2 Wozu eine Datenbank?

In einfachen Informatikanwendungen gehört die Verwaltung der benötigten Daten ganz selbstverständlich zu den Aufgaben der entsprechenden Anwenderprogramme. (Bsp.: Bei der Textverabeitung wird bei einem Programmaufruf ein neues Dokument erzeugt oder ein bereits vorhandenes abgeändert.)

Diese isolierte Sicht auf einzelne Programme und einzelne Dateien oder Dokumente genügt jedoch den Bedürfnissen grösserer Informatiklösungen nicht. Hier müssen meist verschiedene Programme und Personen auf den *gleichen* Datenbeständen arbeiten können. (Bsp.: In einem Flugreservationssystem können Fluggesellschaften und viele Reisebüros gleichzeitig und direkt Plätze reservieren, Tickets ausstellen usw.)

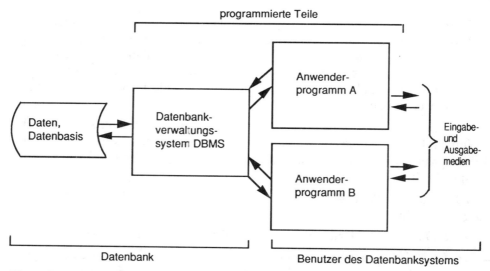

Figur 16.2 Datenbank und Anwenderprogramme

UmOrdnung in ein derartiges System mit vielen Benutzern und grossen Datenbeständen bringen zu können, werden zweckmässigerweise alle Daten von den verarbeitenden Programmen getrennt, davon unabhängig zusammengefasst und nach einheitlichem Konzept als *Datenbank* verwaltet. Die Datenbank ist zweiteilig (Fig. 16.2), sie umfasst die Daten *(Datenbasis)* und die zu deren Verwaltung nötigen Programme, das sog. Datenbankverwaltungssystem *(DBMS* = database management system).

Die wesentlichsten Eigenschaften einer Datenbankorganisation lassen sich kurz wie folgt formulieren *(Datenbankgrundsätze)*:

1. Der Datenbestand (Datenbasis) muss systematisch organisiert werden. (Unkontrollierte Redundanzen, also Doppelspurigkeiten, sind dabei auszuschliessen.)
2. Der Datenbestand (Datenbasis) wird - unabhängig von den Anwenderprogrammen - durch das Datenbankverwaltungssystem (DBMS) verwaltet (Fig. 16.2).
3. Die Integrität der Daten (Datenkonsistenz, Datensicherheit, Datenschutz) wird besonders geschützt.
4. Die Daten sollen permanent verfügbar sein.

Viele Datenbanken verfügen zusätzlich über folgende Eigenschaft:

5. Der Zugang zum Datenbestand wird für verschiedene Datenbenutzer unterschiedlich geregelt.

Entspricht eine Datenorganisation im wesentlichen diesen Grundsätzen, so sprechen wir von einer Datenbank. Wir definieren:

> Eine *Datenbank* ist eine organisierte Datensammlung, in welcher die Trennung zwischen den Daten und deren Verwendung sichtbar ist und wo der Datenintegrität Beachtung geschenkt wird.

Weitaus die meisten eigentlichen Datenbanken werden heute unter Verwendung eines kommerziell erhältlichen *Datenbanksystems* implementiert. Das Datenbanksystem besteht aus einem Paket von Softwarewerkzeugen für den Entwurf, die Compilation und den Betrieb der künftigen Datenbankorganisation und den Anschluss der zugehörigen Anwenderprogramme. Dem Leser sind sicher Namen von Datenbanksystemen aus dem Informatikalltag bekannt (Bsp. DB2,

268   Informationssysteme und Datenbanken

Oracle, Ingres, Codasyl-DBTG, dBase usw.), welche sich allerdings in ihrer Leistungsfähigkeit sehr stark unterscheiden können [Zehnder 89].

Die Entwicklung einer grösseren Informatiklösung, welche auch permanente Datenbestände einbezieht, erfordert auch bei Einsatz eines kommerziellen Datenbanksystems vertiefte Kenntnisse im Datenbereich. Dabei ist der Entwurf der Datenbank von zentraler Bedeutung.

16.3   Entwurf einer Datenbank

In den Abschnitten über die Detailspezifikation (5.2) und die Programmierung (5.3) im ersten Teil dieses Buches haben wir uns mit dem *Programm*entwurf befasst, dieser zentralen Aufgabe der Informatik im Rahmen des sog. *Software Engineering*. Ganz ähnlich benötigt nun die Datenorganisation einen sog. *Datenbank*entwurf. Diese Aufgabe wird meist durch spezialisierte Datenbankfachleute besorgt oder unterstützt.

Ein *Datenbankentwurf* erfolgt stufenweise:

1. *Analyse der vorhandenen Datenbestände und Informationsflüsse:* Im Rahmen der Phase Projektumriss haben wir bereits vom Pflichtenheft (Abschnitt 3.4) und vom zugehörigen Mengengerüst (Fig. 3.3) gesprochen. In grösseren Anwendungen muss diese Arbeit wesentlich ausgeweitet und verfeinert werden, damit die Informationsbedürfnisse eines Betriebs genügend korrekt befriedigt werden können. (Ein sehr systematisches Analyseverfahren präsentiert Max Vetter in seinem Buch über den "Aufbau betrieblicher Informationssysteme"[Vetter 90].)

2. *Logischer (oder konzeptioneller) Entwurf:* Nun muss der Datenbestand (meist bestehend aus vielen Datensätzen zur Beschreibung bestimmter Personen- und Objektgruppen sowie den dazwischen vorhandenen Beziehungen) in allgemeiner (d.h. vorläufig computerunabhängiger) Form beschrieben werden. Als Beschreibungssprache wird ein sog. *Datenmodell* benützt; bekannt ist dafür etwa das "Relationenmodell" von Codd. Das Ergebnis dieser Beschreibung ist das sog. *logische Schema* der künftigen Datenbank. (Der Leser findet ein einfaches und grobes Beispiel eines solchen konzeptionellen Schemas in Fig. 5.6; das Entwurfsverfahren wird präzis in [Zehnder 89], in einer noch ausführlicheren Form in [Vetter 90] präsentiert.)

3. *Übertragung des logischen Schemas auf ein bestimmtes Computersystem:* Moderne Datenbanksysteme unterstützen mit einem compilerähnlichen

Dienstprogramm die Umsetzung des logischen Schemas auf ein konkretes Computersystem. Damit wird das für die eigentliche Datenbankverwaltung benötigte, zentrale Programm, das DBMS (vgl. Fig. 16.2), konkret bereitgestellt; die Datenbank ist damit bereit zur Aufnahme der für sie vorgesehenen Daten.

4. *Anschluss der Anwenderprogramme an eine bestimmte Datenbank:* Alle Anwenderprogramme benötigen *korrekte* Anschlüsse an ihre Datenbank. Um Fehlerquellen möglichst gleich auszuschliessen (falsche Datendarstellung, unberechtigte Zugriffe, unzulässige Datenänderungen usw.), organisiert das Datenbanksystem während der Compilation der einzelnen Anwenderprogramme alle Anschlüsse direkt selbst.

Diese sehr kurze und rudimentäre Schilderung kann nur einen ersten Eindruck vom Entwurfs- und Entwicklungsprozess einer Datenbank vermitteln. Gleichzeitig gibt sie aber doch Hinweise zu Systemunabhängigkeit und Projektführung:

Unabhängigkeit vom eingesetzten Computersystem: Genau wie beim Programmieren, wo Programme in höheren Programmiersprachen computersystemunabhängig geschrieben und erst nachher mittels eines Compilers in eine bestimmte Maschinensprache übersetzt werden, werden heute auch Datenbanken vorerst computersystemunabhängig in einer höheren Datensprache - dem Datenmodell - entworfen (konzeptionelles/logisches Schema). Das konkrete Datenbanksystem und seine Compiler besorgen dann die Übersetzung der Datenbeschreibung und der Anwenderprogramme in die konkrete Maschinensprache des eingesetzten Computersystems.

Projektführungsmässig stehen eindeutig die Datenanalyse (1) und der logische Entwurf (2) im Vordergrund; die nächsten Arbeitsschritte (3, 4) lassen sich weitgehend oder ganz automatisieren.

Zum Thema Datenbankentwurf und -technik existiert eine ausführliche Literatur. Diese gliedert sich deutlich in zwei Gruppen:

— Sehr verbreitet sind Beschreibungen einzelner, konkreter Datenbanksysteme (DB2, Oracle usw.) und selbständiger Abfragesprachen (SQL, Mapper usw.; vgl. Bsp. in Abschnitt 9.4) sowie der zugehörigen Implementationen auf bestimmten Computersystemen. Diese Literatur dient der direkten Benützung eines bestimmten Datenbanksystems.

— Seltener trifft der Leser produktunabhängige Lehrbücher zum generellen Vorgehen beim Entwurf einer Datenbank. Dazu gehören etwa [Vetter 90] und [Zehnder 89].

16.4 Verteilte Datenbanken

Zur Begründung für die Zusammenfassung aller Daten einer grossen Informatikanwendung in einer Datenbank haben wir soeben das Beispiel "Flugreservationen" betrachtet: Da *alle* Ticketagenten, Reisebüros usw. die *gleichen* Flüge reservieren, verkaufen und bewirtschaften, braucht es dafür selbstverständlich irgendwo eine gemeinsame, *zentrale* Datenbewirtschaftung, eben eine Datenbank.

Wer nun aber meint, in jedem Betrieb müssten im Sinne der Rationalisierung und der modernen Datenbanktechnik sämtliche vorhandenen Daten in einer einzigen Datenbank zentralisiert werden, erliegt einem grundlegenden Irrtum. Es gibt wichtige Gründe, die einem derartigen Zentralismus zu Recht entgegenstehen:

- *Wenig oder nicht formalisierte Daten:* In jedem Betrieb haben sehr viele Informationen (noch) nicht jene Form, die eine systematische Speicherung erlauben (Bsp.: erste Ideen, Skizzen, Notizen, persönliche Unterlagen).
- *Datenqualität:* Viele, namentlich nicht routinemässige Geschäfte müssen vor einer allgemeinen Nutzung erst bearbeitet und sorgfältig abgeklärt werden. In der Zwischenzeit wäre es unseriös, entsprechende Daten zentral zu speichern und andern Stellen zur Verfügung zu stellen (Bsp.: Entwürfe, Vermutungen).
- *Wirtschaftlichkeit:* Es ist meist unwirtschaftlich, Datenbestände, die nur einzelnen Personen oder kleinen Personengruppen dienen, in einer universellen Form "für alle" zu verwalten (Bsp.: Handakten, Agenda).
- *Informationseigentum:* Häufig stehen echte oder vermeintliche (z.B. prestigebedingte) Eigentumsansprüche an bestimmten Informationen einer zentralen Datenbanklösung entgegen (Bsp.: bestimmte Betriebsdaten eines Teilbereichs).
- *Datenschutz:* Die Vertraulichkeit von zentral gespeicherten Daten ist im allgemeinen wesentlich schwieriger zu gewährleisten (Bsp.: Personaldaten, Geschäftsleitungsdaten).

In der Praxis sind somit rein zentralistische Lösungen zur Speicherung der *Gesamtheit* aller Daten eines Betriebs völlig unrealistisch. Mindestens vier Stufen der Zentralisierung bzw. Dezentralisierung von Datenbeständen sind zu unterscheiden:

A. *zentrale Datenbank:* für integrierte oder eng zusammenarbeitende Teilbereiche (Bsp.: Flugreservationssystem)

B. *zentrale (oder integrierte) Datenbanklösung mit technisch dezentralen Datenbasen:* für Grossanwendungen in einheitlich geführten und organisierten Betrieben. (Bsp.: Kundenkonti einer Grossbank, welche die Gesamtheit ihrer Konten in einer einheitlichen, integrierten Computerlösung verwaltet. Dabei wird die Anzahl der Konten leicht so gross, dass die Datenbasis auf mehrere Computer, allenfalls sogar an geografisch mehreren Standorten verteilt werden muss, ohne dass dadurch die logische Einheitlichkeit der Datenbank angetastet wird. Durch die technische Dezentralisierung lassen sich oft gleichzeitig die Zugriffseffizienz und - mit Hilfe geeigneter Datenkopien - auch die Datensicherheit verbessern.)
C. *dezentrale, föderalistisch zusammenarbeitende Datenbanken:* für die datenmässige Zusammenarbeit von Betriebsteilen, die recht eigenständige Datenstrukturen aufweisen. (Bsp.: Produktionsfirma mit computerunterstütztem Entwurf [CAD] und ebensolcher Fertigung [CAM]; beide Bereiche arbeiten mit eigenen Datenbanken, zwischen denen aber Daten ausgetauscht werden können, Fig. 16.3.)
D. *völlig selbständige Datenbank:* für die ausdrückliche und vollständige datentechnische Abtrennung, namentlich aus Gründen der Geheimhaltung, des Datenschutzes, der Sicherheit oder auch der Einfachheit. (Bsp.: Personalwesen, Zutrittssystem eines Gebäudes, persönliche Daten.)

Über einfache, zentrale Datenbanken (A) handelt bereits Abschnitt 16.2; völlig selbständige Lösungen (D) bestehen je ebenfalls aus einer einfachen Datenbank. Somit bleiben hier nur die Konzepte gemäss (B) und (C) zu behandeln.

(B) ist im wesentlichen eine technische Antwort auf die Bedürfnisse von Grossanwendungen; seit Jahrzehnten wurden technisch dezentralisierte Datenbanken individuell entwickelt, seit etwa Mitte der achtziger Jahre auch theoretisch untersucht (für Übersicht und Literatur vgl. [Zehnder 89]).

(C) hingegen beruht auf *organisatorischen* Konzepten (Fig. 16.3), wobei verschiedene Teilbereiche eines Betriebs je für sich informatisiert werden, während die datentechnische Verbindung durch Kommunikationsnetze sichergestellt wird. Ein derartiger Datenaustausch setzt allerdings nicht bloss technische Mittel - Datennetze - voraus, sondern auch präzise Absprachen zwischen den Beteiligten, sog. Kommunikationsprotokolle. (Der interessierte Leser findet zum Thema Datenkommunikation heute eine breite Literatur, als Einführung kann [Bauknecht, Zehnder 89] dienen.)

272 Informationssysteme und Datenbanken

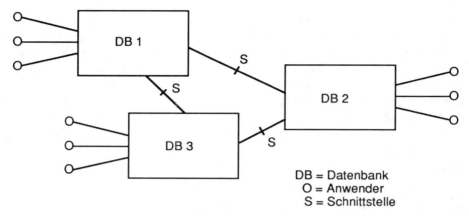

Figur 16.3   Föderalistisch zusammenarbeitende Datenbanken

16.5 Informationskonzepte

An den Schluss dieses Kapitels über Informationsinhalte gehört ein Hinweis auf die Aufgaben der Führungsverantwortlichen, namentlich auf der obersten Führungsstufe.

Gerade weil in den letzten Jahren in vielen Betrieben die "Computerisierung" oder "Informatisierung" stark zugenommen und den Alltag in Büro und Betriebsabteilungen ebenso verändert hat, ist es umso notwendiger, die informationsseitigen Voraussetzungen dafür nicht ausser acht zu lassen. Die Beschaffung von Informatikmitteln ist nur das Vordergründige; wichtiger sind Erarbeitung, Realisierung und dauernde Beobachtung eines geeigneten Informationskonzepts.

> Ein *Informationskonzept* ist ein Leitbild für die Führung der wesentlichen Datenbestände und Datenflüsse eines Betriebs sowie die damit verbundenen Verantwortlichkeiten und Datenbeschaffungswege. Es regelt auch den angestrebten Grad der Dezentralisierung wichtiger Informationsbereiche.

Damit ist bereits angedeutet, dass ein Informationskonzept sehr stark von den individuellen Bedürfnissen jeder einzelnen Unternehmung, Verwaltung oder Organisation abhängig ist und nicht einfach nach "Schema F" aufgestellt werden kann. Der Weg in das Informationszeitalter - auf dem wir uns längst befinden - erfordert von jeder verantwortlichen Führungsinstanz einen sehr bewussten Umgang mit dem Betriebsmittel "Information". Gerade der noch immer zunehmende Bedarf an aktueller und zutreffender Information (vgl. Abschnitt 12.4 Datenqualität!) und die damit verbundene Zunahme der entsprechenden Beschaffungskosten erfordern eine saubere Planung der Datenbeschaffung, -speicherung und -weitergabe bis zu einem allfälligen Datenverkauf.

Zum Schluss wenden wir uns noch kurz der wichtigsten Grundlage für ein gutes Informationskonzept zu: eine gute *Betriebsorganisation!* Ein wichtiger Grundsatz im Zusammenhang mit Informatikprojekten lautet:

Eine schlechte Organisation wird durch Informatikeinsatz nicht besser!

Noch schlimmer steht es aber in einer schlechten Organisation um die *Information* und die *Informationsflüsse!* In solchen Fällen muss zuerst die Organisation selbst *saniert* werden. Dazu gehören klare Kompetenzregelungen im Informationsbereich und die Bereitstellung klarer Begriffe und geeigneter Numerierungssysteme. Anschliessend erfolgt die Erarbeitung des *Informations*konzepts - und erst am Schluss folgen das *Informatik*konzept (Abschnitt 18.3) und die Realisierung konkreter Informatiklösungen.

17 Grosse Projekte

17.1 Gross und übergross

Bereits im Abschnitt 10.2 haben wir uns mit dem Begriff der *Projektgrösse* befasst und dafür als wesentliches Mass den *Projektaufwand* erkannt, der vor allem als personeller Entwicklungsaufwand geleistet werden muss. Dabei ist die Projektdauer auf zwei (allenfalls drei) Jahre beschränkt, und die Zahl der einzusetzenden Projektmitarbeiter hängt vom Problemumfang ab, darf aber aus Gründen der Führbarkeit und der Koordination *in der klassischen Informatik-Projektorganisation* 10 bis 15 Personen nicht übersteigen. Diese Zahl wird erst allmählich und *nach* der Konzeptphase erreicht ("Schildkrötenkurve", Fig. 10.1).

Nun haben aber – und das bereits seit den sechziger Jahren – grosse Informatikprojekte längst Ausmasse angenommen, die Dutzende bis Hunderte von Mitarbeitern umfassen, mehrere Jahre dauern und sich nicht in *unabhängige* Teilprojekte zerlegen lassen. Beispiele dafür sind auf der Anwenderseite etwa die Informatiklösungen von Grossbanken, Fluggesellschaften oder Industrieautomatisierungen. Auf der Computerherstellerseite gehören hierher die Entwicklungen ganzer Betriebssysteme oder Kommunikationssysteme. Auch wenn schon einzelne Grossprojekte – trotz Millionenaufwand – erfolglos abgebrochen werden mussten, ist doch die Mehrzahl zu einem brauchbaren bis guten Abschluss gelangt. Es ist also offenbar möglich, auch sehr grosse Projekte erfolgreich abzuwickeln, sofern die verantwortliche Projektleitung und ihr Auftraggeber die Übersicht behalten und bereit sind, ihre Grenzen zu beachten.

Wichtigste Massnahme zur Bewältigung von sehr grossen Aufgaben und zugehörigen Grossprojekten ist – wie könnte es anders sein! – wiederum die uns wohlbekannte *Strukturierung*. Die Grossaufgabe muss geeignet in Teilaufgaben zerlegt werden, die ihrerseits einzeln mit der klassischen Projektführungstechnik zu bewältigen sind. Wir wollen kurz überlegen, was dieser Strukturierungsschritt auf oberster Ebene bedeutet. Dazu zuerst nochmals die zwei Begriffe:

> *Projekt* heisst wie bisher der Problemlösungsprozess gemäss Phasenmodell und für beschränkte Grössenordnungen (max. 10-15 Mitarbeiter, 2 (evtl. 3) Jahre; gemäss Abschnitt 10.2).

Superprojekt bedeutet im folgenden das aus mehreren normalen Projekten zusammengesetzte Entwicklungsverfahren zur Gesamtlösung einer Grossaufgabe.

Nun untersteht jedes klassische Projekt als Ganzes zwei Grundanforderungen betreffs Abgrenzung und Nutzen.

- *Grenzen:* Im Projektumriss wird der Rahmen abgesteckt *(Pflichtenheft).*
- *Nutzen:* Das Projekt muss sinnvoll sein, d.h. einen bestimmten identifizierbaren Nutzen erbringen (der allerdings keineswegs immer in Geldwerten bezifferbar sein muss; vgl. Abschnitt 14.3). Diese Nutzenüberprüfung hat mehrere feste Ansatzpunkte im Phasenablauf (Variantenvergleich mit Ist-Zustand, Einführung, Nachkontrolle).

Für ein Superprojekt gesamthaft gelten diese Anforderungen (Pflichtenheft, Nutzen) selbstverständlich ebenfalls. Das allein genügt jedoch als Vorgabe für einen Entwicklungsprozess nicht, der sehr viele Mitarbeiter über viele Jahre einbezieht. Wir verlangen daher zusätzlich, dass *für jedes Teilprojekt einzeln*

- die *Grenzen* in einem Teilprojekt-Pflichtenheft festgelegt und
- der *Teilprojekt-Nutzen* definiert und überwacht wird; sollte der verlangte Nutzen nicht erbracht werden, so ist das Teilprojekt *abzubrechen.*

Diese wenigen Zusatzforderungen bewirken, wenn sie ernst genommen werden, dass Superprojekte kaum gänzlich aus den Fugen geraten. Mit klaren Grenzen, die hier die Rolle von *Schnittstellen* zwischen den Teilprojekten übernehmen, wird die Koordination sichergestellt. Die auf die Teilprojekte ausgerichtete Nutzenforderung erlaubt Wirtschaftlichkeitsabschätzungen und -überprüfungen für beschränkte Grössenordnungen und bereits nach normalen Projektdauern von maximal 2 (evtl. 3) Jahren.

Diese Nutzen- und Wirtschaftlichkeitsanforderung an die einzelnen Teilprojekte hat natürlich Auswirkungen auf die Gliederung des Superprojekts in Teilprojekte und insbesondere auf deren zeitliche Reihenfolge. So werden vorweg solche Teilprojekte an die Hand genommen, die rasch Nutzen erbringen – eine andere Einkleidung der 80-20-Regel! Selbstverständlich ist die Reihenfolge verschiedener Teilprojekte nicht frei wählbar, weil meist zuerst gewisse Voraussetzungen geschaffen werden müssen. So sind etwa gemeinsame Datenbestände (Datenbank, vgl. Abschnitt 17.3) vorweg zu organisieren, und zwar ohne direkten finanziellen Vorteil, aber mit anderen Nutzenüberlegungen. Auch andere Automationsschritte müssen aufeinander abgestimmt werden. Sie lassen sich

276 Grosse Projekte

übrigens leicht anschaulich als Balkendiagramm (Fig. 17.1) oder in komplizierteren Fällen als Netzplan (vgl. Abschnitt 13.5, Fig. 13.6) darstellen.

Auch im Bereich Grossprojekte sei zur Illustration wenigstens andeutungsweise ein *Beispiel* vorgestellt. Es ist das gleiche Beispiel einer grossen technischen Hochschulbibliothek, das im "Spezialvorwort für Manager" bereits angesprochen wurde. Hier interessiert uns im besonderen, wie die *Gliederung* eines Grossprojektes vor sich gehen kann.

Die Hauptbibliothek der ETH Zürich mit über 3 Mio. Bänden, 8000 laufenden Zeitschriften und weiteren Spezialsammlungen benützt seit vielen Jahren verschiedene Informatiklösungen für ihren Betrieb, so für die Ausleihe, die Zeitschriftenverwaltung und die Katalogisierung, welche im Zeitpunkt dieser Analyse aber noch nicht in ein Gesamtsystem integriert sind. Nun sollen diese *Insellösungen* durch ein neues, *integriertes System* abgelöst werden, wozu ein eigenes Computersystem zu beschaffen und die notwendige Anwendersoftware eigens zu entwickeln ist. (Die Frage "Fremdsoftware oder Eigenentwicklung" wurde in diesem Beispiel 1981 auf Grund der damaligen Marktsituation zugunsten Eigenentwicklung entschieden und ist hier nicht weiter zu diskutieren). Für die Eigenentwicklung der Anwendersoftware werden ca. 60 Personenjahre Entwicklungsaufwand geschätzt, womit die Grenze zum Superprojekt offensichtlich überschritten ist. Da ein Entwicklungsteam von 10-12 Projektmitarbeitern zur Verfügung steht, ergibt sich eine Gesamtentwicklungsdauer von 5-6 Jahren, so dass die Teilprojekte auf jeden Fall zeitlich gestaffelt werden müssen. Aus der Konzeptarbeit des Superprojekts (das entsprechende Vorgehen wird im nachfolgenden Abschnitt 17.2 behandelt) geht hervor, dass sieben Teilprojekte gebildet und gemäss Fig. 17.1 gestaffelt werden müssen.

Teilprojekte:

a. Superprojekt
b. Datenbankorganisation
c. prov. Katalogdatenerfassung
d. Katalogisierung
e. Ausleihe
f. Zeitschriftenkontrolle
g. Dialogkatalogabfrage

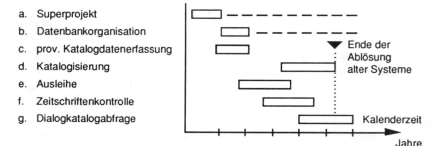

Figur 17.1:   Gliederung eines Superprojekts als Balkendiagramm (Beispiel Bibliothek)

Zu Fig. 17.1 noch einige Kommentare: Die beiden besonderen Teilprojekte a. "Superprojekt" und b. "Datenbankorganisation" werden anschliessend in eigenen Abschnitten 17.2 und 17.3 behandelt. Die Teilprojekte c. und d. betreffen beide im Kern das Gleiche, nämlich die Datenerfassung für den Bibliothekskatalog. Dabei ist c. ein *Pilotprojekt*, dessen provisorische Lösung später durch das System aus d. abgelöst werden soll. Mit diesem zweistufigen Verfahren lassen sich mehrere Probleme lösen bzw. entschärfen:

– Die bestehende, 11 Jahre alte Insellösung "Katalogdatenerfassung" muss nämlich vordringlich abgelöst werden, weil die Wartung der dafür verwendeten Datenerfassungsgeräte nicht mehr gesichert ist (=Terminaspekt).

– Die erste Eigenentwicklung auf dem neuen System spielt zum Teil die Rolle eines Lehrstücks (=Ausbildungsaspekt).

– Die definitive Datenbankorganisation muss auf jeden Fall für die definitive, nicht unbedingt aber bereits für die provisorische Katalogisierung berücksichtigt werden; das Pilotprojekt darf somit vorher beginnen (=Reihenfolgeaspekt).

Das an den Schluss gestellte Teilprojekt "Dialogkatalogabfrage" ist nicht einfach die integrierte Weiterführung einer bisherigen Funktion (also eine *Ablösung* einer bisherigen Lösung), sondern eine Neuerung, für deren Inbetriebnahme am ehesten eine allfällige Verzögerung riskiert werden kann; daher ist hier die Priorität am kleinsten.

17.2 Organisation von Superprojekten

Auch bei Superprojekten gelten vorerst die gleichen Arbeitstechniken wie bei jeder anderen Projektarbeit,

– die Gliederung der Arbeit in *Phasen* mit klaren Aufgaben,
– die Führung des Projektteams durch eine geeignete *Projektleitung*,
– die Beachtung der (termingerechten) *Beendigung* der Arbeiten.

Der Umfang des Superprojekts schafft daneben allerdings auch Unterschiede, so besondere Phasen, mehrere Projektteams und Projektleitungen, sowie allenfalls eine Projektdauer von viel mehr als zwei Jahren. Durch die klassische Strukturierungstechnik, die wir soeben in Abschnitt 17.1 auf Superprojekte wiederum angewendet haben, lassen sich aber auch diese Probleme in den Griff bekommen.

278 Grosse Projekte

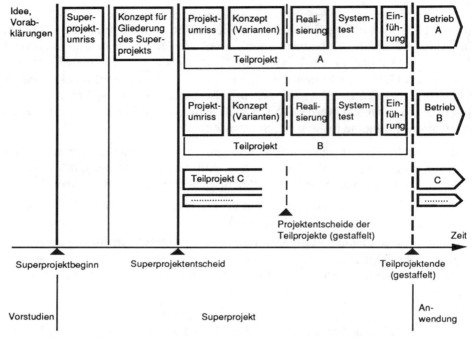

Figur 17.2: Die Superprojektphasen im logischen Ablauf

Das klassische Phasenmodell, das wir in Fig. 1.4 eingeführt und bisher für alle Projektsituationen eingesetzt haben, muss für Superprojekte erweitert werden, indem im wesentlichen eine zusätzliche Projektumriss- und Konzeptphase zur Bewältigung der Superprojektstrukturierung vorgeschaltet wird (Fig. 17.2).

Die Konzeptphase im Superprojekt wird analog mit einem *Superprojektentscheid* abgeschlossen, der allerdings nur die funktionelle Gliederung und die zeitliche Staffelung des eigentlichen Superprojekts, nicht aber die Freigabe aller Teilprojekte umfasst. Nur die ersten Teilprojekte (gemäss Zeitplan, Fig. 17.1) gelangen sofort zur Weiterbearbeitung, die übrigen erst später. Die *Führung des Superprojekts* beschränkt sich *nach* dem Superprojektentscheid im wesentlichen auf Initialisierung, Überwachung und Nachkontrolle der Teilprojekte. Daher trägt das für diese Funktion zuständige Gremium meist Namen wie "Projektoberleitung", "Oberprojektleitung", "Projektkoordination" oder ähnlich.

Auch eine *Projektoberleitung* umfasst – genau wie die normale Projektleitung – Vertreter aus Informatik und Anwendung. Wie ihre genaue Zusammensetzung aussieht, hängt jedoch stark vom betreffenden Betrieb sowie dessen Führungsstruktur und Informatikorganisation ab.

17.3 Koordination über die Daten

Grosse zusammenhängende Informatikanwendungen umfassen typischerweise einige tausend Programme, möglicherweise für mehrere Computer und sehr viele Anwender. Die Gliederung in überblickbare Teilbereiche ist ein anspruchvolles Problem, vor allem, wenn dazu das Zusammenwirken all dieser Programme über direkte *Schnittstellen* geregelt werden muss, auch wenn dafür moderne Programmiersprachen wie Ada und Modula-2 eigene Unterstützungsstrukturen (Module) anbieten.

Allerdings erfolgt in vielen Grossanwendungen der Praxis (weniger in Systemsoftwareprojekten) das Zusammenspiel der einzelnen Funktionen und Programme gar nicht über direkte Programmaufrufe, sondern über *gemeinsame Daten*. Wir betrachten nochmals das Beispiel der Grossbibliothek (Fig. 17.3).

Hier arbeiten verschiedene Anwendungen, die möglicherweise in verschiedenen Teilprojekten entwickelt werden, auf und mit den *gleichen Datenbeständen*. Es ist daher sinnvoll, dafür eine zentrale *Datenbankorganisation* (gemäss Kap. 16) einzusetzen. Die Datenbank bildet im Superprojekt aber nicht bloss ein technisches Instrument zur Datenverwaltung, sondern gleichzeitig das zentrale koordinierende Element, das die verschiedenen Anwendungen verbindet (Fig. 17.3).

Die Datenbank stellt die für alle Anwendungen wichtigen, gemeinsamen Datenbestände auf Dauer sicher. Alle Anwendungen verkehren mit der Datenbank direkt und speichern/holen dort ihre Daten (Beispiel Bibliothek: Katalogdaten für neubeschafftes Buch stammen aus der "Katalogisierung" und stehen darauf jedem Kunden für die "Katalogabfrage" und jedem Schalterbeamten der Bibliothek für die "Ausleihe" zur Verfügung; Fig. 17.3). Daher bilden die Definition einer Datenbank und insbesondere die *logische* (also programmiersprachenunabhängige) *Beschreibung* der Datenbank-Daten eine ideale Voraussetzung für die Formulierung von Schnittstellen zwischen den Teilprojekten in Grossanwendungen. Für jedes Teilprojekt werden im wesentlichen einfach im logischen Schema der Datenbank jene Datenbereiche angegeben, welche für dieses Teilprojekt benötigt werden.

280 Grosse Projekte

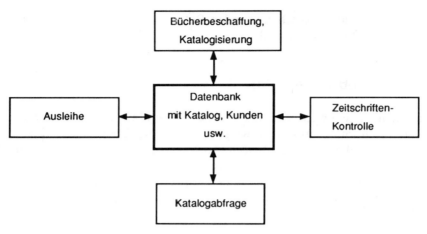

Figur 17.3: Datenbank als Koordinationszentrum zwischen verschiedenen Anwendungen (Beispiel Bibliothek)

Damit verlagert sich ein zentraler Aspekt der Koordination in vielen Superprojekten auf den *logischen Entwurf der gemeinsamen Datenbank*. Dafür existieren heute erprobte Methoden (vgl. etwa [Vetter 88], [Vetter 90], [Zehnder 89]).

Diese Koordinationsmöglichkeit durch logischen Datenbankentwurf erschöpft sich übrigens nicht in der Unterstützung *neuer* Grossprojekte. Ganz allgemein beruht die Integration verschiedener existierender, oft aber inkompatibler *Insellösungen* auf einem nur leicht modifizierten Verfahren. Wenn bereits Teillösungen existieren, sind deren Datenbestände zu analysieren und *gemeinsam* als logische Datenstruktur darzustellen, als erster Schritt zu einer allfälligen *Integration* dieser Teile in eine Gesamtlösung. Meist wird der Koordinationsbedarf überhaupt erst in diesem Moment deutlich sichtbar, weil die Daten in verschiedenen Insellösungen typischerweise mindestens in Einzelheiten unterschiedlich definiert sind. Auf Grund einer bereinigten, neuen, gemeinsamen Datendefinition (logische Datenbeschreibung) können darauf

- für zukünftige Systemergänzungen bessere, weil koordinierte Voraussetzungen geschaffen werden,
- für existierende, aber noch nicht kompatible Systemteile allfällige Schnittstellenprogramme zur Datenumformung genau definiert werden.

Datenbanken bilden die wichtigste Koordinationshilfe in Grossprojekten mit grösseren Datenbeständen. Daher sollten solche Superprojekte eine eigene datenbankorientierte Koordinationsfunktion aufweisen. In Fig. 17.1 wurde diese in Form des Teilprojektes *"Datenbankorganisation"* bereits vorgesehen. Diesem Teilprojekt obliegen zwei recht unterschiedliche Aufgaben:

– *Entwurf der Datenbank für das gesamte Superprojekt:* Hierzu werden – soweit dies zu diesem frühen Zeitpunkt möglich ist – die gemeinsamen Daten aller vorgesehenen Anwendungsprojekte in einer allgemeinen logischen Form *(logischer Entwurf der Datenbank)* beschrieben. Anschliessend werden, wenn möglich durch Bereitstellung eines käuflichen *Datenbanksystems*, die Voraussetzungen für direkte Anschlüsse der Teilprojekte geschaffen.

– *Datenkoordination im Laufe des Superprojekts:* Nach dem eigentlichen Datenbankentwurf für das gesamte Superprojekt, was eine konstruktive Vorleistung darstellt, muss während der gesamten weiteren Arbeiten bis zum Abschluss des letzten Teilprojekts die Zusammenarbeit mit der Datenbank jederzeit sichergestellt werden. Dies umfasst die Formulierung geeigneter Teilbereiche der Datenbank (sog. "externer Datensichten") für die Bearbeiter der Teilprojekte, bei nachgewiesenem Bedarf auch die weitere Verfeinerung oder gar Erweiterung der Datenbankdefinition, also der zentralen Datenbeschreibung, da kaum alle Datenbedürfnisse sich im voraus vollständig formulieren lassen. Durch den Einsatz geeigneter Software-Werkzeuge, etwa eines Datenkatalogs (data dictionary) mit Verwendungsnachweis, leistet das Teilprojekt "Datenbankorganisation" für das gesamte Superprojekt während seiner Gesamtdauer grosse Infrastrukturdienste.

Das bedeutet, dass in jedem datenorientierten Superprojekt ein eigenes Teilprojekt "Datenbankorganisation" formiert und aufrechterhalten werden muss. Dieses Teilprojekt kann meist personell knapp, dafür aber mit sehr qualifizierten Mitarbeitern, sog. *Datenbankadministratoren*, dotiert werden, welche während des gesamten Superprojektablaufs die Datenbankstruktur (das "Schema" in Kap. 16) und deren Schnittstellen zu den übrigen Teilprojekten betreuen.

18. Informatikführung

18.1 Von der Einzelanwendung zum Informatiksystem

Das vorliegende Buch befasst sich vordergründig mit dem Prozess der Informatik-Projektentwicklung. Im Hintergrund jeder Projektarbeit steht aber immer deren *Nutzung,* d.h. die Anwendung der erarbeiteten Informatiklösung. Diese Anwendung wiederum ist ihrerseits nur Informatikwerkzeug zur Unterstützung des Informationsgeschehens eines Betriebs. Dieses Informationsgeschehen wollen wir nun genauer betrachten.

Wir erinnern uns des Beispiels der VVV-Vereinsadministration aus dem ersten Teil dieses Buches. Der Verein VVV hatte bereits vor Beginn der Arbeiten am Projekt "Büroblitz" eine funktionierende Administration. Mit der Einführung der neuen Informatiklösung konnte diese Administration leistungsfähiger, schneller, unter bestimmten Voraussetzungen (z.B. Mitgliederzuwachs) sogar kostengünstiger werden, aber im übrigen erfüllt sie die gleiche Aufgabe wie vorher: Sie "besorgt den Papierkram", der vom Verein benötigt wird. Die Anwendung "Büroblitz" deckt informatikmässig die Bedürfnisse der VVV-Administration umfassend ab.

In grösseren Organisationen (Unternehmungen, Verwaltungen usw.) lässt sich die notwendige Informatikunterstützung kaum in einem einzigen Projekt entwickeln oder einführen. Nicht einmal ein Superprojekt (gemäss Kap. 17) dürfte dafür genügen, weil über die Jahre immer wieder neue Bedürfnisse auftreten und weil die Angebote der Informatik ihrerseits immer neue Anwendungsgebiete eröffnen. Die Informationsflüsse in grossen Organisationen werden auf diese Weise immer stärker durch Informatikmittel unterstützt (informatisiert) und gleichzeitig miteinander verflochten.

Betrachten wir dazu ein *Beispiel,* etwa eine (Geld-) Bank. Frühe Informatiklösungen (in den sechziger Jahren) befassten sich mit der Rationalisierung häufiger Routinearbeiten, etwa mit der Kontenführung (Buchhaltung, Kontoauszüge) oder mit Börsen- und Wertschriftenabrechnungen. Inzwischen sind aus solch frühen, selbständigen "Insellösungen" (Buchhaltung und Wertschriftenabrechnung waren selbständige Bereiche) Gesamtsysteme geworden, welche den gesamten Kundenbereich der Bank (von der Kontoeröffnung bis zum Kontoauszug für die Steuererklärung) informatisch einheitlich unterstützen und die entsprechenden Kunden- und Wertschriftendaten in einer Datenbank verwalten können; solche Gesamtsysteme heissen auch "integrierte Lösungen". Die Entwicklungsdauer für derartige integrierte Lösungen kann (bei Superprojekten) fünf und mehr Jahre umfassen, die Nutzungsdauer in hochintegrierten Betrieben (typisches Beispiel: Banken, Versicherungen, Reservationssysteme von Fluggesellschaften) 15 - 20 Jahre, wie dies bereits im "Vorwort für Manager" gezeigt wurde.

In den letzten Jahrzehnten sind die Informatiklösungen aber nicht nur umfangreicher geworden und immer stärker zusammengewachsen. Gleichzeitig haben sie wesentliche zusätzliche Aufgaben übernommen. Während in den sechziger und siebziger Jahren beim Informatikeinsatz die *Rationalisierung von Routinearbeiten* im Vordergrund stand, dient die Informatik heute darüber hinaus weiteren Aufgaben, einerseits der umfassenden Unterstützung sehr vieler *informationsbezogenen Arbeiten* in einem Betrieb (Büroautomation, Informationssysteme usw.), andererseits aber der eigentlichen *Verbesserung der Produkte* einer Unternehmung. Beispiele dafür finden sich in der Industrie (technische Verbesserungen) so gut wie im Dienstleistungsbereich (neue Angebote der Banken, Versicherungen, Beratungsdienste usw.).

18.2 Moderne Türme von Babel - oder Föderalismus

Mit dem Grösserwerden der Informatiklösungen wuchsen aber nicht bloss die Leistungen, sondern auch die Probleme. Wir haben schon verschiedentlich von der Komplexität gesprochen wie auch von der wichtigsten Gegenmedizin, nämlich von der Methode der Strukturierung und Modularisierung. Hier soll noch weiterer Aspekt aufgegriffen werden: die Frage der *Ablösbarkeit* eines komplexen Grosssystems.

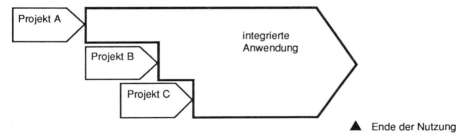

Figur 18.1: Integrierte Lösung mit mehrfacher Erweiterung

Fig. 18.1 zeigt schematisch, wie integrierte Grossanwendungen zustande kommen: Eine erste Lösung wird in mehreren Teilprojekten schrittweise immer wieder um neue Funktionen erweitert und erreicht dann nach vielen Jahren ihre grösste Funktionalität (und Komplexität). Dieses *integrierte System* ist meist *zentral* geführt und verfügt über zentrale (oder zentral organisierte) Datenbanken. Wenn diese Stufe erreicht ist und das Grosssystem einige Jahre im Betrieb steht, ergibt sich allerdings unweigerlich ein Zielkonflikt:

- *weiterbetreiben:* Das integrierte System hat in diesem Zeitpunkt meist einen hohen Grad an Betriebsreife erreicht; die Anwender wollen die eingespielte Lösung möglichst ohne Änderungen weiterbetreiben. Gleichzeitig können die hohen Investitionskosten in Ruhe abgeschrieben werden und die bestimmt teure und problembehaftete Neubeschaffung des Nachfolgesystems lässt sich hinausschieben.

- *beenden und durch ein besseres System ersetzen:* Die für den Unterhalt des integrierten Systems Verantwortlichen fürchten das unkontrollierte Anwachsen der Wartungskosten (vgl. Fig. 8.2, "Badewannenkurve") und möchten das System nicht allzu spät ablösen.

Dieser Zielkonflikt führt in den meisten Fällen mindestens dazu, dass die Ablösung einesintegriertenGrosssystems vorerst um Jahre hinausgeschoben wird, die Unterhaltskosten inzwischen deutlich steigen und der auf jeden Fall einmal notwendige Schritt des Systemwechsels unter Zeitdruck und vielleicht zu einem schlechten Zeitpunkt erfolgen muss. Die Erfahrung der Praxis zeigt typische Lebensdauern von integrierten Systemen von 10 - 20 (in Ausnahmefällen bis 25) Jahren.

Gibt es gegen diese Entwicklung überhaupt Alternativen? Es gibt sie; sie bestehen in einer Aufteilung der Grosssysteme in vernünftig führbare Teile. (Wir treffen wieder einmal unser altbewährtes Prinzip der Strukturierung.) Das Strukturbild eines föderalistischen Systems haben wir bereits in Fig. 16.3 angetroffen. Jetzt untersuchen wir zusätzlich noch den zeitlichen Ablauf der entsprechenden Entwicklung und Nutzung (Fig. 18.2).

Die Ablösung des Grosssystems bildet in der föderalistischen Lösung nicht mehr ein Schreckgespenst, weil Teilbereiche einzeln erneuert werden können (vgl. in Fig. 18.2 den Übergang von Anwendung A zu Anwendung A2). Die föderalistische Lösung kennt autonome Teilbereiche (allenfalls mit eigenen Datenbanken, vgl. Abschnitt 16.4) und eine *koordinierte Führung* nach folgendem Grundsatz:

– *zentral* wird nur geregelt, was unbedingt zentral nötig ist (namentlich Regelung des Datenaustauschs und der Schnittstellen)

– *dezentral* wird alles andere geregelt

Mit dieser Aufteilung des Gesamtsystems in Teilbereiche lässt sich in der Praxis die Lebensdauer der Systemteile auf 5 - 15 Jahre reduzieren.

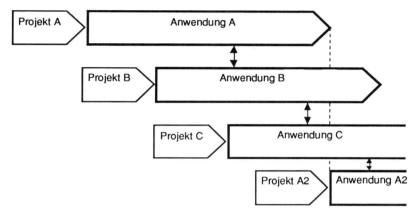

Figur 18.2: Unabhängige, aber über Datenkommunikation verbundene Teillösungen mit gestaffelter Lebensdauer (föderalistische Lösung)

Die Umstellung von integrierten auf föderalistische Konzepte ist allerdings nicht nur ein technisches Problem. Oft stemmen sich auch Personen dagegen, darunter häufig "alte Informatik-Hasen", welche in den komplexen, zentralen, integrierten Systemen ihre beruflichen Höhepunkte erreicht haben. Aber die Zeiten der gigantischen Systeme ist vorbei. Die Informatik muss sich von ihren selbstgebauten babylonischen Türmen lösen und auf den Boden führbarer Systeme herunterkommen, allenfalls auch um den Preis gewisser Funktionalitäts- und Effizienzverluste. Die bessere Übersicht macht das auf die Dauer längst wieder wett.

18.3 Informatikkonzepte

Das Wort "Konzept" begegnet uns hier nicht zum ersten Mal, zwar in neuem Zusammenhang, aber immer in der gleichen Grundbedeutung. Ein Konzept ist ein *Leitbild,* das eine Lösung in wesentlichen Zügen umschreibt, die Details aber noch offen lässt. Im Kapitel 4 wurde die Projektphase "Konzept (mit Varianten)" vorgestellt; dort geht es darum, verschiedene mögliche Leitbilder für eine künftige Problemlösung zu entwerfen und kurz darzustellen; im Rahmen des gewählten Konzepts wird dann in der Projektphase "Realisierung" (Kap. 5) die konkrete Lösung präzisiert und verfeinert. Auch im Kap. 16 kam dieser Begriff

286 Informatikführung

vor: Ein "Informationskonzept" enthält ein Leitbild für Datenbestände, Datenflüsse und zugehörige Verantwortungen.

Ein Konzept ist immer dort zweckmässig, wo sichergestellt werden muss, dass Detailarbeiten und Detailentscheide sich auf ein *gemeinsames Ganzes* ausrichten. Ein Konzept ist daher auch nötig, wenn nicht bloss eine einzige Informatikanwendung, sondern der gesamte Informatikeinsatz in einer Organisation entworfen und systematisch über eine längere Zeit geführt werden soll.

> Das *Informatikkonzept* einer Organisation ist ein Leitbild des Informatikeinsatzes und der dafür vorgesehenen Informatikmittel zur Koordination der einzelnen Projekte.

Wir betrachten auch hier ein *Beispiel,* etwa das Informatikkonzept einer kleinen Lokalbank, die vor zwei Jahren ein neues Informatiksystem für die Kontenführung und den Zahlungsverkehr vom Software-Haus "Bankinformatik" beschafft hat. Ein solches Informatikkonzept kann sich unter Umständen auf einige wenige Aussagen beschränken. (Fig. 18.3).

Sparkasse X-Stadt
Geschäftsleitung
Informatikkonzept

1. Die Verantwortung für die Informatikführung in der Bank liegt beim Vizedirektor für den Bereich Dienste.
2. Die Bank beschäftigt keine eigenen Informatikspezialisten.
3. Die Massendatenverarbeitung der Bank erfolgt mit dem Bank-Informatiksystem der Firma "Bankinformatik" und deren Unterstützung.
4. Für die Büroinformatik (Textverarbeitung, elektronische Post) wird bei Bedarf auch die Produktelinie "QRS" eingesetzt.
5. Für die Weiterbildung des Personals als Informatikanwender wird das Angebot der lokalen "Computerkurse AG" benützt.

Figur 18.3: Informatikkonzept einer kleinen Firma (Beispiel)

Dieses Beispiel (Fig. 18.3) zeigt Zweck und Grenzen eines Informatikkonzeptes:

- Mit dem Informatikkonzept sollen *klare Aussagen* über die Grundsätze des Informatikeinsatzes in einem Betrieb gemacht werden, wobei auch Produktelinien und Partner konkret genannt werden.

– Das Informatikkonzept nennt aber normalerweise *keine einzelnen Informatikprojekte;* diese haben sich dem Leitbild des Konzepts einzufügen.

Das Informatikkonzept ist - im Gegenstz zum einzelnen Projekt - *auf Dauer* ausgelegt. Angesichts der immer noch hektischen Entwicklung im Bereiche der Informatik, wo laufend neue Methoden und Produkte angeboten werden, stellt sich allerdings sofort die Frage nach dem Sinn eines dauerhaften Leitbildes. Ist nicht jede dauernde Festlegung eine Bremse des Fortschritts?

Für den praktischen und wirtschaftlichen Informatikeinsatz ist aber auch ein allzu hektisches Nachjagen nach immer neuen technischen Angeboten und Möglichkeiten schlimm, wenn nicht schlimmer. Informatiklösungen bedeuten Automatisierung von Informatikflüssen. Und Automatisierungen erfolgen im Hinblick auf eine stabile, meist mehrjährige Nutzung (vgl. Abschnitte 18.1 und 18.2). In dieser Hinsicht ist Dauerhaftigkeit erwünscht.

Dieser Interessengegensatz - Einbezug neuer Entwicklungen gegen wirtschaftliche Nutzung des Bisherigen - begegnet uns keineswegs nur bei Informatiklösungen, sondern überall im Bereich aktueller Technik. Soll ich im alten Auto einen Katalysator einbauen oder ein neues Auto kaufen?

Im Informatikbereich werden Fragen nach Neuerungen und Konzeptänderungen meist im Rahmen von Projektarbeiten entschieden. Ausgehend von einer existierenden Anwendung A (Fig. 18.4) soll eine Neuerung entweder innerhalb (A2) oder ausserhalb (B) des bisherigen Konzepts gesucht werden. Fig. 18.4 zeigt sofort den sehr wichtigen zeitlichen Aspekt des Entscheids; die Lebensdauer der Erweiterung A2 dürfte mit jener von A gleichzeitig beendet sein, während die Lebensdauer der Neuanwendung B von A unabhängig ist. Daher sind Erweiterungen (Typ A2) gegen Ende der Lebensdauer des Hauptsystems meist problematisch.

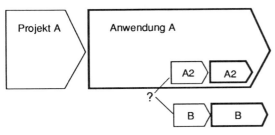

Figur 18.4:   Einbettung oder Neubeginn ?

288 Informatikführung

Ganz ähnlich steht es mit der Möglichkeit, gültige Leitbilder abzuändern oder durch neue abzulösen. Der Entscheid muss wirtschaftlich vertretbar sein und erfordert Zustimmung der Vorgesetzten.

| Jede *Änderung des Informatikkonzepts* erfordert die Zustimmung der für die langfristige Informatikführung zuständigen Instanz.

Über das Informatikkonzept und entsprechende Geldmittel nimmt die Geschäftsleitung Einfluss auf das Informatikgeschehen im engeren Sinn. Die Geschäftsleitung kann damit die langfristige Ausrichtung und die Werterhaltung der Informatikinvestitionen fördern, ohne unnötigerweise die Projektarbeit und deren Instrumente einzuschränken.

Der Umfang eines Informatikkonzepts kann zwischen wenigen Sätzen (Fig. 18.3) und ausführlichen Richtlinien für eine interne Informatikdienstabteilung schwanken. Je mehr Informatikentwicklungsarbeiten betriebsintern ausgeführt werden sollen, desto länger wird die Liste der entsprechenden Leitbilder und Vorgaben. Die folgende Liste enthält einige wichtige Hinweise zur Gestaltung eines Informatikkonzepts:

- *Informatikführung:* Regelung der Verantwortung auf höchster Ebene.
- *Informatikzielsetzung:* Zweck des Informatikeinsatzes, Schwergewichte (Bsp.: Rationalisierung, schnellere Lieferbereitschaft, Sicherheit usw.).
- *Grenzen der Eigenentwicklung:* Abgrenzung, ob und in welchen Bereichen Eigenentwicklungen in Frage kommen.
- *Externe Partner:* Lieferant(-en) und Produktelinien (Programmpakete und Geräte), mit denen auf Dauer zusammengearbeitet werden soll. (Eine Änderung von Lieferanten und Produktelinien ist damit nicht ausgeschlossen, entspricht aber genau der Situation von Fig. 18.4) .
- *Entwicklungsrichtlinien:* Finden eigene Entwicklungsarbeiten statt, so werden Programmiersprachen, Entwicklungswerkzeuge, Datenmodell usw. einheitlich festgelegt.
- *Datenbanken:* Vorgaben für die langfristige Datenorganisation (im Sinne eines Vollzugs des Informationskonzepts aus Abschnitt 16.5).
- *Datenkommunikation:* Zweck und Mittel für die Vernetzung von Anwendungen und informatikunterstützten Arbeitsplätzen.
- *Ausbildung:* Mehrjährige Ausbildungsrichtlinien für Informatiker und Anwender. Nachwuchspflege.

- *Datensicherheit und Datenschutz:* Schutzziele und wichtigste Regelungen.
- *Zeitliche Vorgaben:* Hierher gehören Angaben über Lebensdauer und Ablösungsprinzipien (schnell/auslaufend).

Diese Liste ist nicht vollständig. Mit dem Aufstellen oder Ändern eines Informatikkonzepts soll nicht ein Käfig, sondern eine Arbeitshilfe für die Informatikmitarbeiter bereitgestellt werden. An dieser Zielsetzung orientiert sich auch der Umfang des Konzepts.

19. Rückblick

19.1 Verunglückte Informatikprojekte

Neue, attraktive Informatiklösungen werden gerne vorgestellt und in Fachblättern beschrieben; dabei finden technische und andere Verbesserungen gebührende Erwähnung. Dass die Entwicklung neuer Lösungen leider häufig mit grossen Kosten- und/oder Terminüberschreitungen gekoppelt ist, wird vor der Öffentlichkeit aber meist verschwiegen. Über diese Tatsache mag sich der Informatikverantwortliche oder auch die ganze Geschäftsleitung ärgern, die Öffentlichkeit erhält davon nur ausnahmsweise Kenntnis. Wozu sollte ein solcher unschöner Begleitumstand auch ins Schaufenster gehängt werden?

Noch unangenehmer für die Verantwortlichen sind Projekte, die überhaupt nie zu einem Abschluss gekommen sind oder deren Ergebnis kurz nach Einführung wieder ausser Betrieb gesetzt werden musste. Hier steht den Projektkosten überhaupt kein oder fast kein Nutzen gegenüber. Kein Wunder, dass über solche Misserfolge keine Publikationen zu finden sind!

In einem Buch über Informatik-Projektentwicklung möchte der Leser aber trotzdem etwas über verunglückte Informatik-Projekte vernehmen, um daraus für die eigene Tätigkeit Erfahrungen mitzunehmen. Punktuell wurden bereits mehrmals solche Erfahrungen angesprochen:

- Im *klassischen Phasenablauf* (Kapitel 2 bis 8) wurde immer wieder darauf hingewiesen, dass ein *früher* Projektabbruch (z.B. bereits nach dem Projektumriss oder beim Projektentscheid) weniger aufwendig sei als ein später.
- Der *Vergleich* neuer Konzeptentwürfe mit dem *Ist-Zustand* (Kap. 4) zielt darauf ab, teure Konzepte rasch abzubrechen.
- Bei *Prototyp-Verfahren* (Abschnitt 9.4) wird bewusst ein "Billigprojekt" zum Experimentieren und Abbrechen benützt, damit nicht das reguläre Projekt gefährdet wird.

All diese Empfehlungen für die Informatik-Projektführung gehen auf konkrete Erfahrungen mit schwierigen oder gar misslungenen Projekten zurück. Auch erfahrene Projektleiter erleben gelegentlich in eigenen Projekten kritische Momente; darüber hinaus werden sie immer wieder als Berater beigezogen, wenn fremde Projekte in Schwierigkeiten geraten sind. Die Ratschläge erfahrener Projektleiter, auch jene aus [Brooks 82], widerspiegeln daher nicht nur positive, sondern auch bitter miterlebte negative Erfahrungen mit verschiedensten Informatikprojekten.

Damit hat der Leser jedoch noch immer nicht selbst mitverfolgen können, wie ein Projektabbruch abläuft. Das soll gleich an einem Beispiel nachgeholt werden. Vorher aber sei bereits darauf hingewiesen, dass die *massgebenden Gründe* für einen Projektabbruch meist *nicht technischer Art* sind. Gerade deshalb tappen die Projektverantwortlichen oft völlig ahnungslos in die nicht erwartete Falle.

Das *Beispiel,* das wir hier SPITAL nennen wollen, stammt aus dem Krankenhausbereich und ereignete sich um 1980. Diese zeitliche Einordnung ist nur deshalb erwähnenswert, weil einer der Misserfolgsgründe mit diesem Zeitpunkt zu tun hat. Die übrigen Gründe sind aber zeitunabhängig, und auch bei künftigen Projekten und in anderen Anwendungsbereichen werden immer wieder einzelne neue Probleme auftauchen, die zusammen mit klassischen Projektführungsproblemen zu Projektabbrüchen führen können.

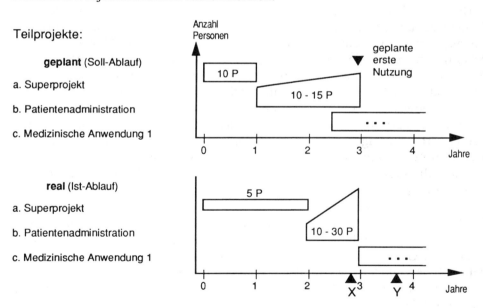

Figur 19.1: Soll- und Ist-Ablauf des Superprojekts SPITAL

Beim Projekt SPITAL hatten sich mehrere öffentliche Spitäler unterschiedlicher Grösse und Struktur zusammengeschlossen, um gemeinsam ein neues sog. *Spitalsystem,* also eine umfassende Informatikanwendung im Spitalbereich, zu entwickeln. Dazu sollten alle verfügbaren personellen Kräfte zusammengelegt werden, namentlich weil die Fachleute auf dem Gebiet der Problemanalyse und -lösungim Spitalbereich rar sind. Die beteiligten Spitäler einigten sich auch rasch darauf, nach einer generellen Spitalstudie (Umriss und Konzept eines Superprojekts, vgl. Fig. 17.2) mit der Anwendung "Patientenadministration" zu beginnen und erst später medizinische Anwendungen anzuhängen. *Geplant* war ein Zeitplan gemäss Fig. 19.1 (oben) mit den darin genannten personellen Kräften (P = Personen, nicht Personenjahre).

Geschehen ist jedoch folgendes (Fig. 19.1, unten): Für die generelle Studie (a. Superprojekt) standen von Beginn weg nicht genügend Fachleute zur Verfügung (nur fünf statt zehn), so dass dieses Teilprojekt statt einem zwei Jahre dauerte. Daraus entstand ein Zeitverzug, den die Projektverantwortlichen mittels Personalaufstockung im Teilprojekt Patientenadministration wettmachen wollten. Damit begann das Brooks'sche Gesetz (vgl. Abschnitt 10.2) zu wirken, die geplante Fertigstellung des Teilprojekts auf Ende von Jahr 3 wurde fraglich. Kurz vorher (Zeitpunkt X in Fig. 19.1) erfolgte ein zusätzlicher Eclat: Eine parlamentarische Anfrage zwang die verantwortlichen Spitalbehörden, das Projekt zu überprüfen und einen wirtschaftlichen Vergleich mit käuflichen Spitalsystemen zu machen, welche in der Zwischenzeit (um 1980) auf dem Markt erhältlich wurden. Diese Überprüfung dauerte einige Monate, während denen das Projekt SPITAL ruhte und die besten Projektmitarbeiter abwanderten, so dass nach dem Unterbruch eine unmittelbare Weiterführung gar nicht mehr möglich gewesen wäre. Zum Zeitpunkt Y in Fig. 19.1 wurde das Projekt SPITAL *formell abgebrochen* und den einzelnen Spitälern gestattet, in Eigenverantwortung geeignete Informatik-Spitalsysteme von Software-Häusern einzukaufen. Interessant ist vor allem *ein* Ereignis der Überprüfung: Sie hat nachträglich klar ergeben, dass SPITAL wirtschaftlich eine durchaus gute Lösung gewesen wäre!

Die Analyse des Abbruchs des Projekts SPITAL zeigt mit jeder wünschbaren Deutlichkeit, dass in diesem Fall nicht technische und nicht einmal direkte wirtschaftliche Gründe für den Abbruch verantwortlich gewesen sind, sondern eine ganze Kette von anderen Gründen (Personalmangel, früher Zeitverzug, Projektführungsfehler, das Auftreten neuer käuflicher Spitalsysteme auf Minicomputern sowie politische Verwicklungen). Von all diesen Gründen war ein einziger (neue Mikrocomputerlösungen) informatikbezogen und typisch für die frühen achtziger Jahre. Alle anderen Gründe können jederzeit wieder auftreten und sich mit neuen Informatikentwicklungen überlagern.

Typ der Anwendung	Projekt-grösse	Zeitpunkt des Abbruchs	1	2	3	4	5	6	7	8	9
Spitalsystem	gross	Systemtest	x	x			x		x		
Banksystem	gross	Systemtest	x	x	x				x		
Kommunikationssystem	gross	Realisierung	x	x	x		x			x	
Leitsystem	gross	(läuft)					x			x	x
Banksystem	mittel	1 Jahr Betrieb					x	x			
Rechenzentrum	gross	Konzept	x						x		x
Systemwechsel	gross	Konzept	x	x							
Personaldisposition	klein	Realisierung	x	x	x			x			

Legende:
1 Zeit unterschätzt
2 Komplexität unterschätzt
3 Sicherheitsprobleme unterschätzt
4 Anwenderwünsche nicht unter Kontrolle
5 Personalmangel
6 Technische Probleme
7 Rechtsprobleme
8 wirtschaftliche Probleme
9 Firmenpolitik

Figur 19.2: Einige Beispiele von Projektabbrüchen mit ihren Gründen

Projektabbrüche beruhen meist auf mehreren Gründen, (Fig. 19.2) von denen nicht alle in gleicher Art durch die verantwortliche Projektleitung beeinflussbar sind. Gerade deswegen muss durch eine gute Projektführung dauernd der Projektablauf überwacht werden, damit so früh wie möglich allfällige Notmassnahmen ergriffen werden können (vgl. Abschnitt 19.2).

Ein Projektabbruch ist übrigens - das sei zum Schluss dieses Abschnitts ausdrücklich hervorgehoben - keineswegs immer ein Anlass der Trauer. In gewissen Fällen kann der Abbruch nicht bloss der rational richtige, sondern auch der zukunftsweisende Entscheid sein, namentlich in wirtschaftlicher Hinsicht. In personeller Beziehung schafft ein Abbruch aber meist Frustrationen, weil die bisherigen Projektmitarbeiter über den Abbruch normalerweise enttäuscht sind. Vor einem nächsten Einsatz sind dann Motivationsanstrengungen nötig, wozu namentlich Weiterbildungskurse gehören.

19.2 Notreserven

Normalerweise sind Projektabbrüche allerdings wohl das Letzte, was ein Projektleiter freiwillig anstrebt. Daher sollen hier kurz einige Ratschläge zusammengefasst werden, die dem oder den Projektverantwortlichen während der Projektarbeit in kritischen Augenblicken helfen können.

Beginnen wir dabei mit einer Negativliste:
- Nicht zu empfehlen ist der Glaube an Wunder: Ein Projekt, das in Schwierigkeiten steckt, wird weder durch ein neues Softwarewerkzeug noch durch neue Hardwarekäufe saniert.
- Nicht zu empfehlen ist der rein quantitative "Ruf nach mehr Personal!": Zusätzliches Personal macht Verspätungen grösser (Brooks' law).
- Nicht zu empfehlen ist der Einsatz schlecht qualifizierter Mitarbeiter: Er lohnt sich bei der Projektarbeit nie.

Positiv kennen wir einige nützliche Ratschläge ("Notreserven"):
- Zu empfehlen ist im Krisenfall zuallererst die ruhige *Lagebeurteilung*: Was ist das eigentliche Ziel des Projekts (Aufgabe)? Welche Gefahren zeichnen sich ab? Welche Möglichkeiten habe ich in dieser Situation?
- Zu empfehlen ist der Beizug eines *guten Beraters*, sei es von intern oder von extern: Dieser Berater ist vorerst und primär ein objektiver Gesprächspartner für den oder die Projektverantwortlichen, erst sekundär wird er allenfalls selber in der Projektführung aktiv.
- Zu empfehlen ist gerade im Krisenfall die *Konzentration auf das Notwendigste*: Das bedeutet allenfalls einen teilweisen Verzicht auf bisher Angestrebtes. (Bsp.: Redimensionierung einer Diplomarbeit, vgl. Fig. 9.9)
- Zu empfehlen ist eine offene und vertrauensvolle Aussprache mit dem Auftraggeber und dem Anwender. Auch wenn ein Projekt in Schwierigkeiten geraten ist, lassen sich oft mindestens Teile der Projektarbeit umgehend nutzen, sei es für einen Teilbetrieb, sei es für eine Fremdlösung oder ein neues Projekt.

Der gute Projektverantwortliche wird aber nicht bloss versuchen, in Krisenfällen zu retten, was zu retten ist. Er wird nach Möglichkeit die Krisenfälle *im voraus zu vermeiden* suchen. Auch dazu nochmals einige Merksätze:
- Ein Projekt darf nur in Angriff genommen werden, wenn dafür *genügend gute Leute* zur Verfügung stehen; sind nur wenige gute Leute da, so ist das Projekt im voraus entsprechend zu redimensionieren. (Konkret: Auf dem heutigen Arbeitsmarkt besteht ein extremer Mangel an guten Informatikern. Demzufolge sollten weniger Informatikprojekte neu begonnen werden. Mit wenigen, aber guten Softwareprodukten lässt sich der echte Bedarf der Wirtschaft an Informatiklösungen besser befriedigen!)
- Projektänderungen sind konsequent zu bekämpfen: Der Mehraufwand für kleine Zusatzvorteile ist meist völlig unverhältnismässig.

- Die Grösse von Projekten ist systematisch zu beschränken: Die Komplexität mancher Softwareentwicklungen übersteigt bei weitem das Verantwortbare.
- Bei wirklich grossen Anwendungen ist die Gliederung in überblickbare, autonome Teilbereiche zwingend notwendig: Dieses Prinzip der Systemuntergliederung ist eine uralte Ingenieurweisheit (Informatikföderalismus, Informationsföderalismus).

Mit Regeln allein wird aber niemand ein guter Projektleiter. Neben einer guten Vorbereitung, einer entsprechenden Ausbildung und der geeigneten Persönlichkeitsstruktur braucht es vor allem auch *Praxis*. Die Erfahrung gewinnt man jedoch nicht beim Zusehen, sondern beim aktiven Mittun in Projekten.

19.3 Wert und Unwert von Formalismen

Während Verträge die formellen Beziehungen zwischen zwei oder mehreren *selbständigen* Partnern regeln, die – vor allem wirtschaftlich – primär auf ihr eigenes Interesse achten, sind die meisten Tätigkeiten innerhalb der Projektarbeit viel informeller und keineswegs in Verträgen festgelegt, weder in Lieferverträgen noch in den Arbeitsverträgen der einzelnen Mitarbeiter. Dennoch kann der Entwicklungsablauf eines grösseren Projekts nicht ohne bestimmte *Regelungen* auskommen, und sogar die Denkarbeit eines einzelnen Menschen folgt gewissen *Regelmässigkeiten*, die er sich in Schule und Praxis angeeignet hat.

Solche Regeln – wir haben in diesem Buch das Phasenmodell und bestimmte Formulare (PROFI) als Beispiele dafür angetroffen – sind aber nicht Selbstzweck. Sie dienen der besseren Zusammenarbeit und Koordination *zwischen mehreren Menschen*, die alle auf das gleiche Ziel hin arbeiten. Weil aber mehrere Menschen immer auch individuelle Unterschiede aufweisen, kann keine Regelung der Zusammenarbeit im voraus allen Situationen im einzelnen gerecht werden. Immer sind Anpassungen notwendig, Rücksichtnahmen der Beteiligten *zugunsten des gemeinsamen Ziels*.

Mit dieser *Relativierung* jeder Vorschriftensammlung für Projektarbeiten kommen wir zum Schluss dieses Buches über Entwicklungsmethoden für Informatikprojekte. Sicher ist unbestritten, dass komplizierte Entwicklungsarbeiten unterteilt, d.h. in Phasen gegliedert werden müssen. *Wie* das genau geschieht, kann unterschiedlich gehandhabt werden; in Abschnitt 14.2 haben wir Umfang und Begriffsbildung verschiedener Phasenmodelle der Praxis einander gegenübergestellt, in Kap. 9 des Phasenmodells reduziert, in Kap. 17 ausgeweitet. In besonderen Situationen müssen noch weitere Methodenanpassungen erfolgen können.

Anpassungen sind möglich, sogar oft sinnvoll und wichtig. "Anpassung" setzt aber voraus, dass vorerst eine *Grundmethode* für den Normalfall vorhanden ist, die dann an die aktuelle Situation angepasst werden kann. Anpassen kann nur, wer die Grundmethode sicher beherrscht.

Anpassen, ohne dabei den roten Faden der Projektführung überhaupt zu verlieren, kann nur, wer ein *Ziel* vor Augen hat. Wer also etwa für eine konkrete Entwicklungsgruppe, die mit ganz bestimmten Software-Werkzeugen, Programmiersprachen und Methoden arbeitet, das Phasenkonzept an die aktuelle Arbeitsumgebung anpassen will, damit die Zusammenarbeit noch besser klappt, möge dies tun. Anpassungen sind auch für Kleinprojekte möglich, wie wir in Kapitel 9 verschiedentlich gesehen haben. Methoden sind nicht um ihrer selbst willen da.

Jede Methode ist im übrigen nur brauchbar, wenn sich die beteiligten Mitarbeiter innerlich positiv dazu einstellen, und das ist aus langjähriger Erfahrung mit *einfachen* Methoden, wie sie hier vorgestellt wurden, am besten zu erreichen.

Anhang:
Hinweise für selbständige Studentenarbeiten

A.1 Interpretation der Projektführungsbegriffe bei Studentenarbeiten

Die in diesem Buch verwendeten Projektführungsmethoden gelten grundsätzlich für grosse und kleine Informatikprojekte, und damit auch für umfangmässig eng begrenzte projektorientierte Studentenarbeiten (von 150 Personenstunden bei Semesterarbeiten bis zu 800 - 1000 Personenstunden bei Diplomarbeiten). Weil für den wenig erfahrenen Anfänger das Umsetzen der Projektführungsideen in die Praxis oft Schwierigkeiten bietet, seien hier vorerst die wichtigsten Begriffe der Informatik-Projektführung auf die Gegebenheiten von Semester- und Diplomarbeiten übersetzt:

– *Projektorientierte Semester- bzw. Diplomarbeit*
  Bearbeitung eines praktisch-konstruktiven Informatikprojekts von der Problemabgrenzung bis zu einem meist beschränkt nutzbaren Abschluss.

– *Projektleitung, Projektteam*
  Der Student ist normalerweise gleichzeitig alleiniger Projektbearbeiter sowie Projektleiter. Nur die beratenden Funktionen des Anwenders können im Projekt meist durch andere reale Personen ausgeübt werden.

– *Auftraggeber, Aufgabenstellung*
  In Studentenprojekten erteilt typischerweise der arbeitsbegleitende Professor/Assistent den Projektauftrag (Aufgabenstellung).

– *Pilotprojekt, Komponentenprojekt*
  Die beschränkte Arbeitskapazität im Rahmen von Studentenprojekten reicht meist nicht für die vollständige Lösung eines grösseren praktischen Problems aus, vor allem wegen der vielfachen Verknüpfung jeder Informatikanwendung mit ihrer Umwelt. Die Aufgabenstellung muss daher das Studentenprojekt umfangmässig beschränken und vermeiden, dass die Einpassung in die Umgebung allzu aufwendig wird. Eine besonders geeignete Form von Studentenprojekten sind Pilotprojekte, da sie nicht direkt auf die Produktion ausgerichtet sind und dem Bearbeiter viel Freiheit und schöpferische Fantasie erlauben. Ebenfalls eignen sich Aufgaben, wo ein Student im Rahmen einer grösseren Forschungs- oder Entwicklungsarbeit (z.B. einer Dissertation eines Assistenten) eine bestimmte Systemkomponente entwickelt.

- *Benutzer, Anwender*
  Bei Studentenprojekten sind diese je nach Aufgabenstellung real oder werden durch den arbeitsbegleitenden Professor/Assistenten vertreten.
- *Betrieb*
  Führt eine Studentenarbeit zu einem Pilotsystem, so kann der Betrieb meist nur in Form einer praktischen Demonstration dargestellt werden; dabei können aber reale Anwender beigezogen und auch Dokumentationen erprobt werden. Bei Komponentenprojekten ist ein späterer Betrieb möglich.
- *Unterhalt*
  Diese Tätigkeit lässt sich im Rahmen von Studentenarbeiten kaum darstellen.

A.2 Projektführung

Der Student benötigt zu Projektbeginn eine Einarbeitungszeit in Problemstellung und Literatur, die vor allem bei der Erstellung von Komponenten komplexer Systeme nicht unterschätzt werden darf. Aber nach spätestens etwa *zwei Wochen* muss er Arbeits- und Zeitplan aufstellen und mit dem begleitenden Assistenten besprechen.

Im *Arbeitsplan* (vgl. Fig. 3.11) legt er seine Arbeitsschritte auf Grund der konkreten *Aufgabenstellung* fest; er formuliert für diese Schritte seine Arbeitsziele, die erwarteten Resultate und die wichtigsten Aktivitäten sowie eine Zeitschätzung.

Im *Terminplan* (Balkendiagramm, vgl. Fig. 3.12) wird darauf die zeitliche Koordination der vorgesehenen Arbeiten festgehalten. Vorsicht mit parallelen Arbeiten, denn sie müssen ja alle durch die gleiche Person ausgeführt werden!

Arbeits- und Zeitplan müssen im Laufe der Arbeit regelmässig *überprüft* und wenn nötig angepasst werden; festgestellte Abweichungen sind zu protokollieren und deren Grund wenn möglich zu ermitteln. So lernt der Student an der eigenen Arbeit seinen Planungs- und Arbeitsstil kennen und vergleichen.

Zu den Vorbereitungen eines Projekts gehört auch die Planung von *Zwischenbesprechungen* (vgl. Abschnitt 13.3) oder von *Präsentationen* (vgl. Abschnitt 11.4), etwa nach den Phasen Projektumriss und Konzept und/oder zu fixen Terminen (alle zwei Wochen oder alle Monate). Sie dienen dazu,

- die Beteiligten über den Stand des Projekts zu orientieren,

– erkannte Probleme zu lösen,
– das weitere Vorgehen im Projekt festzulegen.

Dieses Vorgehen ist natürlich durch die Aufgabenstellung weitgehend fixiert. Daher muss im Falle einer sich abzeichnenden deutlichen Abweichung zwischen Zeitplan und realem Ablauf der Student selber frühzeitig seinem Professor/ Assistenten die Frage nach einer allfälligen *Änderung des Umfangs* der Aufgabe vorlegen (Fig. 9.9).

A.3 Projektphasen

Der Student muss seine Projektphasen deutlich auseinanderhalten, auch wenn er die Projektarbeit im wesentlichen allein ausführt. Zu den einzelnen Phasen noch einige Hinweise:

Projektumriss
Für den Studenten ist oft der Einstieg in die Problemsituation schwierig, da ungewohnt. Die Aufnahme der Situation (Ist-Zustand) spielt daher eine zentrale Rolle. Geht es um eine praktische Aufgabe (mit Anwendern), so muss sich der Student rasch über seine Gesprächspartner und deren Funktion ins Bild setzen (Organigramm, Fig. 2.2). Damit werden Personen und deren Eingliederung (Namen, Titel, Abteilungen usw.) von allem Anfang an *richtig und einheitlich bezeichnet*, eine Einzelheit, auf die alle Betroffenen bei Fehlern empfindlich reagieren.

Nicht nur für die Anwender, auch innerhalb der Projektarbeit sind *präzise Begriffe* von grosser Bedeutung. Ihre *frühe Fixierung* erspart bei der laufenden Dokumentation und bei der abschliessenden Erstellung des Arbeitsberichts Ärger und Mühe, weil so keine nachträglichen Überarbeitungen aus Terminologiegründen nötig sind. Oft lohnt es sich, einen systematischen *Begriffskatalog* zu führen und in Bericht und Dokumentation separat auszuweisen.

Konzept (mit Varianten)
Der Student muss sich aktiv bemühen, sinnvolle Varianten zu entwickeln und zu vergleichen. Die Varianten sind so zu beschreiben, dass ein Vergleich möglich ist. Oft ist die Variantenbeschreibung einfacher, wenn sie durch ein einfaches *Beispiel* illustriert wird.

Projektentscheid, Zwischenpräsentation
Gerade bei Studentenprojekten geht es darum, den Projektaufwand in klar begrenztem Rahmen zu halten. Daher muss beim *Projektentscheid* am Ende der Konzeptphase für die Weiterarbeit eine Variante gewählt werden, die der bearbeitende Student auch termingerecht fertigstellen kann. Der Student muss in der entsprechenden *Zwischenpräsentation* insbesondere auch *Aufwandschätzungen* für seine Varianten vorlegen.

Nicht immer übernimmt der Professor/Assistent bei Studentenprojekten die Aufgabe der Variantenwahl. Dann muss der Student selber die Beurteilung vornehmen, Aufwand sowie andere Vor- und Nachteile abwägen und danach entscheiden.

Realisierung
Jetzt ist die ausgewählte Variante durchzuziehen. Dabei ist es bei Studentenarbeiten im allgemeinen besser, eine *einfache* Grundlösung *vollständig* zu erarbeiten, als verschiedene Randprobleme "auch noch etwas zu betrachten". Zu den Teilphasen der Realisierung:

- *Detailspezifikation:* Oft beruhen nachfolgende Probleme auf *unvollständigen Abgrenzungen* und Festlegungen in der Detailspezifikation. Studenten haben noch ungenügende Erfahrung in der *Modulbildung* grösserer Programmkomplexe. Hier können erfahrene Assistenten helfen, es lohnt sich zu fragen!

- *Programmierung:* Hier sind die Grundsätze der strukturierten Programmierung anzuwenden, genügend Kommentare zu setzen und aussagekräftige Namen für die Variablen zu verwenden. Auch bei Ein-Mann-Studentenprojekten sind für den allfälligen späteren Betrieb andere Personen zuständig. Damit gewinnt die Dokumentation an Bedeutung.

- *Datenbereitstellung:* Für Pilotprojekte ist vor allem auf die Anschaulichkeit der Beispiele und nicht auf deren Menge zu achten.

Systemtest
Der Zusammenbau des neuen Systems muss auch in Studentenarbeiten nach den Regeln eines sauberen Software Engineering erfolgen.

Einführung
Diese Phase ist im allgemeinen durch eine Schlusspräsentation zu ersetzen.

A.4 Bericht über die Arbeit

Normalerweise bildet der Bericht einen wesentlichen Teil einer projektorientierten Studentenarbeit. Der Wert eines Berichts liegt in seinem Inhalt und seiner klaren Aussage, nicht aber in einer hohen Seitenzahl. In der *Beschränkung* liegt seine Stärke!

Inhalt des Berichts
Jeder Bericht muss sich an einem Zweck orientieren und diesen Zweck auch ganz am Anfang deutlich festhalten. Ein Bericht über eine studentische Projektarbeit hat – neben allfälligen anderen Anliegen – den Zweck, das behandelte Problem, den Projektablauf und die wichtigsten dabei aufgetauchten Probleme und Entscheidungen sichtbar zu machen. Es ist sinnvoll, technische und projektführungsmässige Probleme deutlich zu trennen.

Aufbau des Berichts
Technische Berichte jeder Art werden zweckmässigerweise so aufgebaut, dass gewisse Teile vorweg gesammelt oder selbständig geschrieben und am Schluss nurmehr beigeheftet werden können. Der *Hauptteil* gibt die Übersicht und den Zusammenhang, während alle Ausführungen und Unterlagen, die für das Verständnis des Hauptproblems nicht unbedingt nötig sind, in *Anhängen und Beilagen* untergebracht werden. Ein Bericht wird nämlich in den wenigsten Fällen wie ein Roman von der ersten bis zur letzten Zeile gelesen. Der Leser sucht das ihn Interessierende und lässt den Rest weg. Daher sind auch geringfügige Wiederholungen ("kontrollierte Redundanz") und gezielte Verweise auf andere Kapitel in einem Bericht durchaus angebracht.

Der Bericht ist in Kapitel, Abschnitte und evtl. Unterabschnitte zu *gliedern*. Diese sind mit einer Dezimalklassifikation (wie in diesem Buch, also 1., 1.1, 1.1.1) zu identifizieren, so dass sich Querverweise darauf beziehen können. Die *Seitennumerierung* erfolgt in einem Bericht bequemerweise nicht über den ganzen Bericht durchgehend, sondern kapitelweise (Seite 2-6 ist die 6. Seite in Kap. 2). Auch dies erlaubt rascheres definitives Arbeiten.

Hilfreich ist es, vor Beginn einer eigenen Semester- oder Diplomarbeit *gute* Beispiele von Arbeitsberichten einzusehen, nicht um sie zu kopieren, sondern um rasch formale Fragen (Umfang, Aufbau, Literaturzitate, Art des Schreibstils) abklären zu können. Der Professor/Assistent, bei dem die Arbeit vorgesehen ist, wird gerne Beispiele vorzeigen.

A.5 Besprechungen und Präsentationen

Auch in Studentenprojekten bilden *Besprechungen* einen wesentlichen Teil des Problemlösungsverfahrens. Der Student muss dabei den guten Mittelweg zwischen Alleingang und ängstlichem Dauer-Rückfragen finden. Auch wenn der Student mit seinem Assistenten eine intensive Zusammenarbeit pflegt, soll er seine kleinen Fragen nicht stündlich, sondern paketweise und geordnet vorbringen (vgl. Abschnitt 13.3).

Präsentationen haben wie bereits geschildert eine wichtige Funktion in Studentenprojekten. Darüber hinaus bilden sie jedoch auch eine sehr wichtige *Vorbereitung auf die Praxis*, wo jeder Informatiker imstande sein muss, seine Konzepte und Anliegen vor Auftraggebern und Anwendern zu vertreten (vgl. Abschnitt 11.4).

Literatur

[ACM]
    Bentley J.: Programming Pearls. Regelmässsige Rubrik in Communications of the ACM, ab Vol. 26, August 1983.

[Appelrath 85]
    Appelrath H.-J.: Datenbanken und Expertensysteme. Informatik Fachbericht, Springer-Verlag, Berlin 1985.

[Bauknecht, Zehnder 1989]
    Bauknecht K., Zehnder C.A.: Grundzüge der Datenverarbeitung. B.G. Teubner, Stuttgart (4. Auflage) 1989.

[Becker et al. 90]
    Becker M., Haberfellner R., Liebetrau G.: EDV-Wissen für Anwender. Verlag Industrielle Organisation, Zürich (9. Auflage) 1990.

[Berg et al. 73]
    Berg R., Meyer A., Müller M., Zogg A.: Netzplantechnik. Verlag Industrielle Organisation, Zürich 1973.

[Brooks 82]
    Brooks F.P.: The Mythical Man-Month. Essays on Software Engineering. Addison-Wesley Publishing Co., Reading (MA) 1982. Deutsch: Vom Mythos des Mann-Monats. Addison-Wesley Publishing Co., Reading (MA) 1987.

[Bürkler 81]
    Bürkler H.P.: Ausbildung in Projektentwicklung (im Informatik-Studium an einer Hochschule). Diss.ETH Nr. 6928, Zürich 1981.

[Bürkler, Zehnder 80]
    Bürkler H.P., Zehnder C.A.: EDV-Projektentwicklung. Ein Arbeitsheft für Informatik-Studenten. Institut für Informatik, ETH Zürich 1980.

[Bürkler, Zehnder 81]
    Bürkler H.P., Zehnder C.A.: The Training of University Students in Computer Project Management. IFIP Conference on Computers in Education, Lausanne. In: Lewis&Tagg (ed.): Computers in Education. North Holland Publishing Co., Amsterdam 1981, p. 731-737.

[Ceri et al. 88]
    Ceri S., Crespi-Reghizzi S., Di Maio A., Lavazza L.A.: Software Prototyping by Relational Techniques. Experiences with Program Construction Systems. IEEE Transactions on SW Engineering, Vol. 14, Nov. 1988, p.1597-1609.

[Churchman 70]
Churchman C.W.: Einführung in die Systemanalyse. München, 1970. (amerikanische Originalausgabe: The Systems Approach. New York 1968)

[Conte, Dunsmore, Shen 86]
Conte S.D., Dunsmore H.E., Shen V.Y.: Software Engineering Metrics and Models. The Benjamin/Cummings Publishing Co., Menlo Park (CA) 1986.

[Daenzer 88]
Daenzer W.F. (Hrsg.): Systems Engineering. Leitfaden zur methodischen Durchführung umfangreicher Planungsvorhaben. Verlag Industrielle Organisation, Zürich (6. Auflage) 1988.

[Engels, Schäfer 89]
Engels G., Schäfer W.: Programmentwicklungsumgebungen. Konzepte und Realisierung. B.G. Teubner, Stuttgart 1989.

[Fabian 77]
Fabian R.: Bessere Lösungen finden. Verlag Herder, Freiburg 1977.

[Frühauf, Ludewig, Sandmayr 88]
Frühauf K., Ludewig J., Sandmayr H.: Software-Projektmanagement und -Qualitätssicherung. B.G. Teubner, Stuttgart, und Verlag der Fachvereine, Zürich 1988.

[Gorny, Kilian 85]
Gorny P., Kilian W. (Hrsg.): Computer-Software und Sachmängelhaftung. Workshop des German Chapter of the ACM und der Gesellschaft für Rechts- und Verwaltungsinformatik e.V. in Hannover. B.G. Teubner, Stuttgart 1985.

[Gross 84]
Gross L.: Ausbildungsunterlagen der Control Data Corporation. Private Mitteilung, Minneapolis 1984.

[Gutenberg 84]
Gutenberg E.: Grundlagen der Betriebswirtschaftslehre. 3 Bände. Springer-Verlag, Berlin 1980-1984

[Hallmann 90]
Hallmann M.: Prototyping komplexer Softwaresysteme. B.G. Teubner, Stuttgart 1990.

[Howden 82]
Howden W.E.: Contemporary Software Development Environments. Communications of the ACM, Vol. 25, Mai 1982, p. 318-329.

[Keller 88]
    Keller R.: Prototyping-orientierte Systemspezifikation: Konzepte, Methoden, Werkzeuge und Konsequenzen. Diss. Universität Zürich, 1988.

[Kupper 81]
    Kupper H.: Zur Kunst der Projektsteuerung. Qualifikation und Aufgaben eines Projektleiters bei DV-Anwendungsentwicklungen. Oldenbourg Verlag, München 1981.

[Metzger 81]
    Metzger P.W.: Managing a Programming Project. Prentice-Hall Inc., Englewood Cliffs (NJ) 1981.

[Nanus, Farr 64]
    Nanus B., Farr L.: Some Cost Contributors to Large-scale Programs. AFIPS Proc. SJCC, Vol. 25, Spring 1964, p. 239-248.

[Oertly, Schiller 89]
    Oertly F., Schiller G.: Evolutionary Database Design. Proc. 5th Intern. Conf. on Data Engineering, Los Angeles, Febr. 1989, p.618-624.

[Polya 62]
    Polya G.: Mathematik und plausibles Schliessen. 2 Bände. Verlag Birkhäuser, Basel 1962.

[Pomberger 85]
    Pomberger G.: Lilith und Modula-2. Werkzeuge der Softwaretechnik. Carl Hanser Verlag, München 1985.

[Pomberger 87]
    Pomberger G.: Softwaretechnik und Modula-2. Carl Hanser Verlag, München (2. Auflage) 1987.

[Schlageter, Stucky 83]
    Schlageter G., Stucky W.: Datenbanksysteme: Konzepte und Modelle. B.G. Teubner, Stuttgart (2. Auflage) 1983.

[Schweizer, Lehmann 88]
    Schweizer R.J., Lehmann B.: Informatik- und Datenschutzrecht. Zwei Dokumentationsbände des schweizerischen Informatik- und Datenschutzrechts. Schulthess Polygraphischer Verlag, Zürich 1988.

[Sneed 88]
    Sneed H.M.: Software-Testen – Stand der Technik. Informatik-Spektrum 1988/11, p.303-311.

[Spector, Gifford 84]
    Spector A., Gifford D.: A Case Study: The Space Shuttle Primary Computer System. Communications of the ACM, Vol. 27, Sept. 1984, p. 872-900.

[Spinas et al 83]
    Spinas P., Troy N., Ulich E.: Leitfaden zur Einführung und Gestaltung von Arbeit mit Bildschirmsystemen. CW-Publikationen, München, und Verlag Industrielle Organisation, Zürich 1983.

[Surböck 78]
    Surböck E.: Management von EDV-Projekten. Verlag de Gruyter, Berlin 1978.

[Steiger 88]
    Steiger R.: Lehrbuch der Vortragstechnik. Verlag Huber, Frauenfeld (4. Auflage) 1988.

[SVD 81]
    SVD Schweiz. Vereinigung für Datenverarbeitung (Hrsg.): EDV-Kennzahlen. Praxisbezogenes Instrumentarium zur Beurteilung der EDV-Wirtschaftlichkeit. Verlag Paul Haupt, Bern 1981.

[SVD 84]
    SVD Schweiz. Vereinigung für Datenverarbeitung (Hrsg.): EDV-Pflichtenhefte. Wegleitung für die Erstellung von EDV-Pflichtenheften. Verlag Paul Haupt, Bern 1984.

[SVD 85]
    SVD Schweiz. Vereinigung für Datenverarbeitung (Hrsg.): Evaluation von Informatiklösungen. Verfahren, Methoden, Beispiele. Verlag Paul Haupt, Bern 1985.

[SVD 90]
    SVD Schweiz. Vereinigung für Datenverarbeitung: Informatik-Vertragsmodelle. Modelle zu Allgemeinen Geschäftsbedingungen (AGB) in Verträgen für Computer-Hardware-Kauf und -Wartung sowie für Software-Lizenzen. Verlag der Fachvereine, (2. Auflage) Zürich 1990.

[SVD, VDF 88]
    SVD Schweiz. Vereinigung für Datenverarbeitung und VDF Verband der Datenverarbeitungsfachleute: Berufe der Wirtschaftsinformatik in der Schweiz. Verlag der Fachvereine, Zürich (2. Auflage) 1988.

[Vetter 88]
    Vetter M.: Strategie der Anwendersoftware-Entwicklung. Planung, Prinzipien, Konzepte. B.G. Teubner, Stuttgart 1988.

[Vetter 90]
    Vetter M.: Aufbau betrieblicher Informationssysteme mittels konzeptioneller Datenmodellierung. B.G. Teubner, Stuttgart (6. Auflage) 1990.

[Wedekind 81]
Datenbanksysteme I. BI-Wissenschaftsverlag, Mannheim 1981.

[Weilenmann 81]
Weilenmann P.: Grundlagen des betriebswirtschaftlichen Rechnungswesens. Verlag des Schweiz. Kaufmännischen Verbandes, Zürich 1981.

[Wirth 86]
Wirth N.: Compilerbau. Eine Einführung. B.G. Teubner, Stuttgart (4. Auflage) 1986.

[Wirth 88]
Programming in Modula-2. Springer-Verlag, Heidelberg (4. Auflage) 1988.

[Zehnder 89]
Informationssysteme und Datenbanken. B.G. Teubner, Stuttgart, und Verlag der Fachvereine, Zürich (5. Auflage) 1989.

Sachverzeichnis

Aufgeführt sind nur Seitenzahlen, wo eine Einführung, Definition oder Verdeutlichung des Begriffes erfolgt. f = Fortsetzung über mehreren Seiten. Verweise auf andere Begriffe erfolgen mit = (bei Synonymen) oder s.(=siehe).

Abschreibung 241, 247
Aktennotiz 231
Änderung 141f, 288
Anwender 22, 180f
Anwendung 17f, 21
Applikation = Anwendung
Arbeitsplan 45f, 57
Auftraggeber 21, 30, 31
Aufwand s. Kosten
Ausbildung
- Betriebsmitarbeiter 131f
- in Projektführung 175f, 297f
Auswertung = Evaluation
Balkendiagramm s. Zeitplan
Beilagen 48
Benutzer = Anwender
Benutzerschnittstelle 86, 115
Besprechung 229
Betrieb 22, 138f
Bottom-up 120
Brainstorming 194
Branchenlösung 163
Datenbank 166f, 264f, 267, 280
Datenbankentwurf 268f
Datenbereitstellung 106f
Datenbeschreibung 93f, 215
Datenqualität 213
Datenschutz 260f
Detailspezifikation 77f, 80f
Dokumentation 195f
Effizienz 100f
Einführung 129f
Einführungsplanung 89f, 115f

Endbenutzer = Anwender
Entwicklungsprozess s. Projekt
Entwurfssystem 87f
Evaluation 41, 68, 76
Evolution 173
fachliche Spezifikation 77, 80, 81
Fehler 205f, 214f
Föderalismus
- Daten-F. 271
- Informatik-F. 283f
Formular 33, 52f, 197
Freigabe 31
Fremddaten 108f
Fremdprogramm 63f, 161, 162f
Gebrauchsanweisung 132, 200
Generation 159
HERMES 227
Informatik 13
Informatikkonzept 285f
Informatikprojekt 20, 24f
Informationskonzept 272f
Informationszentrum 29, 191
Ist-Zustand 42, 49f
Katastrophenhandbuch 134, 137
Kennzahlen 244
Komplexität 27, 184, 284
Konzept 59f
Kosten 122, 126, 144, 152f, 182f, 240f
Kriterien 41f
Lebensdauer 153, 284f
Mannmonat s. Personenmonat
Meilenstein 21

Sachverzeichnis

Mengengerüst 43f, 50f
Modul 22, 85f, 98
Morphologie 193
Nachkontrolle 144f
Netzplantechnik 236f
Nutzen 245f
Offerte 64
Organigramm 35, 36
Organisator 113f
Parallelbetrieb 89
Personenmonat, -jahr 182
Pflichtenheft 40f
Pilotprojekt 170f
Phase 20, 24f, 25, 160f
Phasenmodell 25, 228, 278
Präsentation 203f
Produkt 26
PROFI s. HERMES
Programmierteam 102f, 189f
Programmierung 97f
Projekt 17f, 19, 274
Projektantrag 29, 33f
Projektauftrag 31f, 37
Projektbericht 91f, 96, 234f
Projektdauer 19, 184
Projektentscheid 67f, 73
Projektführung 17f, 20, 224f
Projektgrösse 184
Projektleitung 21, 188f
Projektmitarbeiter 180f
Projektorganisation 35, 36
Projektphase s. Phase
Projektteam 21, 187f, 191
Projektumriss 38f
Protokoll 231
Prototyp 170f
Qualitätssicherung 26, 205f, 207
Rahmenorganisation 112f
Realisierung 77f
Redimensionierung 178, 186

Schildkrötenkurve 183
Schnittstellen 86
Schwierigkeiten 185f, 290f
Software Engineering 85
Software life cycle 158f, 229
Software-Schutz 257f
Software-Werkzeuge s. Werkzeuge
Soll-Zustand 59
Sprache der 4. Generation 166f
Standard-Software 163
Strukturierung 84f
Studentenprojekt 175f, 297f
Superprojekt 275f
System 21, 23
Systemtest 119f
technische Spezifikation 78, 80, 81
Teilphase 77f
Teilsystem 22
Testdaten 110, 124
Testverfahren 123f, 216f
Top-down 23, 97, 120
Traktandenliste 48
Umwelt 21, 23
Unterhalt 22, 140f
Varianten 41, 59f, 70
Verifikation 218
Versionen 173f
Vertrag 67, 253f
Viren 260
Vorprojekt s. Vorstudien
Vorstudien 28f
Walk-through 221f
Wartung = Unterhalt
Werkzeuge 87f, 224f, 231f
Zeitaufwand 240f
Zeitplan 45f, 58
80-20-Regel 39f